Diogenes Taschenbuch 20193

W0060495

Ludwig Marcuse

Nachruf
auf
Ludwig Marcuse

Diogenes

Die Erstausgabe erschien 1969 im
Paul List Verlag, München

Dem Freund Gerhard Szczesny

Inhalt

Ein Jahrzehnt nach der Auto-Biographie ›Mein zwanzigstes Jahrhundert‹ erscheint der Auto-Nekrolog, mein Nachruf auf mich. Damals machte ich den Versuch, ein Jahrhundert darzustellen, wie es sich mir in Freunden und Feinden, in schlimmen Situationen und glücklicheren gezeigt hatte; und nebenbei zeichnete ich mich etwas in das Bild hinein. Jetzt ist das Jahrhundert nur noch ein blasser Hintergrund, vor dem ich, vereinzelt, verloren, winzig in Großaufnahme stehe. Wie konnte ich mich unterfangen, im Zeitalter des prinzipiellen Verdachts zu probieren, mir am Ende des Lebens wissender zu begegnen als je zuvor und von dieser Begegnung auch noch zu berichten? Ich habe Bundesgenossen. Das Alter und das Schicksal, das mich traf, haben mich in hohem Grad von der Furcht befreit, die mehr als jede andere den Einzelnen fälscht: die Furcht, sich lächerlich zu machen, verlacht zu werden. Sie ist die Seele, die Seelenlosigkeit aller Konformismen, aller Verfremdung, mit denen einer von sich ablenkt. Es gibt kaum eine Seite in diesem Buch, über der nicht drohend die Frage hing: schreibt dies tyrannisierende Bedenken, sich zum Gespött zu machen, vielleicht mit? Stelle ich mich wirklich unentstellter dar als in allen Reden und Schreiben zuvor? Und weshalb bin ich darauf aus? Es gehört zu meiner Vorstellung von Menschenwürde, daß man sich nicht vor sich versteckt – und auch nicht vor der Welt, wie groß oder klein sie sein mag. Und zu meiner Idee von Humanität gehört das Wissen um unsere Kreatürlichkeit. Die Bibel und Sophokles und Schiller (am Anfang eines Jahrhunderts, das am Schluß recht despektierlich fin de siècle genannt wurde) priesen den Menschen als Krone der Schöpfung.

Es sollten aber unter allen Kronen die Gekrönten sichtbar werden; nicht um Menschenverachtung zu fördern, sondern um die Stolzen wirkungsvoller zu einen. Dazu müssen auch die Mauern niedergerissen werden, die errichtet werden, um dem Nachbarn die Sicht zu verstellen, um nicht gesehen zu werden, wie man ist. Der bloßgestellte Zirkusklown wird hämisch beklatscht, weil man von der eigenen Blöße abzulenken sucht. Die Hämischen sind die Häßlichsten unter allen Menschen.

Hiermit wird nicht ein Gelingen angezeigt, nur die Absicht. Im Nachruf auf sich selbst nimmt einer sich unermeßlich wichtig – aber nicht im Vergleich mit Anderen.

I

Die allgemeine Sonne
und das Lampenlicht des Privaten

Der Tanz um das goldene Vokabular

Ein Vorwort wird nicht immer seinen legitimen Platz sichtbar vor den Worten haben. Meist wird es nachher geschrieben, weil erst am Ende zu sehen ist, was dem Leser zuvor mitgeteilt werden sollte. Vielleicht, weil er gewarnt werden muß, nichts anderes und nicht ganz so viel zu erwarten, als der Titel verspricht; und besonders, wo er so anspruchsvoll ist, daß möglichst schnell hinzugefügt werden muß: in ihm steckt kein Anspruch, nur eine solide Absicht. Der Leser ist je nachdem, was es zu lesen gibt, mehr ein Partner oder mehr außerhalb. Hier gibt es keine Mitteilung zuvor jener Art, wie sie vielleicht vor einer Darstellung der Geschichte Islands angebracht wäre. Das Vor-Wort gehört bereits zu den Worten, die folgen.

Wäre es anspruchsloser auf diesen Blättern Ich zu sagen, statt (dem einem Nachruf angemesseneren) Er? Der, welcher schreibt, bin ich, und der, welcher beschrieben wird, ist Er – hier um so mehr, als dem Präteritum kein Präsens mehr folgen wird; immer winziger werde ich, immer mehr wächst Er. Das Er scheint auffälliger, prätentiöser zu sein, ist aber, in diesem Fall, das Pronomen der Distanz. Und dem Leser wird geholfen, wenn Er großgeschrieben wird; das große E ist nicht der hohe Sockel zu einer kleinen Figur; das peinliche Gefühl wird abklingen, wenn Er von den Niederlagen berichtet, die Er erlitten hat.

Ein Vor-Wort, das sich unmittelbar an den Leser wendet, wird mißbraucht, wenn es eine captatio benevolentiae ist, das Betteln um Nachsicht, oder, um dasselbe zu erreichen, eine Einschüchterung. Da soll der, an den es sich wendet, so oder so gefügig gemacht werden; auch zum Beispiel als Beichtvater, ein ungehöriger Anspruch. Wer von einem Anonymus, der gar keinen Auftrag dazu hat, Absolution will, ist ein Narr. Die Titel

›Confessiones‹, ›Confessions‹, ›Die Beichte eines Toren‹ ... sind Zeichen der Dringlichkeit, wie vehement einer sich um sich kümmerte.

Dies Wort zuvor könnte das ernüchternde Motto tragen: doppelt genäht hält besser; so nähen nur Menschen, die zum unprofessionellen Leser und auch zum professionellen zu wenig Vertrauen haben: ein menschenfreundliches Mißtrauen. Wer (wie Er) Bescheinigungen über die vielen Bücher, die Er schrieb, in unschuldiger Eitelkeit gesammelt hat, kann vielleicht ob solchen Kleinmuts entschuldigt werden.

Ihm, von dem hier die Rede, ist es darum zu tun, sich gleich zu Beginn (wie ungern!) ein Etikett zu geben, um so viele falsche Stempel zu überkleben. Marx verherrlichte »die allgemeine Sonne« und verachtete »das Lampenlicht des Privaten«. Wer so denkt und wie der Lehrer Hegel (und viele Lehrer vor ihm und wie viele Schüler nach Marx) muß mit Nachdruck, und schon auf den ersten Seiten, aufmerksam gemacht werden, daß es im Kommenden nur um ein ›Lampenlicht‹ geht. Die ›allgemeine Sonne‹ seiner Tage war das Wilhelminische Reich und das zaristische Rußland, der Mord an Rosa Luxemburg und die Serie der Moskauer Stalin-Prozesse ab 1936, das zwölf Jahre alt gewordene deutsche Millennium, die Kapitalismen und die Sozialismen, die, zu Fahnen sublimiert, vom ewigen Konflikt ablenkten: der zwischen den Großmächten ausgetragen wurde, wie eh und je.

Diese Sonnenfinsternisse, bei denen ›die allgemeine Sonne‹ immer wieder einmal spärlich durchkam und dann mehr Finsternis hinterließ, sind nicht aufgezeichnet in diesem Buch. An guten Darstellungen der Zeitgeschichte fehlt es nicht. Er wäre nicht imstande, sie mit Statistiken und Kategorien der Psychologie, der Soziologie, der Politologie zu übertreffen.

Eher fehlt es an Selbstdarstellungen (nicht an Memoiren) der viel bescheideneren ›Lampenlichter‹; sie werden nur dann ein bißchen geachtet und geschätzt, wenn sie zugleich Sonnen (oder doch wenigstens Sonnenfinsternisse) sind: Stalin oder Hitler oder irgendeiner in dieser weltgeschichtlichen Preislage. Der Persönlichkeitskult ist nach wie vor en vogue; kann man keine Heroen haben, welche die allgemeine Sonne verfinstern, dann werden an regionalen Börsen Halbgötter kreiert. Noch werden die Favoriten kultureller Konventikel nicht auf Plakaten in Demonstrationen herumgetragen. Aber sie sind keine Lampenlichter mehr, sondern angesehene Aktien, der Eigenname ist ein Markenartikel.

In diesem Nachruf hat es der Leser mit einem ›Lampenlicht‹ zu tun, mit einem Privatmann. Die Lampe will nicht Licht verbreiten über die Menschheit: wie Adam und Eva sich auswirkten, Begründer der ersten Klassengesellschaft; sie setzte ein mit der ›Dialektik‹ zwischen Kain und Abel. Wer aber hat Interesse an einer Lampe, die nur den schmalsten Bezirk beleuchtet, den sehr engen der Erfahrungen eines einzelnen in ein paar Jahrzehnten? Wer braucht seinen Autonekrolog?

Eingeladen, ein Bildnis von sich zu entwerfen, würden Arbeiter, Kaufleute und Ladenmädchen unbefangen entweder in Fotografierpose gehen oder einige, vielleicht sehr hübsche Anekdoten ausplaudern. Schriftsteller, Musiker, Schauspieler und andere Träger der Kultur gehen, wenn sie renommiert sind und etwas auf sich halten, sofort in die Defensive. Sie denken nach, wie sie sich beschreiben können, ohne erkennbar zu sein. Fortschrittliche Maler kritzeln Beliebiges aufs Papier, Unterschrift: »Ich beim Mittagessen«; das können sehr reizvolle Kringel sein. Akteure, die sich selbst darstellen sollen und von den Stücken gelernt haben, in denen sie aufgetreten sind, verkriechen sich in eine Mülltonne oder streichen sich regenbogenfarbig an oder stülpen die Totenmaske einer vor Jahrtausenden verstorbenen Menschenart über Nase und Mund. Die nicht-gegenständliche Kunst hat viele Herkünfte; eine, wenig bemerkte, ist die Flucht vor der Ähnlichkeit, im besonderen vor der Ähnlichkeit zwischen sich und dem Abbild.

›Verfremdung‹ regiert die Stunde. Für einen Autonekrolog schickt sich das nicht. Es ist viel Kunst darauf verwendet worden, nicht nur die Oberfläche zum Verschwinden zu bringen;

auch, was darunter ist, wurde als Oberfläche entlarvt. Jeder Intellektuelle ist ein deus absconditus geworden. Wer sich im Selbstporträt auf den Leib rücken will, fühlt sich verpflichtet, weit von sich abzurücken. Er aber will seine Selbst-Entfremdung aufheben, sich dem vertrautesten Fremden nähern. Novalis schrieb: »Alles wird romantisch, wenn man es in die Ferne rückt; so wird alles in der Entfernung Poesie.« Brechts Ästhetik der Verfremdung war beste Novalis-Schule; nur verwechselte er die Mittel der Poetisierung mit denen der Politisierung, romantisierte sie und setzte die öde Literatur gesellschaftskritischer Parabeln in die Welt. Die Epigonen haben es immer noch nicht gemerkt. Diese Aufzeichnungen wollen nicht schönen und nicht häßlichen Schein, sondern eine Aufhebung im Nekrolog. Die nüchterne Elegie, die folgt, ist nicht auf Dichtung und Wahrheit aus, auf eine poetisierte Wahrheit, eher auf eine ernüchterte. Es müssen noch viele Schleier fallen, bis sich die Maskerade der Mythen, der biographischen und der autobiographischen, ausgetobt hat. Ist solch ein prekärer Versuch der Entmythologisierung seiner selbst nützlich? Nützlich für wen? Sie mag den Bereich eines anderen Lampenlichts ein wenig erweitern; denn die allgemeine Sonne blendet zu vieles weg. Vielleicht wird einer in einem Geheimnis getroffen, das er barg, ohne es zu wissen. Die ›allgemeine Sonne‹ hat es mit Epochen zu tun, mit historischen Gesetzen, mit Völkern und mit der Richtung, in der das Ganze sich gradlinig vorwärts wälzt oder dialektisch hin und her springt, in eine gute Zukunft hinein. Aber der einzelne möchte manche Einzelheit kennenlernen, die im grellen Licht der allgemeinen Sonne (für soviel Helle zu winzig) nicht bemerkt wird. Ob gerade Er, aufdringlich nur in der Konzentration auf sein Lampenlicht mit dem engen Kreis, nützlich sein kann: von Winzigkeit zu Winzigkeit, ist ungewiß. Er kann nichts versprechen; nicht einmal, daß der wilde Wille zur Wahrhaftigkeit, der schon manchen betrogen hat, ihn zu Wahrheiten führte.

Die Eröffnung, daß Er auf die wahre (nicht nur wahrhaftige) Darstellung des beschriebenen Er aus ist (ein hybrider Ehrgeiz, im Verhältnis zu dem alles Erforschen des Alls ein Kinderspiel ist), muß dem Leser, der den Autor kaum kontrollieren kann, verdächtig sein, weil von recht unzulänglichen, dem Berichterstatter allein reservierten Bezirken berichtet wird. Um so mehr, als der Verdächtigte selbst Verdacht gegen sich hegt: er könnte zum Mogeln verführt werden, gegen seinen eindeutigen Willen. Wie leicht hätte Er es, wenn Er einen Mord begangen, einen Krieg angezettelt, die Bank von England ausgeraubt hätte – und könnte nun, mit Daten und Zeugen, die Untaten aus dem Dunkel hervorziehn.

Dem Leser kann nicht mehr Vertrauen zugemutet werden, als Er selbst zu sich hat; denn die unverrückbare Absicht, sich posthum zu beschreiben, losgelöst von jedem Interesse an dieser Beschreibung, ist keine Garantie, da Er noch am Leben ist, wenn auch fast nicht mehr in ihm. Er kann nur den Versuch machen, die einzige Selbst-Entfremdung, die Er in seinem Leben zu finden vermag, etwas aufzuheben: daß Er sich zu einem guten Teil, zum schlechtesten Teil gar nicht oder mit den Augen von Irgendwem gesehen hat und sich deshalb akklamierte und sich deshalb verurteilte. Das Gewissen war immer lebendig – aber war es seins? Auch die, welche das Wort Freiheit (neust-hochdeutsch: ›Authentizität‹) auf sich anwenden, haben keine Ahnung, wie gedankenlos, wie unwissend sie gerade hier sind ... am häufigsten als ehrliche Betrüger, als Verlogene.

Die allgemeine Sonne, der objektive Geist, der Überwinder des ›falschen Bewußtseins‹ verbietet es heute dem Einzelnen, an das kleine Lampenlicht zu denken, das Er ist und auch sein Nachbar und auch der Vorbeter und auch die Myriade minimaler Sonnen neben ihnen. Wer sich dem widersetzt, wird mit der Schimpfwendung »Borniertheit des liberalistischen Individualismus« traktiert. Die elitären Gassenjungen wissen noch nicht, daß der nach-marxistische Individualismus, weil er überfällig ist, mit der Geburtszange herausgeholt werden muß.

Spricht er in diesem Nachruf immer zu sich, blinzelt Er nicht auch zu Freunden und Feinden hinüber? Ist nicht noch ein beträchtlicher Rest von Exhibitionismus da, der zu trennen ist vom Willen, Täuschungen aufzuheben? Drangen in dieses Selbstgespräch Rücksichten ein, nachdem der ursprüngliche Plan, es nach der Niederschrift zu vernichten, nicht ausgeführt wurde? Was für eine Schwäche hat ihn verhindert? Hat sich die Versuchung eingeschlichen, sich nicht zu ungünstig zu präsentieren, die nur nach Vernichtung des Manuskriptes hätte ausgeschlossen werden können? Gegen diese Gefahr machte Er immer wieder im harten Gespräch zwischen ihm und sich geltend: wie wenig Interesse er noch am Aufputz haben kann. Replik: nicht zu unterschätzen ist die Zähigkeit, die dem Tod noch dann ausweicht, wenn er schon gegenwärtig ist. Im Ertragen seiner Gegenwart ist immer noch die gewohnte Anhänglichkeit, man läßt noch nicht los, man strampelt nur, man fällt noch nicht. Ernst Toller handelte sehr eifrig mit seinem Agenten um ein Viertel Prozent, eine Stunde danach hängte er sich auf. Eine Sechsundachtzigjährige, mit schlechten Augen, schmerzhaftem Rücken, Atemnot, Langeweile, fünfundsiebzig Pfund Haut und Knochen, will es sich nicht nehmen lassen, einen Bikini zu kaufen. Daran denkt Er, wenn Er sich fragt, wie unabhängig sein Postmortem ist; denn einer manipuliert sich selbst intimer, gründlicher, als die gesammelte Gesellschaft es kann.

Wie abhängig ist Er vom Klima, in dem dies hier entstand: das Mißtrauen aller gegen alles und zugleich der primitivste Aberglaube. Vielen war es rätselhaft, wie die skeptische Generation plötzlich zur fanatischen wurde, wie die Ideologien-Feindschaft blitzschnell in eine Kreuzzügler-Mentalität umschlug, die nicht nur Mentalität blieb. Beide Diagnosen: die uninteressierte Jugend und die wilde, ... sind zwei Aspekte eines einzigen Sachverhalts: Hippies und unorganisierte Pflastersteinwerfer gehören zusammen in der Flucht aus der Gegenwart (in welche Richtung auch immer), im Impuls, aus dem Alltag auszubrechen. Verzweiflung, Resignation und die rasende Hoffnung, die militante Wut ›Alles oder nichts‹ entstammen dem fundamentalen, aufrichtigen, aber nicht durchschauten und deshalb verfemten Nihilismus, der sowohl das rauschhafte Auslöschen des Bewußtseins als auch die Himmelfahrt der Reflektierenden hervorgebracht hat; der Himmel materialisierte sich (es ist nicht ernst zu nehmen) in zerbrochenen Fensterscheiben und Kot in Schreibtisch-Fächern. Alles ist eher zu ertragen als das Schritt für Schritt zum Ziel, das so deutlich ist wie die Straße zu ihm vernebelt, verwirrend.

›Die allgemeine Sonne‹ war zu verschiedenen Zeiten eine verschiedene: in dem einen Jahrhundert Theologie, im anderen Architektur und lange Zeit: Wissenschaft. Sie scheint heute als politische; Wissenschaften und Künste und auch Religionen werden erst in diesem Lichte bedeutsam. Die zeitgenössischen elitären Revolutionäre, welche heute vor allem die ›allgemeine Sonne‹ repräsentieren, wollen ›das falsche Bewußtsein‹ der Alltäglichen dem richtigen Bewußtsein der Feiertäglichen unterwerfen. Das ›falsche‹ sei ein Relikt der Vergangenheit, bestehend aus einer verstorbenen Vorstellungs-, Gefühls- und Willens-Welt, das richtige ist weniger gegenwärtig als zukünftig, wobei Zukunft eine vorweggenommene gloriose Gegenwart ist. So wurde eine übersichtliche Landschaft von Lebenden und Abgestorbenen geschaffen. Die Lampen des Privaten liegen im Mülleimer. Aus ihm tritt Er, unansehnlich, heraus.

Marx' Behauptung: »Die freie bewußte Tätigkeit ist der Gattungscharakter des Menschen« ist Metaphysik. Und außerdem: wer repräsentierte diesen ›Gattungscharakter‹? Marx oder Bakunin? Stalin oder Trotzki? Breshnew oder Dubcek? Die eine Schule der Soziologie, die in sich diesen ›Gattungscharakter‹ feiert, oder jede bescheidenere, die diesen Anspruch nicht hegt? Und welche Gesellschaft hat Marx' Lehre: »Die positive Aufhebung des Privateigentums ist die positive Aufhebung aller Entfremdung« bestätigt?

Ein Zukünftler ist: wer zur Schar derer gehört, die souverän auf ›das falsche Bewußtsein‹ der Zeitgenossen hinabsehen. Er war nie besoffen von Zeitgeist und Zukunftsgeist, wie Er nie besoffen gewesen ist von der Ewigkeit. Er, ein Lampenlicht, war nie in den Reihen der Kolonnen, die (rechts oder links) sangen: »Und morgen gehört uns die Welt.« Er belegte nie die Zukunft mit Beschlag. Er hält die Zeit weder für einen werdenden Teufel noch für einen werdenden Gott (wie der gläubige Hegel und

der noch gläubigere Marx und die allergläubigsten Geschichts-
philosophen, die an den Fortschritt auf dem Weg zur Hölle
glauben). Das Wort ›unzeitgemäß‹ ist leider eine Koketterie geworden, ein Orden, den einer sich dünkelhaft verleiht, weshalb
sich niemand dieses grell schmückende, schmockisch gewordene
Adjektiv zulegen sollte. Daher möchte Er es lieber so sagen: es
gibt die Liebe zu einer Zukunft, die unzeitgemäß ist, es gibt eine
unzeitgemäße Utopie von einem Individualismus, im Jahre X
nach Marxens Geburt. Wer glaubt, er wird es nicht erleben,
sollte vorzeitig davon naschen. Er selbst hat es nicht herzhaft
getan, das ist sein Einwand gegen sich.

Übrigens ist da eine lange Reihe von Produktionen, die unzeitgemäß sind (und deshalb ist dies Wort allein noch kein
Schmuck): weil sie als Kopien auf die Welt kamen, Koryphäen
der sich wandelnden Zeit und zugleich Totgeburten. Sie ver-
wechseln neu mit ursprünglich und beten jede ausgeklügelte
Machart an. Er aber glaubt, daß es nur deshalb heute keinen
Mozart gibt, weil die Elite ihn als prähistorisch zum Tode ver-
urteilen würde. Das weiß schon der Fötus und richtet sich danach; denn vor der Entfaltung des Menschen haben die herrschenden Götzen ihr Dagewesen und Zeitgemäß gesetzt. Ein
Autonekrolog hat wenig Chancen, weil er nicht in Richtung
Zukunft geschrieben wird.

Daß ein ›Authentischer‹ einige Jahrhunderte alt sein kann, ist
heute außerhalb des Vorstellbaren. Das Klima, in dem Er lebt
und seinen Nachruf schreibt, macht ihm deutlich: wie fremd ist
ihm, dem zur Unzeit Gekommenen, der Zeitgeist, heute noch
mehr als in den frühen Jahren. Am ehesten ist diese Fremdheit
plausibel zu machen, wenn Er sich im politischen Gewand betrachtet. Deshalb versucht Er gleich zu Beginn, sein Politisches
zu erhellen (seine Beziehungen zur allgemeinen politischen
Sonne), bevor Er die intimere Lampe zeigt: nicht den Beiträger
zur Geschichte öffentlicher Angelegenheiten, von der Lokalpoli-
tik bis zur Philosophie, sondern den kleinen Rest, der übrig
bleibt, wenn seine bescheidenen Beiträge abgezogen sind.

Die Gretchen-Frage: wie hältst Du's mit der Politik? sollte nicht beantwortet werden mit der Angabe, wohin man letzten Endes will, daß man auf Seiten der Guten ist. Im letzten Ziel traf Er sich und trifft Er sich mit der Mehrzahl seiner denkenden Zeitgenossen: in einem guten Konformismus. Er ist mit ihnen konform im gemeinsamen Glauben, daß Eins und Eins zwei macht. Er ist auch, wie die meisten Weggenossen, gegen Mord, gegen Krieg, gegen Ausbeutung des Menschen durch den Menschen; nur hält Er es für wichtigtuerisch, dies Selbstverständliche lebenslänglich zu plakatieren. Problematischer sind immer die Straßen, auf denen man dorthin kommt, wohin man will. In seiner Jugend war Er ein schlichter Liberaler, der nie Leitartikel las und nie das Wirtschaftsblatt und glaubte, daß im Theater die Entscheidungsschlachten der Menschheit fallen. Damals stellte er sein Amt als Theaterkritiker zur Verfügung für den Fall, daß in seiner enthusiastischen Kritik von Tretjakows ›Brülle China‹ auch nur ein Komma geändert würde; obwohl Er (einst ein ungewöhnlich schlechter Schüler, besonders auch in Geographie) noch zur Zeit des brüllenden China nicht genau den geographischen Ort dieses Brüllens hätte angeben können. Aber da Er ein guter Mensch war, brüllte Er aufrichtig mit.

Zu seiner Erbauung (wie Er heute bemerkt) schrieb Er ein erbauliches Buch über einen großen Vormärz-Liberalen; und delektierte sich am Pathos des Biographierten und des Biographen. Dann kam 1933. Er hatte kurz zuvor die Schriften des jungen Marx zu lesen begonnen; und so machte Er sich auf, den breiten Königs-Weg zum Sozialismus zu beschreiten, auf dem Papier. In seiner politischen Entwicklung war Er erstens ein Spätling und zweitens nicht originell; kennt aber kaum jemand, der ihm glich in der Koexistenz von Nihilismus und dem Willen zu radikaler Gerechtigkeit, wie sie schon Fichte verkündet hatte: »Es sollen erst alle satt werden und fest wohnen, ehe einer seine Wohnung verziert, erst alle bequem und warm bekleidet sein, ehe einer sich prächtig kleidet.« Aber dieser Wille war erst ein Teil dessen, was ihn bewegte. Georg Büchner, der sowohl das stürmischste Manifest des Sozialismus als auch die nihilistischsten

Dramen geschrieben hatte, wirkte auf ihn wie kaum ein anderer. Auch Er hatte zwei politische Glaubensartikel, die spinnefeind mit einander zu sein scheinen: »Die Welt muß verändert werden ...« und »Rühre nimmer an den Schlaf der Welt«; die Atomspaltung gab Hebbel recht und auch die Sowjet-Revolution, die bald den Schlaf der Welt verteidigte.

Die Geschichte seines politischen Bewußtseins und seiner nicht vorhandenen politischen Wirksamkeit zeigt: daß mit ihm kein Staat zu machen war und keine Revolution. Das ist nicht eine (das Selbst aufplusternde) Selbstbeschimpfung, sondern der Beginn einer Beschreibung. Da sie nur kurz sein kann, wenn an gewohnte Wendungen angeknüpft wird, nimmt Er als Absprung die Sentenz mit den drei Sternen, den hochberühmten Satz, der das Interpretieren und das Verändern der Welt in Gegensatz zu bringen scheint. Marx aber tat beides. Er interpretierte und machte danach die ersten Schritte zur Veränderung gemäß seiner Interpretation. Ebenso war sein Vorgänger Platon ein auf Veränderung bedachter Interpret gewesen und scheiterte wie Marx: an einer großartigen unzulänglichen Interpretation. Bei ihm, von dem in diesem Nachruf die Rede ist, haperte es nicht an der Richtung, in der die Veränderung gehen sollte, nicht einmal an der Interpretation; der Nachkomme kann leicht gewitzter sein als der große Ahn, der ihn auf den Weg gebracht hat. An eine theologische oder mathematische oder physikalische oder biologische Metaphysik glaubte Er nie ... auch nicht an eine soziologische, in welcher die Götter Zeit und Dialektik herrschen. Das Wohin-Er-wollte machte nie Schwierigkeiten: die jüdischen Propheten hatten das Ziel entdeckt und Platon und Marx; nur war der Weg dorthin immer problematisch. Politik aber ist der logisch nicht ableitbare nächste Schritt in die unproblematische Richtung; Utopisten, welche die Ankunft, vorwegnehmend, in Verse setzen oder in Essays, machen es sich recht bequem.

Er hat viel von Marx gelernt und weiß, wie der Kapitalismus seiner Zeit, von Engels anschaulich geschildert, aussah. Wenn Er aber die Schreibtisch-Kämpfer ringsum, die dasselbe wollen wie Er, betrachtet, dann hat Er nur den einen Reflex: so auf keinen

Fall, so leichtsinnig darf man nicht junge Menschen ins Elend verführen, in einer höchst unmoralischen Gleichsetzung von Moral und Politik. Die Verführer bauen nicht einen brauchbaren Weg, sie blenden die Länge der Zeit und die Mühsal bis zur Ankunft weg; sie halten sich lieber vorzeitig in der Ankunfts-Station auf, die man früher ›Elfenbeinturm‹ nannte und heute ›Utopie‹ nennt. Sie werben für sie, indem sie behaupten, daß ihre Utopie keine ist, sondern eine zukünftige Realität; damit glaubt man schon auf dem Weg zu sein. Sie, die bei den Moskauer Prozessen stalinistischer waren als Stalin, sind heute vormarxistisch in ihren anti-autoritären Sprüchen, in ihrer Lokkung mit dem Köder ›heile Welt‹. Man sollte sie Fall für Fall psychologisch und soziologisch untersuchen und ihnen nicht gestatten, sich als Propheten des Heils im soziologischen Priester-Gewand zu etablieren, im unbeachtetsten Establishment. Es gibt keine militante Wissenschaft, nur eine, die in den Dienst einer menschenfreundlichen oder menschenfeindlichen Absicht gestellt wird; es gibt keine militante Philosophie, nur eine, welche nicht auf der Buchmesse, sondern erst in der Aktion, im Feld wirksam wird. Es gibt kein philosophisches oder wissenschaftliches Ziel; nur eins, für welches Philosophie und Wissenschaft eingesetzt werden kann. Er ist immer noch dabei, aufzuzeichnen, in welcher Atmosphäre sein Nachruf entstand.

Im elitär-militanten Establishment sich zu bergen gestattete Er sich nie, machte sich aber klar, daß auch Er immer nur schriftstellernd ›gekämpft‹ hatte. Sehr langsam holte Er seine Gegenwart ein: den ideologiefreien Sozialismus, der keine Philosophie ist, sondern ein Wirtschaftssystem, das die Solidarität der Kreaturen vor Not und Tod zeigt, nicht die Gemeinsamkeit der Kreaturen in einer ›Vernunft‹, die es nicht gibt. Weder der Westen noch der Osten konnten sich von der antikapitalistischen und antikommunistischen Kreuzzugs-Mentalität befreien; ein einziger Zank zwischen zwei einander feindlichen Aberglauben. Er hatte beide durchgemacht und schlug oft zu . . . und meinte im geheimen seine eigene Vergangenheit.

Damals, nach dem Ersten großen Krieg, der ihm beigebracht

hatte, daß es Politik wirklich gibt, klammerte Er, ein ahnungsloser Liberaler, sich an das Wort ›Freiheit‹. Damals schon ging es um Geist und Macht, Kunst und Politik und so weiter und so weiter. Damals schon wurde das Schimpfwort ›Elfenbeinturm‹, das, in Frankreich entstanden, eine lange Geschichte hatte, völlig abgenützt und verschleierte, daß man ihm l'art politique pour l'art politique ahnungslos entgegensetzte, eine sublimierte Militanz. Damals schon war Er nicht imstande, den politischen Weg zum Ziel zu erkennen. Aber Er drückte sich nicht mit dem hegelmarxschen Märchen vom werdenden Gott oder der werdenden Verwirklichung der Utopie, da Er in der Geschichte eher eine große surprise party entdeckte; die unerwarteten Gäste waren die Hauptakteure. Solche Gedanken ließen sich die schreibenden Revolutionäre nie gefallen. Und wer Angst hat, reaktionär genannt zu werden, sollte sich nicht zu diesem Glauben an Gott Zufall, zum Tychismus bekennen.

Seine Schuld im Politischen ist nicht, daß Er ein ideologischer Reaktionär war, sondern (wie noch zu berichten) faul und feige: private Kategorien, vor denen die Liebhaber des ›Spätkapitalismus‹ und ähnlich schmucker Alibis sich drücken. Zum Bewußtsein bringen heißt nicht nur: zum Klassenbewußtsein bringen; wobei dann mit militanten Artikeln abgegolten werden soll, daß man zur herrschenden Klasse gehört und ihre Privilegien genießt.

Im Krieg von Neunzehnhundertvierzehn war Er, immer für ein paar Tage, in allen Truppengattungen, von der Kavallerie bis zum Arbeits-Bataillon, gewesen; nicht, weil Er es immer wieder versuchte, sondern weil Er sich immer wieder drückte; und nicht, weil sein Gewissen ihn trieb, nicht zu schießen (das auch), sondern weil Er nicht sterben und nicht einmal Kniebeugen machen wollte. Dann schrieb Er Anti-nazistisches; von dreißig bis dreiunddreißig in Deutschland, dann im Ausland, kam aber nie auf die Idee, im spanischen und amerikanischen Kampf gegen das gehaßte Regime zu kämpfen. Er war immer ein forscher Schreibtisch-Kämpfer, auf der guten Seite, bisweilen nicht unbegabt; aber wären seine Geschosse nicht abgefeuert worden, wir wären heute genau dort, wo wir sind. Er glaubt, daß nur Menschen, die (wie manche Spanienkämpfer, wie die Rasse der Ossietzkys) bereit waren, ein Martyrium auf sich zu nehmen, berechtigt sind, aufzuhetzen. Wer zu Castro oder Ho Tschi-minh fährt, wie ein Staatspräsident zum Kollegen Souverän, sollte Staatspräsident werden. Die bellikosen Sätze, die Er schrieb, in ehrlichem Zorn, waren vor allem Ventile für einen Emotionsstau und l'art politique pour l'art politique. Erst spät merkte Er es.

Er machte nie ernst, setzte sich nie auf Tod und Leben ein . . . muß aber, der Genauigkeit halber, akzentuieren, daß Faulheit und Feigheit zwar dominierende Motive für den ständigen Aufenthalt in der Schreibtisch-Etappe waren, aber ein Drittes kam hinzu. Er glaubte nie, Er hoffte nie. Er hielt das Ganze (wie der alte Grieche, den Einstein verurteilte) für ein Würfelspiel – trotz der Logik, die einige Zusammenhänge aufweisen. In unpolitischer Zeit hätte seine ›Politik‹ nicht den Anspruch gemacht, die Selbstbesinnung einzuleiten.

Hier erscheint Er also nicht im Licht der ›allgemeinen Sonne‹, in dem ihn die Anderen sehen und gewiß nicht ohne Berechtigung, als zweite oder dritte Besetzung. Aber das mangelnde Interesse am Privaten stammt (wenn nicht aus anerzogener Tradition) aus dem Mangel an Mitleid und Mitfreude. Es gibt eine Menschenart, zu der Er gehört, weil Er viel las, Violine spielte, lebenslänglich ins Theater ging (auch zu Kongressen, eine Mitte zwischen Bühnen- und Straßen-Theater); auch gehört Er dazu, weil Er über Schauspieler schrieb und über Dichter und viel über sich selbst, auch unter Titeln, denen man es nicht anmerkte. Das heißt: Er war angesiedelt innerhalb einer Spezies Mensch, zu der Heraklit gerechnet werden kann und Oscar Wilde und ein unfähiger Referent, der zwar kein Referat zustande bringt, aber doch die Merkmale der Innung zeigt.

Die Ärzte behaupten, Ärzte, die Schauspieler behaupten, Schauspieler, die Komponisten behaupten, Komponisten seien der Ausschuß der Menschheit. Wo man angesiedelt ist, entdeckt man die allgemeine menschliche Schwäche und benennt sie zu Unrecht nach der Region, in der man sie fand. Hölderlin beklagte die Deutschen, weil er kaum Gelegenheit hatte, sein Vaterland zu verlassen. Aber es gibt Eigentümlichkeiten, zum Beispiel professionelle; in ihnen erscheint das Trübe mit individuellen Zügen. In seinem erleuchteten, vor allem beleuchteten Kreis war man zeit seines Lebens gewohnt, den Mann vor allem nach der Figur zu beurteilen, die er in der allgemeinen politischen Sonne machte. Und Er machte keine gute Figur.

Der, von dem hier die Rede ist, beschrieb einmal seine Privatkulte; und wirklich waren sie ihm näher als alle öffentlichen Bekundungen: vom »Heil Dir im Siegerkranz« des Pennälers bis zur öffentlichen Bekundung, daß Er gegen Krieg sei, auch gegen Unterdrückung, auch und auch und auch ... Ihn langweilten die Unterschriften und die Unter-Unter; ihn faszinierten Privatideologien und Privatkulte, die es in Hülle und Fülle gibt. Er weiß nicht, was in ›Hülle‹ bedeutet, aber jedenfalls sind die meisten als objektiver Geist verhüllt. Sie spielen eine noch größere Rolle als die unverhüllten öffentlichen. Sie sind in ihrer privaten Herkunft geheim, weil (nach einem der honoriertesten Abkommen der Zeitgenossen) Privates entweder a) unwichtig ist oder gar b) lächerlich oder c) geradezu unanständig; unwichtig und lächerlich und gar nicht respektabel sowohl vor den Fünfjahresplänen als auch vor jenem besonders glänzenden, der nun schon einige Jahrtausende, spätestens seit den Tagen der hebräischen Propheten, nur ein Plan ist.

Immerhin ist das Unanständige, Lächerliche und Unwichtige im Mittelpunkt jeden Lebens, auch wenn es als öffentlicher Belang auftritt. Es gibt auch überpersonale Belange; nur sind sie nicht so zahlreich und dominierend, wie sie vorgeben. Da rumort der objektive Gott in einem der eitelsten Schriftsteller ... und lenkt aller Augen ab von der kleinen, niedlichen Privatideologie, die er sich zur Beruhigung in einem Kurzessay über die Eitelkeit als einer Ausstrahlung der Geistigkeit schuf. Die große Heuchelei beginnt mit der Verhüllung des sehr besonderen Sterblichen im prächtig verbergenden Talar des unsterblichen Geistes. Die viel beredete Selbstentfremdung ist vor allem die humorlose Darbietung humorloser Kostüme, an die der Humorlose glaubt.

Hinter der fürstlichen Kultur, die glänzend ausgestellt ist, blühen im geheimen die unscheinbaren Kulte, mit denen man zwar keinen Staat machen kann, aber ein paar schwere Erdentage etwas leichter. Es ist ein bißchen genant, angesichts von Giganten wie: geschichtliche Mächte, soziale Kräfte, herrschende Tendenzen, epochale Ereignisse, die man alle vom Feldherrnhügel des Weltgeistes aus sieht, das Augenmerk zu richten auf jene bescheidenen Veranstaltungen, die der Einzelne sich festlich zubereitet, damit er etwas verpusten kann. Wie gesagt: es ist etwas peinlich. Aber Er zeigt, aus Trotz gegen den Zeitgeist, vier solcher Kulte vor, die nicht in Synagogen, nicht einmal im Fernsehen zelebriert werden. Die Phrase ›heile Welt‹ konnte ihn nicht heilen.

Der erste fand jeden Morgen statt. Das Ritual liegt fest. Die Tasse darf nicht kleiner sein und nicht größer als ein Gefäß für etwa hundert Kubikzentimeter. Das Wasser muß sieden, darf aber nicht kochen, wenn ein gehäufter Eßlöffel fein gemahlenen Kaffees hineingeschüttet wird. Die Flamme wird sofort abgedreht. Das Ziehen unter dem Deckel dauert etwa drei Minuten. Erst im Augenblick, in dem Er zum Trinken ansetzt, goß sie warme gequirlte Milch langsam zu. Der weiße Gischt erinnert an den Beinamen der Venus: die Schaumgeborene; auch der Kaffee scheint sonnengebräunt aus den Fluten aufzusteigen und trägt nun die helle, perlenweiße Krone; sie kann, bei geschicktem Trinken, erhalten werden, bis auf den letzten Schluck. Und draußen starben Menschen, an irgendeiner Pest, in irgendeinem Krieg, durch irgendeinen Mörder.

Jeder Tag begann mit dem Widerwillen, aufstehen zu müssen und mit diesem herrlichen Ereignis. Auf der Zunge verbreitet sich eine Schönheit, die nicht aus dem Tag kommt. Schon beim Anblick spürt Er die aufhellende Wirkung des Schwarzen, der etwas milchig und sehr königlich geworden ist. Die Augen sehen enthusiastischer, die Ohren hören plötzlich einen fernen Specht am Rande des Waldes, mehr Welt als zuvor dringt ein. Eine ›heile‹ Welt! Was man so Frühstück nennt, hält Er für eine Entweihung seines Kults. Er braucht nichts Flüssiges, um Materie wie Eier, Schinken, Brot und Marmelade hinabzuspülen. Er kennt in den ersten Minuten am Schreibtisch, wo Er Nektar nippt, keine Götter neben sich. So sehr ist Er beflügelt vom Geist, den Er trank.

Die sakralen Requisiten wechseln mit den Göttern, denen gehuldigt wird. Eine seiner strengst zeremoniellen Kulthandlungen war das Töten von Feinden. Er hat viele vergessen; so gingen sie ihm verloren. Dies Töten ist eine ganz schön ausgewachsene Prahlerei. Tatsächlich floß kein Blut; auch kann Er nicht einen Fall nennen, daß sein Satz einen Mitmenschen ins Grab gebracht hätte, obwohl doch alles mit priesterlicher Genauigkeit vorbereitet worden war.

Es begann mit dem Spitzen des Bleistifts, der sehr spitz sein muß, obwohl das recht unpraktisch ist; schon nach dem ersten Stoß war meist die Spitze weg. Er spitzte härtere und weichere; man kann auch im Umarmen erdrücken. Kam Er zu sehr ins Feuer, zerknickte alles Holz in seiner Faust, so griff Er zum Tintenstift. Ein Tintenfaß gibt's nicht mehr, Er hatte es zu oft à la Luther nach dem Teufel geworfen und so manchen blanken Satz unleserlich gemacht. Mit dem Rotstift schreibt Er ungern, wenn Er schon rot sieht; dann nimmt Er lieber Himmelblau, damit die Zeilen nicht wegtanzen.

Die heilige Handlung wird weiter vorbereitet durch Invokation der Heiligen des Federstechens: Hutten und Luther und Voltaire und Lessing und Schopenhauer und Heine und Nietzsche – wenn Er sie doch nur ein einziges Mal erreicht hätte in ihrer Meisterschaft. Zu ihnen sah Er auf, bevor die erste Bleistiftspitze in Aktion trat ... namentlich zu denjenigen unter ihnen, die sich nicht vormachten, daß ihre Feinde Feinde der Menschheit sind. Und draußen tummelten sich die Feinde der Menschheit.

Weshalb hält man Privatfehden für schlecht? Was ist dagegen zu sagen, daß man einen mit dem Bleistift in Stücke zerreißt, obwohl der also Zugerichtete weder Flöhen noch Menschen etwas getan hatte und mitnichten gegen das Wahre, Gute und Schöne ist? Es ist so köstlich, jemand, den man nicht verhauen darf, wenigstens in einem Satz zur Schau zu stellen; das befriedigt allerdings nur vollkommen, wenn der Satz vollkommen ist. Glückliche Schriftsteller, die Magengeschwüre nicht nötig haben, weil ihre ätherischen Giftpfeile funkeln! Sehr fürchtet Er für Deutschlands Magen; denn hier darf man niemand wehe tun, außer denen, die nicht im eigenen Lager der Guten sind. Neben dem Morgenkaffee konnte ihn nur wenig so heiter machen wie ein gutgezieltes Wort gegen einen Mann, den es (seiner Meinung nach) nicht geben dürfte.

Privatkulte sind ernster als die öffentlichen. Er hat keine heiligen Bücher, vom Ordinariat gesegnet, aber heilige Seiten in Büchern. Sie sind auch in seiner Bibliothek zu finden, gehören aber nicht zu ihr. Denn jede Büchersammlung ist zu einem beträchtlichen Teil ein Laderaum: für Stehengebliebenes, für Zugesandtes und nicht Abgeholtes. Die heiligen Seiten sind isoliert; am besten wäre es, sie wären extra gebunden. Dann redete sich niemand ein, er liebte Hölderlin, sondern hätte ganz abgesondert vor sich, was von ihm er liebt. Diese allerheiligsten Stellen brauchen vor jeder neuen Auferstehung einen sorgfältig geplanten Gottesdienst. Manches Gedicht verträgt nicht den strahlenden Tag, manches nicht künstliches Licht. Selbst unter den paar Stühlen, die ihm zur Verfügung stehen, wählt Er aus, bevor Er sich zu einer Handlung hinsetzt, die man nicht als Lektüre bezeichnen sollte. Und draußen wissen Mütter nicht, wie sie die Kinder satt machen können.

Erst wenn alles ordentlich vorbereitet ist, erscheint das Wunder; man liest nicht, man strömt über vor Freude. Was ist das vielbesungene Lesen, wenn es nicht zum Glück im Erkennen, im Wohllaut, in der Sehnsucht führt. Die Menschheit kann es nicht fühlen (dazu ist sie zuwenig existent), ein Volk kann es nicht fühlen, auch nicht eine Klasse (schon aus dem Grunde nicht, weil es das alles ein bißchen gar nicht gibt). Was es gibt, ist immer nur ein photographierbarer Sterblicher, der zur Erreichung der dringend benötigten Serenitas sich ein paar kleine Altäre schafft, vor denen er selig betet.

Die Mitteilung solch provokatorischer Veranstaltungen suchte

die heiligen Kühe militanter Schreiber zu treffen, die im Elfenbeinturm auf der Stelle traten – und sich einbildeten, daß sie
marschierten. Seine Preislieder auf seine Privatkulte wurden
wortwörtlich genommen; nichts ist so gewagt, als wenn einer das
Unpopuläre außerdem noch in Worte hüllt, welche den schlimmsten Verdacht zu rechtfertigen scheinen. In allen elitären Ukas-
sen, die einen Mann an den Schandpfahl bringen sollen, steht
heute das Wort reaktionär; sogar die Reaktionäre fürchten es.

Interjektionen wie ›Du Schwein‹, ›Du Affe‹... sind nicht
mehr so gefährlich wie zur Zeit der Duelle. Aber die Einstufung
als ›kulinarisch‹ verletzt die Ehre des so Eingestuften, kann der
Karriere eines strebsamen jungen Künstlers ein jähes Ende setzen. Das Wort, das nie ein Schwert war, nie so effektiv wie die
Pistole, ist als elitäres Schimpfwort eine Macht im elitären Bereich; man vergesse nicht, daß ›Kapitalismus‹ und ›Kommunismus‹ die wirksamsten Schimpfworte geworden sind. Er wurde
also als Vertreter der Borniertheit des liberalistischen Individualismus eingelocht. Lobte ihn einer, so war Er ein Mann des Engagement (als ob nicht jeder engagiert wäre – aber in wen oder
was?); im Tadel war Er ein sitzengebliebener Aufklärer, dem
Aufkläricht huldigend. So schlicht geht es zu in der Welt der
kollektiven Geistlosigkeit, in die man nur aufgenommen wird,
wenn man sich auf das Kennwort ›Dialektik‹ vereidigen läßt.
In welchen Jahren gehörte auch Er zu einer ideologischen Ka-
morra?

Da einer erst genauer betrachtet wird, wenn er, unter den Zugehörigen, auch noch zum Thema für Doktorarbeiten zugelassen
ist, saß Er zeit seines Lebens in dem umfangreichen Boot, in dem
die vielen Chargen sitzen, die auf irgendeine Haltung festgelegt
sind. Er selbst kümmert sich nicht mehr um die genormte Unterschrift unter seinem Bild in der Kartei; solange Er vor allem
Ich war, machte ihm dieser falsche Paß Kummer. Denn da steht
nicht, daß Er zwar ein Anarchist von Geblüt war, aber auch wie
wenig Er geblüht hatte. Dem oft rezitierten Wort Clemenceaus,
ein großväterliches Betätscheln der Jugend: »Mir tut jeder leid,
der nicht mit Zwanzig Anarchist war« – möchte Er entgegen-

setzen: ihm tut jeder leid, der mit Siebzig noch nicht weiß: daß Anarchie die Wahrheit ist, wenn auch nur ein bißchen praktikabel. Um zu dieser Erkenntnis zu kommen, müssen die historischen Legierungen von Anarchismus und Terrorismus dissoziiert werden. Auch ist nicht erst im gesellschaftlichen Ich das Anarchische niedergehalten. Nur Babys haben das Glück, antiautoritär leben zu können, weshalb man auf die Idee kam: daß der Wille Erwachsener zur Anarchie eine Regression ist. Daß aber eine Wahrheit nicht voll, nicht einmal annähernd verwirklicht werden kann, sagt noch nicht, daß sie keine ist. Nicht nur die Gesellschaft, auch der entrückteste Nabelbeschauer verhält sich autoritär zu sich. Das ist kein Freibrief für Menschenschinder; nur eine Einschüchterung für billige Paradies-Fabrikanten.

Man halte es ihm, der eher kleinmütig ist als mutig oder gar übermütig, zugute, wenn er, ein Lampenlicht, sich selbst zum Thema macht, das auch den Titel haben könnte: Zum Beispiel Er. Die welthistorischen Figuren, ihre Metzeleien und bewunderungswürdigen Taten, sind, für die Corona der Jahrhunderte, belehrend, deprimierend, aufmunternd. An ihm selbst interessiert ihn nur das Selbst. Er hält jeden Einzelnen für wichtig genug, zu versuchen, was Er hier vorhat. Nicht als ›Demokrat‹ oder Ähnliches plädiert Er für den Autonekrolog, sondern weil Er ein Leben nicht für das Anhängsel einer Leistung nimmt, gar der Notierung an den Börsen der Zeit.

Wer gesehen hat, was wir mit den Augen und den allgegenwärtigen Linsen der Kameras aufzunehmen gezwungen waren, braucht nicht ermahnt zu werden, sich nicht (nach der Phrase aller Wichtigtuer) zu wichtig zu nehmen. Der millionenfache Tod hat das millionenfache Leben nicht auslöschen können; und es lebt nie in der Zukunft, sondern in der Gegenwart, dieser aktuellsten Vergangenheit. Wenn Er sich, ein Lampenlicht, ein Mikrokosmos ohne Harmonie und ohne Anspruch, das Allzuminiature zu sein, zur Summa seiner engen Welt zurückwendet, immer in Großaufnahme, weil der Leser nicht abgelenkt werden soll durch das bunte Drumherum, so tut Er es für sich: Er will es so genau wie möglich wissen. Was andere daraus machen, sollte Er um so unbefangener hinnehmen, je mehr Er in sich den Leser sieht, der dies lesen will.

Er wurde im Deutschland der sechziger Jahre ein (wegen seiner jüdischen Abstammung) verhinderter Nazi genannt, auch ein ehemaliger Deutschnationaler. Das ist der Weg, auf dem die Jüngeren die Vergangenheit der Älteren zu vergewaltigen suchen. Sein Nachruf auf sich ist nicht eine Selbstbezichtigung, nicht eine Rechtfertigung und schon ganz und gar nicht eine bittere. Wer kann verlangen, daß gerade Er nicht gejagt, nicht verleumdet, nicht verzeichnet wird. Es hätte an seinem Leben nicht viel geändert, wenn die Zeitgenossen freundlicher gewesen wären; wenn Er, souveräner, die Unfreundlichkeiten weniger beachtet hätte. Es ist ein Zeichen von Größe, sich nicht getroffen zu fühlen, wenn nur eine Schießbudenfigur abgeknallt wird. Die Weisheit, zu der Er zu spät und zu langsam auf dem Wege war, lautet: in solchem Panoptikum fällst nicht Du, nur ein Zerrbild von Dir. Und: kann das echte Bild nicht vielleicht noch schlimmer sein als das verzerrte? Er will sich als Unterlegener entdecken, nicht als Sieger verdecken. Sein Nachruf ist kein Plädoyer, doch hat Er sich, noch ehe Er recht begonnen hat, gegen die Verächtlichmachung des ›Lampenlichts des Privaten‹ zu wehren.

Privat kann ein mächtiges Wort im Vokabular der Täuschung sein: dort, wo das Private, für die Öffentlichkeit hergerichtet, nur ein der publicity angepaßtes Privat ist. ›Privat‹ kann auch deskriptiv sein: in Privatbahn, Privatbank, Privatbeamter, Privatbeteiligter, Privatdelikt, Privatdiskont, Privatfürstenrecht, Privatgewässer, Privatinitiative, Privatklage, Privatklinik, Privatkonto, Privatleben, Privatoffenbarung, Privatrecht, Privatschiffer, Privatschule, Privatwirtschaft ... alles nichts Ehrenrühriges. Privateigentum gibt es auch in den kommunistischen Ländern. Und selbst ›Privatoffenbarung‹ ist noch kein Fluch, weil sie nicht selten von der Kirche später kodifiziert wurde. Was übrigens auch für die im Lexikon nicht erwähnte Privat-Ideologie gilt; Macht kann entprivatisieren, der Hausaltar eines Spinners wird zum öffentlichen.

Aber da gibt es doch eben dieses ›Privat‹ im Köcher des Zeitgeistes, eine Offensiv-Waffe, ein verächtlicher Blitz gegen das Nur-Privat – ein Gegen zum wertvolleren Öffentlich: die Summe der sozial-kulturellen Belange, vor denen das Private ohne Belang ist. Privat ist eine Mahlzeit; es sei denn, sie diente dazu, einen als Schmarotzer einzuordnen oder als Unterprivilegierten oder (wie im Fall von Schillers faulen Äpfeln) als Vorbedingung des Werks. Privat ist die Neigung zu Gretel, es sei denn, sie ermögliche dem Kulturkritiker, nachzuweisen, daß die Menschheit im Argen liegt: eine Folge der Erbsünde oder der Klassengesellschaft oder (nach Kants Diagnose) des Umstands, daß der Mensch ›aus krummem Holz‹ gemacht ist. Im Nur-Privat rumort der Aberglaube: was sich nicht gesellschafts- und kulturkritisch auswerten läßt, geht niemand etwas an, nicht einmal den Privaten selbst. Und die Privaten glaubten es und interpretierten sich als Kultur-Schöpfer oder Kultur-Empfänger, ein etwas überflüssiger Privat-Fortsatz. Nur-Privat: das ist die Ausbeutung aller Ausbeutungen. Niemand feierte sie so wie der große Hegel und sein großer Schüler. Und niemand wehrte sich so energisch gegen diese Sünde wie der radikalste Widerpart: Max Stirner, den Engels verächtlich »Freund Stirner« nannte, dem Freundchen eine Raubtier-Philosophie unterschiebend. Nach dem Ersten Krieg versuchten Mynona und Anselm Rüst, Stirner auferstehen zu lassen, ohne Erfolg. Jetzt erschien eine Schrift ›Max Stirner. Eine geistig nicht bewältigte Tendenz‹. Von niemand bewältigt; denn die von Hegel und Marx stammende zeitgenössische Soziologie, in deren Kerkern auch Stirner sitzt, ist am kürzesten so zu beschreiben: am Sechsten Tag morgens, als er noch ganz frisch war, schuf Gott die Gesellschaft – und erst am späten Nachmittag, schon müde, nach ihrem Bilde Adam und Eva. Was sich nicht soziologisch reduzieren läßt, ist nicht. Stirners Schriften sind wahr in ihrem dringenden Protest zugunsten des Unikums, gegen die Irrlehre: von Bedeutung ist das Werk, privat das Leben. Sokrates wurde von Aristoteles als Erfinder des Begriffs gefeiert und Jesus lebt vor allem als zweiter Geist, innerhalb der Dreieinigkeit, nicht als ein Privater, der mehr

Trost nötig hatte als irgendein Sozial-Christ. Jesus hat die Menschen nicht erlöst, aber ihr Leiden manifest gemacht. Ihm ist Er im Mitleid verbunden.

Wie hängt die Invektive Nur-Privat in der Seele des Zeitgeistes zusammen mit dem beschwörend-defensiven: Achtung! Privat!, glorifiziert in dem Wort-Starlet ›Intimsphäre‹? Man kann ihr Alter vielleicht danach bemessen, daß der Große Brockhaus 1954 von ihr noch nicht Kenntnis nahm; wohl aber der Ergänzungsband, vier Jahre später. Da wurde auch ein ihm unbekanntes Verb unter ›intim‹ registriert: ›intimieren‹, das heißt »amtlich zufertigen, gerichtlich kundtun«. Dort also wurde die heute berühmte sakrale Sphäre vorgestellt als ›private Geheimsphäre‹; denn de Gaulles Nase ist zwar privat, auch wenn er sie noch so hoch trägt; aber eben doch nicht so geheimprivat wie das, was die Badehose deckt. Da sagt man nicht verächtlich Nurgeheim-privat; denn dies Private ist ein Arcanum. Die Intimsphären bestehen auch aus Kloaken, die der Eigentümer zu verheimlichen sucht, statt sie auszumisten; ein guter Teil der modernen Literatur kann als stellvertretende öffentliche Reinigung der privat-geheimen Augiasställe bezeichnet werden, und verdient deshalb nicht den Schimpf, der schon dem klassischen Herkules, Sigmund Freud, zuteil wurde.

Marx schuf wirksamer als irgendein Idealist vor ihm die Verachtung: »Ein bloßer Privatmensch«, also »geistig tot«. Aber neben dem Ton der Herabsetzung, der bei den Epigonen hämisch wurde, war in seinem ›Privat‹ ein Fanfarenstoß: Achtung! wildes Tier! Im ›Privatinteresse‹, in der ›Privatsicherheit‹, im ›Privatvorteil‹, im ›Privaterwerb‹ wurde der Private ein Dieb, die Gesellschaft bestohlen ... und traf diese Deutung nicht oft genug zu? Aber Marx okkupierte das Wort so gründlich, daß auch den Urenkeln immer noch verborgen ist: unbeschadet der Wahrheit, welche die Meister fanden, ist privat mehr als eine Chiffre für Engels' ›Kampf der Monaden‹. Auf die Durchsetzung dieser Wahrheit war Er aus. Auch sie trieb ihn zum Nachruf auf sich. Das Private ist mehr als der ärmliche Rest, der übrig bleibt, wenn abgezogen werden: die Maschinenteile, die der Arbeiter repariert, die Klosette, die eine Toiletten-Frau gereinigt, die großartigen Gedichte, die ein Poet hinterlassen hat.

Er, von dem die Rede ist, sucht das ›Lampenlicht des Privaten‹ an einem bestimmten Lampenlicht, in seiner Person, zur Geltung zu bringen; und zitiert, um von den verschämten Armen im Geiste nicht unverschämt mißverstanden zu werden, Hebbels Tagebuch, Eintrag vom fünften Januar 1836: »Ich halte es für die größte Pflicht eines Menschen, der überhaupt schreibt, daß er Materialien zu seiner Biographie liefere. Hat der Mann keine geistigen Entdeckungen gemacht und keine fremden Länder erobert, so hat er doch gewiß auf mannigfachste Weise geirrt, und seine Irrtümer sind der Menschheit ebenso wichtig wie des größten Mannes Wahrheiten.« Das ist die Rehabilitierung des Privaten durch den aufsässigen Hegel-Schüler Hebbel.

Er, von dem hier geredet wird, hat keine fremden Länder erobert, viele Irrtümer genährt . . . und ist mit Hebbel verbunden in der Aufforderung an alle, die schreiben können, ›Materialien‹ zur Geschichte ihres Lebens zu liefern. Wem es Nutzen bringt, und ob die geforderte Lieferung »die größte Pflicht eines Menschen« ist, hält Er für problematisch. Er dachte darüber nach und stellte dem alten Imperativ: »Erkenne Dich selbst!« die Fragen: aber wie? und wozu eigentlich?

Soviel Vorfeld muß Er durchschreiten, bis Er zu seinem Nachruf kommt. Oder ist dieser Anlauf bereits Teil des Verlaufs, den sein Leben genommen hat? Er begann vor fünfzig Jahren, in seiner Doktorarbeit dem Lampenlicht Beachtung zu schenken, unter dem Titel ›Die Individualität als Wert und die Philosophie Friedrich Nietzsches‹. Im Dschungel neukantischer Theorien war Er ein Gefolgsmann jener, die Religion, Kunst, Wissenschaft als ›Werte‹ systematisierten; und Er vermißte einen: ›Individualität‹. Heute würde Er seine Dissertation zeitgemäßer: ›Das Lampenlicht als Wert und . . .‹ benennen.

Die letzten Sätze seines Buchs ›Mein zwanzigstes Jahrhundert. Auf dem Weg zu einer Autobiographie‹ sagten voraus, daß Er einmal auf einem ganz anderen Wege sein wird: »Ich weise auf die Sünde meiner Unterlassungen hin, in mehr als einer Absicht. Die erste: mir gut zuzureden, in den kommenden Jahren, die immer mehr vom letzten Schatten überschattet sein werden, die Mitmenschen immer weniger zu fürchten. Die zweite: ihnen einzuprägen, daß wir uns bis zur Selbstentstellung voreinander ängstigen ... und daß die Wurzeln aller Entfremdungen, aller Entmenschlichungen, aller Versteinerungen der Mangel an Courage ist, sich zu sich zu bekennen – vor allem dort, wo man sich nicht mit sich identifizieren möchte.«

Damals, noch eingehüllt von den bunten Bildern der Vergangenheit, ahnte Er bereits, daß es keine Fortsetzung der autobiographischen Erzählung geben wird, sondern ein Vorrücken in Richtung auf sich: ein Sich-zu-Leibe-gehen, zu seinem Leib und zu seiner ... wie immer man das nicht-leibliche Ich nennen mag. Der Autobiographie folgt hier kein Und-weiter-ging-es-so, sondern ein Autonekrolog, ein Nachruf auf sich, ein recht ahistorisches Ins-Auge-fassen des Unikums, das Er gewesen ist. Er zögert, bevor Er das Wort Individuum hinschreibt (von Persönlichkeit wird nie die Rede sein) ... Vokabeln, die so herunterkamen, daß sie nur noch Karikaturen ihrer ursprünglichen Bedeutung sind. Sollte aus Mangel an Synonyma das Wort Individuum dennoch verwendet werden, so immer im Sinne eines unfeierlichen Unikums, das heute, unbeachtet, mit ›Sonderling‹ übersetzt wird.

Die Diagnose von einst, daß wir uns bis zur »Selbstentstellung voreinander ängstigen«, war noch nicht deutlich genug da; es ist auch die Angst, lächerlich zu werden. Sie hält das Schulmädel davon ab, sich eine ungewöhnliche Schleife anzustecken, die Eltern vermeiden Vornamen, die das Kind in der Klasse wegen der Seltenheit lächerlich machen könnte, die Schriftsteller meiden Worte, die zum Gespött geworden sind: heute zum Beispiel positiv und Innigkeit und Innerlichkeit ... Der Neuling, der nicht die Kraft hat, die Andern in sein Schlepptau zu nehmen, muß auf der Hut sein, nicht verhöhnt zu werden in der Ära der Hämischen. An der Geschichte Jesu erregte ihn mehr als die Kreuzigung der besoffene Kriegstanz der Knechte, die sich über das Leid lustig machten. Die meisten Abweichler weichen aus in eine abweichende Riege, so sind sie vor Lächerlichkeit geschützt. Der Autonekrolog ist nur einer, wenn das letzte Selbstporträt nicht mehr an die Bloßstellung denkt, die das elitäre und populäre Grinsen des einzigen Voyeurs, der schändlich, dünkelhaft ist, hervorreizt.

Der Augenblick, der seinen nüchternen Abschied von sich im fahlen Licht des Dagewesenseins einleitete, den Autonekrolog, kann exakt datiert werden. Als der Arzt am Nachmittag des zwanzigsten Februar in sein Schlafzimmer kam, wußte Er, daß es aus war. Er war nicht erschüttert, weil Er seit vier Jahren gewarnt und seit vier Monaten ohne Hoffnung war. Er erfuhr nur, was Er wußte.

Er hat nie Sterbenden ins Gesicht blicken können. Er hat das Schlimme immer voraus- und nie angesehen, wenn es zu übersehen war. Als der Großvater in seiner letzten Stunde ihn segnete, hat Er ihn nicht angeblickt, auch seinen Vater nicht, der neben ihm stand. Als der Vater, zwei Jahrzehnte später, vor Tod kaum noch atmen konnte, bat er die Schwestern, ihn nicht mehr hereinzulassen, weil seine Verstörtheit nicht auszuhalten war. Und als Er zum letzten Mal zu ihr ging, brachte Er es nicht über sich, an ihr Bett zu treten; sie war im letzten Schlaf. Zögernd betrachtete Er sie noch einmal im Spiegel, der am Eingang des Krankenzimmers hing und ihr Bett spiegelte, die zarte, noch atmende Leiche mit dem Grübchen und einem winzigen Lächeln, das dort liegen geblieben war. Er sah nicht scharf hin, Er sah eher seine Erinnerung an sie; der liebe, schmale Erdenrest war fast schon Gedenken. Es war ein feiger Abschied.

Der Arzt war gnädig gewesen, versuchte nicht, ihn zu trösten. Er war völlig entleert. Sie gingen auf den Dorf-Friedhof zu zweit hinter dem Sarg. Er machte ihren Tod nicht bekannt; die wenigen Briefe, die Er erhielt, öffnete Er nicht. Er hatte niemand, mit dem Er über sie hätte sprechen können. Deshalb legte Er eine Zone des Schweigens um sich. Er schwieg auch sich gegenüber. Er begann (nicht mehr flüchtig, nicht mehr fliehend) eine Welt zu sehen, in der Er nicht mehr war. Vom Tod zu wissen und den Tod zu erfahren, ist zweierlei. Wie kann einer mit dem Tod koexistieren? Mozart, in seinen Dreißigern, nannte ihn den besten Freund. Solch eine Freundschaft konnte Er nicht nachvollziehen. Er kannte ›Freund Hein‹ nur vom Wegdenken und wurde mit ihm erst intim, nachdem dieser ihn tödlich getroffen hatte: Da begann sein Leben als ein fortgesetztes Dagewesensein. Er lebte nur noch im Präteritum. Eine laue Trägheit machte der Arbeitsbesessenheit und der Lust am Genuß ein Ende. Der Tod, den man nicht vergessen kann, ist nicht der, von dem alle sagen: alle Menschen müssen sterben.

Es gibt viele Einsamkeiten, gute und tötende; die seine liebt Er nicht und bekämpft Er nicht. Das Tier, das zur Schlachtbank geführt wird, erhält einen Keulenschlag, der es reaktionsunfähig macht. Solch ein trottendes Wesen wurde Er; das ist eine unpathetische Metapher. Denn das Pathos, das die unablässige Vorwegnahme des Todes hervorrufen kann, ist ihm ebenso fremd wie die sich auflehnende Resignation, ein passives Pathos. Nicht eine revoltierende Emotion, ihre fühlbare Abwesenheit wurde ihm zuteil und der Ausfall von Antrieben. Er besuchte nur selten ihr Grab, das von seinem Fenster aus fast zu sehen ist; Er kann sich individuellen Staub nicht vorstellen. Er betrachtete nicht ihre Bilder aus vielen Jahren. Er war zu feige, sich ihre Gegenwart vorzustellen, ihr Wissen um ihren Tod: daß sie weiß, wie sehr sie nur noch Staub ist. Sie hing am Leben, es war ihr selbstverständlich, da zu sein. Was auf ihm lastete, war eine irreale Vorstellung: wie unendlich wäre das Leid, wenn sie wüßte, daß sie tot ist. Ein Dreißigjähriger kann seine Autobiographie schreiben, wenn der Reichtum seiner Erfahrung mit der Welt es erlaubt. Ein Nachruf auf sich wird erst möglich, wenn ein Ich, das immer in die Zukunft will, so schmal geworden ist, wie das mit ihm mehr als zwillinghaft verbundene Er, das Präteritum eines Ich.

Er begann, ohne die Aufdringlichkeit von Photographien, sich ihr Einst gegenwärtig zu machen und entdeckte, daß Er sie nicht von sich lösen konnte, weil sie zwar neben ihm gelebt hatte, mehr aber ein Teil von ihm gewesen war, der Teil, der nicht Ich zu sich sagt. Auf diesem Weg kam er dahin, sich an sie zu erinnern . . . und fand heraus, daß Er bisher vor allem auf sein zwanzigstes Jahrhundert zurückgeblickt hatte: ein Panorama, in das Er auch sich hineingemalt hatte. Jetzt ging Er in sich. Das Zwanzigste Jahrhundert ist nur noch eine diskrete Kulisse.

Wenn Er täglich, ohne sein Zimmer zu verlassen, auf dem kleinen Hügel dahinten weilt, auf welchem der Friedhof liegt, unter dem ihr Ich zu Staub geworden . . . in dieser zeitlich nicht meßbaren Zeit ist Er außerhalb der Weltgeschichte und der lauten und noch der leisesten Gegenwart; außerhalb der Deutungen des Todes, wie sie gemütlichere oder kniffligere Philosophen gegeben haben. Es gibt kein Ergo sum, nur ein Unikum, das seine Existenz nicht beweisen kann und, erst recht nicht, später, seine Nicht-Existenz. Es gibt aber einen Nachruf auf sich, ob man nun gewesen ist oder nicht. Aber wie erkennt Er sich?

Im Rückblick ging ihm auf, daß recht zuverlässig die Träume waren, in denen Er sich erschien. Er brauchte dies Geträumte nicht durch eine Deutung zu interpretieren, weil Er hier, gar nicht verstellt, auf einiges wenig Erbauliche im Muster seines Lebens aufmerksam gemacht wurde. Er konnte mit seinen Träumen nie viel anfangen, schon deshalb nicht, weil Er zu wenig ins Wache hineinrettete. Es frappierte ihn aber immer wieder, daß Er sich weder glorifiziert noch herabgesetzt im Traum erschien: sondern so, wie Er, das entdeckte Er, hinter allen Selbsttäuschungen und Rollen war. Er begegnete sich nur selten körperlich, aber eindeutig in den Reaktionen, die Er (bei aller Vorsicht) Konstanten seines Lebens nennen möchte.

Es gab auch Traumbilder, die ihm nicht wichtig zu sein schienen; vielleicht täuschte er sich in der harmlosen Auslegung.

Immer wieder, durch die Jahrzehnte, hatte Er es in Albträumen mit Tieren zu tun, sehr oft mit sehr kleinen. Sie drängen ihn in eine Ecke, aus der Er nicht auszubrechen wagt. Sie knabbern an seinen Schuhen herum, Er kann sie nicht loswerden. Solch eine Szene mag in diesem oder jenem Leben hintergründig sein und eine schwierige Entschlüsselung verlangen; in seinem war dies, wie ihm schien, keine tiefsinnige Offenbarung. In der Großstadt geboren, waren Tiere ihm immer fremd, erregten Angst und Ekel. Als Er auf dem Land, in Woltersdorf bei Berlin, zum ersten Mal einen Hahn krähen hörte, wurde Er so beeindruckt, daß Er diese Sekunde nie vergaß. Selbst Haustiere sind ihm unheimlich geblieben, am unheimlichsten in ihrer Anpassung ans Menschliche, weil so ihr irrationales Benehmen in die Nähe menschlichen Irrsinns rückt.

Ein geborener Großstädter, liebte Er Natur, Berge und Meer, wenn sie als Badeorte domestiziert waren: gepflegte Promenaden an der launischen See, komfortable Hotels in unkomfortablen Schluchten. Er ist in Versuchung, diese Neigung bourgeois zu nennen; sie ist bürgerlich im Sinn des Extrems zum Nomaden, der keine Dächer kennt und keine Straßen. Aber auch die sozialistische Ordnung ist bürgerlich, fern vom Nomadentum ... und gibt es das überhaupt noch und wo? Das geregelte Umherziehen ist schon fast Seßhaftigkeit.

Die Träume, in denen Er vorkam, lenkten seine Aufmerksamkeit auf manchen Grundzug und manche Arabeske im Muster seines Daseins, die Er ohne diese Hilfe nicht beachtet hätte. Das sich selbst träumende Ich war immer von einer großartigen Unbefangenheit – gerade auch dann, wenn es zu Eröffnungen kam, die im wachen Zustand peinlich, peinigend gewesen wären. Die Träume, in denen Er vorkam, halfen ihm, zu sich zu kommen ... und gerade zu diesen Ichs, die ihm nicht angenehm waren.

Er nutzte diese Chance, sich unbeobachtet nachzugehen. Der Ausschluß des Fremden, die Abwehr des Nichtvertrauten, des Mannes ohne Dach und Schloß, war im Traum offenbar geworden. Das geträumte Ich zwang ihn, sich die Niederlagen seines Lebens einzugestehen, ohne ihn vom Größenwahn in einen Kleinheitswahn zu stürzen ... und hier zur zerknirschten Konfession. Dieser Nachruf ist auf möglichst viel Wahrheit über ihn aus, nicht auf reuige Selbsterniedrigung. Die Konfession setzt einen Pater Confessor voraus: Er braucht keinen.

Es gibt ein Klima, das für solch ein Unternehmen, das Drängen nach Wahrheit über sich, recht geeignet ist: das Alter. Man sollte es nicht aufwerten, indem man zeigt, wie jung ein Siebzigjähriger sich gebärden kann, sondern eher, wieviel Torheiten er überwunden hat. Und weshalb überhaupt: Aufwertung?

Er schlug, indem Er sich selbst im Sinne hatte, im Großen Brockhaus nach, um zu lernen, was unter dem Stichwort ›Alter‹ hier verstanden wird. Es gibt da eine Reihe von Unterabteilungen: ›Altersstufen, rechtliche Bedeutung‹; ›Altern, die letzte Phase im Lebenszyklus der Organismen‹; ›Altersblödsinn, senile Demenz‹; dann: ›Altersfürsorge‹, ›Altersheim‹ ... und noch einiges. Er fand keinen Abschnitt, in dem angegeben wurde, mit wieviel Krücken Er weitermacht: von der Brille, dem Hörgerät, bis zu dem täglichen Digimerk und Coritrat; dem Tradon und Reaktivan zum Aufwachen, dem Vesparax und Atosil zum Einschlafen und dem Noveril, wenn ihn die Erinnerung an die Tote, die keine Ruhe gab, zu Boden drückte.

Er studierte den langen Artikel des Lexikons genau und fand nichts, was ihm sagte: wie Er, ein alter Mann fühlt – und wie Er mit seinem Alter fertig werden kann. Die Gerontologisten und Geriatristen, die vor allem an den Drüsen herumfummeln (Er erhält Injektionen einer Medizin, die eine rumänische Ärztin erfand), sind nützlich und nicht von heute. Der Arzt Hufeland veröffentlichte 1796 das Buch ›Makrobiotik oder die Kunst, das Leben zu verlängern‹. Aber es handelt sich eben nicht nur um Verlängerung, was jeder weiß und fast jeder vergißt. Die Frage ist eher: wie ist einer, im Vollbesitz seiner Kräfte, alt? Es begann mit den römischen Traktaten ›De senectute‹, es häuften sich die Rezepte gegen die drückende unsichtbare Last, auch die psychosomatischen. Sie waren wohl immer nötig, schon damals, als die Lebenserwartung bei fünfunddreißig lag – und sind heute eher noch dringlicher, da prophezeit wird: von hunderttausend Knaben, die zwischen 1949 und 1951 geboren wurden, haben 3175 Aussicht, über Neunzig zu werden. Aber auch dann wird bleiben, was Heinrich Mann in seinen letzten Jahren immer wieder sagte, wenn man ihn nach seinem Befinden fragte: »Alter ist die hoffnungsloseste aller Krankheiten.« Klagen helfen nichts. Wer nicht alt werden will, muß jung sterben.

Daher das ungeheure Aufgebot an Trost-Literatur. Nichts gegen das Trösten. Die schlechte Angewohnheit der herrschenden Aktivisten, im Trost eine konterrevolutionäre Aktivität zu sehen, die den Fortschritt hemmt, gehört zum großen inhumanen Aberglauben der Zeit. Jeder hat nötig, getröstet zu werden: durch eine Religion oder eine Philosophie oder ein Gedicht oder intimere Veranstaltungen. Aber Trost muß wirksam sein; oder er beleidigt und verschlimmert die Lage des Menschen, dem er offeriert wird. Hiob litt am meisten, als die guten Freunde versuchten, ihm ihren blubbernden, nicht tröstenden Trost zu applizieren. Das Schlimmste, was dem alten geschlagenen Mann nach allem noch passieren konnte, war dies Gut-zureden von Leuten, die eher sich selbst beruhigen wollten als ihn, indem sie ihm weismachten: es ist doch alles in schönster Ordnung.

Im Alter ist gar nichts in schönster Ordnung. Einer der vielen falschen Ordner war Peter Rosegger: »Der Mensch ist in seinem Dasein nur zweimal ein völlig Ganzes: im gedankenlosen Genuß der Jugend und in der bedingungslosen Ergebung des Alters.« Man studiere diese ›bedingungslose Ergebung‹: zum Beispiel an Adenauer, als er neunzig war, am achtzigjährigen Ben Gurion, am achtundsiebzigjährigen de Gaulle, der (sehr autobiographisch) sagte: »Der Ehrgeiz ist die letzte Leidenschaft der Greise.« Alte Leute pflegen eher hartnäckig und stur zu sein als ›ergeben‹. Auch Er ist nicht ›ergeben‹, eher besiegt. Es gibt keine Würde des Alters, sondern nur eine Schmach, die dem Alten angetan wird ... vom deus absconditus.

In unseren Jahrzehnten häufen sich die Versuche zur Beschwichtigung, weil von Jahr zu Jahr mehr Greise mehr Senilität zeigen. Die Statistiker reden von der Überalterung der Nation.

Die Masse der Abnehmer für Traktate: Von den Freuden des Greisenalters... wächst. Wer nicht zur Euphorie neigt, hält sich ans solidere Konversations-Lexikon. Zum Beispiel an die Sätze: »Die Knochen werden brüchig, die Oberhaut wird zellärmer. Aus der Unterhaut verschwindet das Fett; sie wird runzeliger und büßt an Spannung ein. Der Körper wird kleiner.« Er betrachtet sich und seine Altersgenossen, vor allem auch die weiblichen: welch Anschauungsmaterial. Und das ist noch lange nicht das Ende der Misere.

Der einzige Trost, den von so unerbittlicher Seite die Physiologen spenden, sieht so aus: »Alter und Tod können für die einzelne Zelle verhindert werden, wenn sie außerhalb des Organismus in künstlichen Medien gezüchtet wird.« Soll Er also Zellen von sich in Pension geben? Und was fängt Er mit ihnen an – außerhalb seines Organismus? Er könnte sie höchstens von Zeit zu Zeit besuchen und sich an der Vitalität jener begnadeten Pensionäre ergötzen, die nicht mehr in seinem Ich inkorporiert sind. Die wissenschaftlichen Tröster sind noch alberner als die ganz unwissenschaftlichen Phrasenmacher.

Die guten Freunde eines Hiob von heute, der mit Alter geschlagen ist, sagen: »Man ist so alt, wie man sich fühlt.« Wie schön das klingt, vor allem im Ohr aller Greise, die wie ein Kindlein herumflattern und für Vitalität ausgeben, was nur der Wind ist, den sie um sich machen, um die Windstille zu verdecken, die teils aus der Müdigkeit kommt, teils aus dem Verlassensein; denn die nächste Generation emeritiert die Väter, Großväter und Urgroßväter, ob sie nun laut sind oder nicht. Das In-glänzender-Form der Hundertjährigen ist doch nur eine große Protzerei. Vielleicht darf man sogar noch steigern: eine der größten Bürden ist der Comment, nach dem es guter Ton für Greise ist, kindlich zu hüpfen. Mit dem Wegfall der langen weißen Bärte begann diese Heuchelei; aber die, welche in der Jugend hoffnungsvoll waren, machen im Alter ein steifes ›Prinzip‹ daraus. Die prinzipielle Hoffnung ist so ähnlich wie eine prinzipiell schwangere Frau nach dem Klimakterium. Wer den Alten schmeicheln will, schenkt ihnen das Wort ›jugendlich‹; und sie fühlen sich verpflichtet, auf der Höhe dieser Schmeichelei zu leben. Die alte Mär von der Unabhängigkeit des Geistes ist der Illusion vieler Greise sehr behilflich. Was macht es, jubeln sie, wenn der Korpus immer mehr zusammensackt, der Geist bleibt jung. Er aber wird (im besten Fall) nur noch erfahrungsgesättigter. Und gerade das kann zur Plage werden. Die Wiederholungen, die einer durchmachen muß, wenn er längere Zeit auf Erden geweilt hat, werden zur tödlichen Langeweile und zum Erlebnis der Vergeblichkeit. Wer erfährt, wie Schlagworte von vorgestern wieder ertönen, als wären sie nagelneu, erleuchtende und heilende Parolen, welche das gegenwärtige Kalenderjahr fand . . . wer weiß, wie die alten Fehler, vierzig Jahre später, zu den alten Katastrophen führen werden, wäre glücklicher, wenn er nicht soviel Erfahrung gespeichert hätte. Er, von dem hier die Rede ist, mußte zweimal das Engagement, den Elfenbeinturm, Macht und Geist (und wieviel noch) durchmachen – und kannte beim zweiten Mal, bereits als es begann, das Ende, zu dem es kommt. Die ewige Wiederkehr des Gleichen ist schon bei der ersten Wiederkehr eine ewige Langeweile.

Und dann diese immergrüne Jugend, leicht variiert. Sie hat sich eine Weile eisgekühlt gegeben, die Nüchternheit war ihr Pathos, sie verachtete die Vitalität (aus einem Manko eine Tugend machend), sie gab vor, alles zu reflektieren, und reflektierte gar nichts, sondern plapperte irgendwelchen Großkophtas nach. Ein wenig später schäumt sie so berückend über, daß die Greise, die sie angesteckt hatten, sich von ihr anstecken ließen. Kein traurigeres Schauspiel bot die Zeit, als der vielfältige Verkehr von sabbernden Greisen und gierigen Urenkeln.

Er hat vor sich Elaborate des miles teenager gloriosus, pompöse Lautsprecher des alten Feldgeschreis: »Wir Jungen.« Sie sind unverschämt, wie Er es auch war in seinen Flegeljahren . . . was den Fall nicht schöner macht. Der neue Aufbruch kassiert, was einst erarbeitet war: nicht politisch-progressiv, sondern in utopischem Plaisir. Man muß solche sich wiederholenden Erfahrungen hinzurechnen zu der Veränderung im kolloidalen Zustand des Zellplasmas, um auszuloten, was alles das Alter an Unbehagen produzieren kann.

Es ist nicht nur die Jugend, die sich von den Alten gestört fühlt, von den Platz-Inhabern, welche die Positionen besetzen. Die ganze Gesellschaft hat die Greise satt; ein Element im Anti-Adenauer-Kampf war die Ungeduld aller Kronprinzen, besonders derer, die schon auf den Tod der bejahrten Kronprinzen warteten. Im Brockhaus, siehe Abschnitt ›Altersgrenze‹, wird damit jenes ›Lebensalter‹ bezeichnet: »mit dessen Erreichung Beamte zwangsweise in den Ruhestand versetzt werden« – und durchaus nicht nur Beamte, wie wir aus dem ›Tod eines Handlungsreisenden‹ wissen. Die Altersgrenze wird nach oben verschoben werden, und immer mehr Söhne werden nicht zum Zug kommen; die Enkel werden die Positionen der Großväter einnehmen. Statt des Vatermords wird es einen Großvatermord geben.

Jener Brockhaus-Satz ist stilistisch hervorragend: weil (wenn auch unbeabsichtigt) in dem ›zwangsweise‹ und ›versetzt‹ die Dynamik liegt, mit der ein nachlassender Motor auf den Auto-Friedhof gepfeffert wird. Einst tötete man die Greise, heute werden sie emeritiert; der Impetus dahinter ist derselbe. Und nur die unreifere Jugend zeigt offen, was sie besonders glücklich macht: der Hohn auf die, welche ihnen im Wege sind. Er hatte schon viele Namen, im Augenblick hat man sich auf das Establishment geeinigt. Man könnte es definieren: die Summe aller Sessel, auf denen Generaldirektoren, Ordinarien, Chefredakteure und ergraute Dichter sitzen.

Die Alten sollten generös sein und erwägen: sie wissen, was Jugend ist – woher aber soll sie wissen, was Alter ist? Auch wenn sie vom beschädigten Leben zu quakeln gewohnt ist, wird ihr nicht bewußt, daß auch sie einmal alt sein wird. Auch gibt es schon wieder eine Generation, welche die Schrecken der jüngsten Vergangenheit nur aus der Literatur kennt und hochgemut die Vergangenheit der Alten bewältigt.

Damit ist nur der Anfang einer Liste aller Nöte und Widerwärtigkeiten des Greisenalters notiert. Bleibt noch, um der Wahrheit die Ehre zu geben: die einzige Herrlichkeit zu illuminieren, die das letzte Kapitel haben kann. Das ausrangierte

Stück, der Greis, mit Augen, die nicht recht sehen, mit Plänen, die nicht mehr zu erfüllen sind, mit einem Verlangen, dem die Kraft nicht entspricht, mit dem Angebot, nach dem keine Nachfrage ist ... der Greis, von der Gesellschaft an den Rand des Kirchhofs geschoben, genießt vielleicht ein Glück, das kein anderes Lebensalter schenken kann. Keine Statistik kann ermitteln, wie viele diese Seligkeit mit ihm teilen. Erst im Alter kann die Freiheit auffällig wachsen: nicht die Sehnsucht nach ihr, sondern schon die Realisierung. Man will keine Karriere mehr, man kann keine mehr wollen. Der Wettlauf ist vorbei. Mit ihm: das Sich-anpassen-müssen, das Einstecken-müssen. Mit ihm: die Angst, den richtigen Zug zu versäumen. Mit ihm: die Sorge, aufs falsche Pferd zu setzen. Mit ihm: das Wiederkäuen der blödesten Prunksätze des Zeitgeistes. Es ist hier die Rede von einer Möglichkeit: das Alter kann die Selbsterkenntnis fördern. In seinem Leben wurde sie dringlich. Er weiß, daß dies nicht die Erfüllung garantiert, aber erleichtert.

Alle seine (viel mehr als fünf) Sinne und das Herz und die Leber und die linke und rechte Hernia, die Er sich geholt hatte, als er im Auto von einem der mudhills, der ›Dreckhügel‹ über Beverly Hills, herunterfiel ... und seine Zähne und seine Bandscheiben und seine Krampfadern sind schlechter geworden. Dagegen hat Er nur einen Posten auf seiten der Aktiva. Der Alte kann (halb belustigt, halb mitleidig) auf die Jüngeren mit Humor herabsehen, wie sie den Einflußreichen untertan sind und versklavende Bundesgenossenschaften eingehen und zum Partikel des Establishment der Twens werden. Was die heute Quicklebendigen von früheren nicht unterscheidet: man ist wieder bereit, Kriege zu schaffen, um den Krieg abzuschaffen. Ihr Leiden am Wettbewerb ist so groß, wie es immer war. Die Alten aber sollten auch noch deshalb nachsichtig sein, weil sie zur einzigen wirklich privilegierten Klasse der Gesellschaft gehören: die Natur erspart es ihnen, mitzurennen. Sie leben von Ersparnissen oder von der Wohltätigkeit oder sie sterben.

Kant schrieb: man solle die Alten ehren, weil sie so lange ausgehalten haben. Sein Mitleid ist liebenswert – aber nicht vielleicht eine Überschätzung dieses Verdienstes? Nicht sie haben ausgehalten, ein haltbarer Körper hat sie ausgehalten; und da war außerdem noch diese ordinäre Zähigkeit, alle Ungerechtigkeit, Mitleidlosigkeit, allen Ekel zu überleben. Wäre der Mensch nicht aus grobem Stoff gemacht, er machte sich schnell davon. Es ist die Dickfelligkeit, welche erlaubt, daß man alt wird. Vor mehr als zehntausend Jahren wurden Menschen achtzehn, im siebzehnten Jahrhundert zweimal achtzehn und jetzt zweimal sechsunddreißig. Das ist nicht das Verdienst derer, die immer mehr Jahrzehnte ansetzen. Die physische Leistung und die psychische Ausdauer haben mit Moral nichts zu tun. Man kann die Alten nicht einmal verehren, weil sie weise geworden sind. Erst der Tod, wenn er schon sehr gegenwärtig ist, kann im Alter sapientia etwas fördern.

Aber wozu Weisheit? Hebbel hielt es also für »eine Pflicht jedes Menschen, der schreiben kann«, sich zu beschreiben. Das rücksichtslose Selbstporträt ist kein narzißtisches Unternehmen, sondern bisweilen zu Nutz und Frommen der Nebenmenschen, die entengt werden, indem sie ihre eigenen Erfahrungen um andere bereichern können. Denn nur selten ist ein Einblick in den Nachbarn, in den Fremden gestattet, weil er sich nicht öffnet, weil er sich mit geschlossenem Visier verteidigt.

Die, welche Geschichte schreiben, und die, welche Geschichten (teils echte in Tageszeitungen, teils phantasierte in Romanen) veröffentlichen, geben wenig davon, was ein Einzelner über sich aussagen könnte. Die öffentliche Menschheit besteht aus anonymen Kräften und Räubergeschichten, auch fiction genannt. Die Boulevard-Blätter machen nur eine Überschrift aus dem gestrigen Blutbad; der Text ist nichtssagend, weil nichts damit gesagt wird, daß einer fünfmal oder neunmal mit dem Küchenmesser zugestoßen hat. Das Singuläre bleibt gerade in der erzählenden Literatur der Gegenwart außer Betracht. Wer aber (so meinte Hebbel) die Erfahrungen seines Ich um die Erfahrungen sich darstellender Iche bereichern will, muß wollen, daß sie sich zugänglich machen. So wird die Selbstdarstellung zur gesellschaftlichen ›Pflicht‹. Wurde Er von solch einem Pflichtbewußtsein bewegt?

Sein Nachruf entspringt eher seinem Drang zur Wahrheit über sich, die vielleicht niemand nützt und ganz bestimmt nicht ihm selbst; dazu kommt sie zu spät. Der rätselhafte ›Trieb zur Wahrheit‹, der immer nur ein wenig befriedigt werden kann und unersättlich ist, wenn die Wahrheit für unerreichbar gehalten wird, ist mit der ›Liebe zur Wahrheit‹ versüßlicht. »Amor dei intellectualis« ist eine schöne Wendung. Er allerdings kannte nicht diese Art Amor, ebenso wenig wie Gott. Es ist eher so, daß Er in jungen Jahren wie im Alter beherrscht wurde von einer Autorität, gemeinhin Gewissen genannt, die aus zwei Autoritäten besteht: die eine herrscht mit Wahr und Unwahr, die andere mit Gut und Böse. Der dritte Gott, den man vielleicht um der Dreieinigkeit willen hinzugenommen hat, dessen Gebote und Verbote in Ästhetiken kodifiziert wurden, ist weniger unerbittlich.

Das Gewissen ist von Tiefenpsychologen und Soziologen berannt worden und mancher seiner Inhalte erwies ihre Vergänglichkeit – nur nicht dieser unvergängliche Anspruch, den das Gewissen macht. Wozu also braucht Er seinen Nachruf auf sich? Wozu suchte Er seine Freuden und Leiden unters Mikroskop zu legen? Er kann sich nicht darauf berufen, daß Er einer Pflicht, wie sie Hebbel proklamierte, nachkommt. Ihm ist zum Schluß die bescheidene Erkenntnis seiner selbst wichtiger als jede andere. Man mag diesen Sachverhalt (und das Ich wurde ihm im Er zu einer Sache, die einmal eine Person gewesen ist) mit dem Schlagwort, dem schlagenden Wort benennen, das ihm als Psychologen und Soziologen angemessen ist. Ein anderes Wozu als diesen Drang, seinem Er näher zu kommen, findet Er nicht. Er fragt nicht: war er sich treu? Weder Treue noch Reue bekümmern ihn. Er will es nur so genau wie möglich wissen. Niemand kann die Frage: was ist der Mensch? ernst nehmen, bevor er nicht gründlich herumgestöbert hat in der anderen: wer bin ich?

II

Sechs Jahre in den Sechzigern

Ein Aberglaube, der noch weniger als manch anderer kontrolliert werden kann, und den man deshalb vielleicht nicht so nennen sollte, will, daß im Augenblick vor dem Tod das vergangene Leben im Bruchteil einer Sekunde abschnurrt, so schnell gleitet es durch das Bewußtsein des Sterbenden.

Ein Nachruf auf sich ist dieser Vorstellung nicht ganz fremd. Die Chronologie verschwindet vor einem zeitlosen Blick; nur nimmt es Zeit, das Erblickte niederzuschreiben und zu lesen. Diese kurze Ewigkeit kommt ins Bewußtsein in einem bestimmten Jahr, an einem bestimmten Ort, in einer bestimmten Verfassung des Mannes, dem diese winzige Zeitlosigkeit widerfuhr. Es muß deshalb das Wo und das Wann angegeben werden, in denen der Nachruf sich bildete. Es ist hier nicht von mystischen Erfahrungen die Rede; deshalb ist Genauigkeit eine Pflicht.

Zu diesem Wo und Wann und in welcher Beschaffenheit gehört auch das Alter, von dem schon die Rede war, und der Abschied von ihr. Es gehört noch vielmehr dazu: die letzte Zeit vor jener Zeitlosigkeit, wie man, gewiß zu klobig, die Zeit des Nachlebens und Nachrufs nennen darf. Es wird schwierig. Jene letzten Jahre vor den posthumen sind Zusätze zu meiner Autobiographie. Deshalb sehe ich nicht, wie ich darum herumkomme, in diesem Kapitel ich zu sagen statt Er. Vieldeutig wird die Vergangenheitsform. In dem Milieu, das ich beschreibe, hat sich kürzlich manches verändert, manches ist geblieben, und das Vergangene sowohl als das immer noch Präsente gehört in zwei grammatisch verschiedene Vergangenheiten; denn der Nachruf, den einer sich schreibt, hat eine andere Vergangenheit als die autobiographische. Man könnte sagen: was die Grammatik hergibt, ist nicht subtil genug für diese Unterschiede. Deshalb muß in diesem Kapitel, nicht sehr korrekt, der Autonekrograph als Autobiograph schreiben.

Als ich vor einem Jahrzehnt mein Jahrhundert besichtigte (und auch mich), hieß die Besichtigung ›Mein zwanzigstes Jahrhundert‹. Damals blickte ich vom Schreibtisch hinaus auf den Stillen Ozean, promenierte mit ihr bei Sonnenschein am Meer entlang: vom Inspiration Point bis zu einem Punkt, der keinen so großartigen Namen hat, und zurück. Die Zukunft war noch offen – eine amerikanische, eine deutsche? Damals ahnte ich noch nicht, wie es sein wird, wenn ich viel weniger ich sein werde als Er ... weil die Zukunft absehbar geworden ist; eine absehbare Zukunft aber ist keine. Und dann flogen wir den Weg zurück, auf dem wir vor fast dreißig Jahren gekommen waren.

Jetzt, nur ein knappes Jahrzehnt später, blicke ich nicht auf den Pazifik, sondern auf den Tegernsee. Ich will nicht mehr mein Jahrhundert schildern, nicht mehr meinen Bruno Frank, meinen Döblin, meinen Joseph Roth, meinen Meier-Graefe. Der Nachruf auf mich, der Autonekrolog ist von anderer Art, als es die Autobiographie einst war, nicht ihre Fortsetzung. Doch will ich in Raum und Zeit ansiedeln, wo und wann er entstand als ein Gebilde, das weder chronologisch noch geographisch greifbar ist. Deshalb wechselt der Nachruf ein Kapitel lang über in eine Skizze, die mich als Akteur zu schildern hat.

Es ist viel Wesens davon gemacht worden, daß einer aus der Emigration zurückkam und außerdem noch als Jude. Deutsche Emigranten gingen ›zurück‹ nach Schweden und England und in die Schweiz und nach Holland; in Wirklichkeit aber, unbeschadet ihres Wohnsitzes, nach Deutschland. Diese deutschen Ausländer mischten sich viel mehr in die deutschen Angelegenheiten ein als ich, der am Tegernsee saß.

Die deutschen Remigranten (wo immer sie ihre Residenz haben) waren ebensowenig eine Gruppe wie vorher die Emigranten. Remarque gab, nach Pressemeldungen, im Mai 1945 ein Interview: er sei kein Deutscher mehr; denn er denke nicht und fühle nicht und spreche nicht mehr deutsch. Sogar wenn er träume, sagte er, träume er von Amerika; und wenn er schwöre – nur auf amerikanisch. Carl Zuckmayer hingegen war stolz darauf, als ihm Lernet-Holenia nach 1945 schrieb: »Du bist nie fort gewesen.« Diese beiden Ex-Emigranten waren mir ebenso fern wie der zurückgekehrte jüdische Viehhändler Hugo Spiegel aus Warendorf im Münsterland. Er ist in einem Buch ›Deutsche Juden heute‹ als Schützenkönig abgebildet: mit feschem Hut und Puschel darauf, irgendwelche Runen sind sichtbar, über dem Rock hängt eine Kette von Schützendekorationen. Und dann gab es noch eine Gruppe von Remigranten, zu denen Er noch weniger gehörte: deutsch-idealistische Missionare (die sich Materialisten nennen), ein betagter Sturmtrupp, der nur so über die Druckseiten fegt. Er verlockte die Jüngeren zu elitärer Angeberei und verdunkelte die Wirklichkeit, die erkannt werden muß, bevor sie verändert werden kann. Diese politologische und sexologische Tuerei schuf eine Schein-Wirklichkeit, die viel schwerer zu durchschauen ist als die Theorie dazu. Die volle Rückkehr und die halbe, die viertel, die achtel ... erlauben nicht, ein Bild zu entwerfen, das allen Ex-Emigranten-Touristen in Deutschland, allen leidenschaftlichen Remigranten und vielen Spezies dazwischen gerecht wird.

Meine Rückkehr vollzog sich in vier Etappen. Die erste fand lediglich in der Phantasie eines nicht-nationalsozialistischen Mannes der Harzburger Front statt. Die deutschen Gewerkschaften waren bereits aufgelöst, Deutschland hatte den Völkerbund verlassen, Sozialisten, Juden, Katholiken und wessen Nase oder Ballonmütze einem nicht paßte, waren niedergeschlagen worden, da erhielt ich eine liebevolle Offerte aus Germania. Theodor Wolff, der Chefredakteur des liberalen ›Berliner Tageblatt‹, hatte gehen müssen. Sein Nachfolger war ein ebenso humaner wie ahnungsloser deutscher Patriot aus dem Hindenburg-Kreis, den ich in Gesellschaften getroffen hatte, und der in mir so etwas wie einen erziehbaren Marxisten sah. Er traf meine Schwester auf der Straße, fragte nach mir, bot ihr Geld für mich an und lud mich dringend ein, zurückzukommen, um am Berliner Tageblatt zu arbeiten. Einige Wochen später, um meinen

Widerstand zu überwinden, versprach er, mit dem Propaganda-
ministerium zu sprechen und einen Schutzbrief für mich zu er-
wirken. Goebbels wandte vor allem ein, daß auch ich Ossietzky
bis ans Tor des Gefängnisses begleitet hatte ... und erklärte sich
bereit, seine Hand schützend über mich zu halten.

In den nächsten Jahren ging es dann, von Frankreich, von
New York, von Los Angeles aus manche Nacht im Traum zurück ins Vaterland. Dreizehn Jahre lang wurde ich immer wieder
von derselben, höchst unsensationellen Qual heimgesucht: ich
wanderte durch deutsche Straßen. SA, SS (mit allen Insignien
des Dritten Reichs) tosten oder schlenderten an mir vorbei. Es
geschah nichts. Niemand beachtete mich; aber unerträglich war
die stechende Frage: weshalb nur bin ich zurückgefahren? Wo
ist noch ein Weg hinaus?

In den Dreißigern, im Pariser Hôtel ›Lutetia‹, bauten die
Emigranten einen Bahnhof, von dem der Zug nach Deutschland
abgehen sollte ... man wußte nur noch nicht: wann. Als Parallele zur Front populaire hatte sich eine deutsche ›Volksfront
im Exil‹ gebildet. An vielen Nachmittagen wurde vom neuen
Deutschland geredet, man war schon fast zu Haus – nur das
Dritte Reich störte noch. Es tagte die Große Koalition der Exi-
lierten: Münzenberg war da, Verbindungsoffizier zwischen Kommunisten und Liberalen, Sozialist Hilferding sprach und Breit-
scheid und der liberale Schwarzschild, der das beste Emigranten-
blatt herausgab: ›Das Neue Tagebuch‹. Toller war da und Emil
Ludwig ... den Vorsitz hatte Heinrich Mann, Reichspräsident
in spe. Bei diesen rhetorischen Ausflügen war auch ich dabei,
wartete aber noch nicht auf den Zug nach Berlin. Zwar glaubte
ich nicht an die tausend Jahre, aber ebensowenig, daß einer von
uns das Land wiedersehen würde. Viele waren so euphorisch, daß
man den Eindruck hatte, sie säßen schon am Kurfürstendamm.

Im Jahre 1949 hatte ich Anspruch auf ein Sabbatical: alle
sieben Jahre erhält der amerikanische Professor ein Semester von
seiner Universität geschenkt; er wird bezahlt und braucht nicht
zu lehren. Ich fuhr gierig nach Deutschland; und dann, im folgenden Jahrzehnt, zehnmal hin und zurück. Nur die erste Wie-

derbegegnung zwischen mir und dem Land meiner ersten neununddreißig Jahre war eine Erfahrung, die sich nicht wiederholte.
Solch eine Rückkehr hängt von den Vor-Urteilen ab, die einer
mitbringt: von dem, was er gehört und gelesen hat, von der Art,
wie er empfangen wird.

Keine Erinnerung ist mir noch so gegenwärtig wie jene erste
Ankunft. Ich habe noch die Briefe, die ich damals von München
und Heidelberg und Frankfurt geschrieben habe. Ich kann mein
Gedächtnis kontrollieren. Damals fuhr ich nicht in die deutsche
Gegenwart 1949, eher in das seltsam deformierte Land meiner
Jahrzehnte vor Dreiunddreißig. Ich nahm 1949 mehr Stimmun-
gen wahr als politische Realitäten. Damals wurde das ›Grund-
gesetz‹ geboren. Las ich es? Damals entstand die Verfassung der
Deutschen Demokratischen Republik. Machte ich mir Gedanken
über die Zukunft dieses Gebildes? Die Begegnung mit dem Land
meiner Väter, die schließlich zunächst einmal nicht aus Palästina
stammten, sondern aus Ostpreußen (sehr indirekt natürlich auch
aus dem Paradies und später aus Ur) – diese Begegnung war eine
Sensation. Es war eingetreten, was ich sechzehn Jahre lang nur
im Alptraum – ganz anders mir vorgestellt hatte. An der Grenze
machte ich eine (buchstäblich) unbeschreibbare Aufregung durch;
sie war weder lust- noch schmerzbetont, aber von einer Intensität, deren Qualität ich nicht bestimmen kann. Haß, Trauer,
Wehmut, glückliche Erinnerungen kamen erst später, reflek-
tierter, in zivileren Dosierungen.

Schon kann ich die Stimmung von 1949, erst zwanzig Jahre
her, kaum noch nachvollziehen. Viele Vergangenheiten leben
vielfältig weiter. Das Zerbombte spielte keine große (nur eine
spektakuläre) Rolle; oft gingen meine Erinnerungen achtlos über
die Ruinen hinweg. Ganz deutlich sah ich, wie ich im Fasching
der Zwanziger gewesen war: ein ins bayrische Capua verliebter
Berliner. Jetzt kam mir mein Ich von einst entgegen. Ich erkannte es an der wilden, wirren, blonden Mähne, der langen
Nase, der chronischen Aufgeregtheit. Rätselhaft war mir die
Barerstraße und die Schellingstraße. Sie sahen aus wie ein aus-
gegrabenes Pompeji, aber ohne Reiz für Archäologen.

Diese verhexte Veränderung meines München, meines Berlin gehörte zu den unvergeßlichen Erlebnissen dieser ersten, einzigartigen Rückkehr. In der Stadt meiner Städte, dort, wo meine Wiege gewesen war und die Siegesallee und der Eiserne Hindenburg und das Gebäude, in dem (zwölf Jahre nach meinem Exodus) der verspätetste Selbstmord der deutschen Geschichte stattgefunden hatte – in Berlin war alles falsch. Meine Zentren waren die Normaluhr am Bahnhof Tiergarten gewesen und die berühmtere am Bahnhof Zoo. An der Peripherie lagen zu meiner Zeit Eichkamp, Halensee, Alexanderplatz; Steglitz und Pankow gab es natürlich auch, irgendwo, in Weissensee lag in meiner Jugend der jüdische Friedhof. Aber da kamen doch nur die toten Juden hin. Und jetzt? Der Tiergarten, in dem wir Murmeln gespielt hatten und dann Räuber und Gendarm und dann mit den Kinderfräuleins, war buchstäblich nichts als verstörte Luft. Ich fand mich nicht zurecht, weil mir die Stadt so vertraut gewesen war.

Ich wurde gefeiert – das erste und letzte Mal in meinem Leben. Womit hatte ich das eigentlich verdient? Meine Vortragssäle waren überfüllt; in Berlin mußte die Polizei absperren, obwohl ich recht unaktuelle Themen hatte: ›Pessimismus. Ein Stadium der Reife‹, ›Der verfemte Nietzsche‹ ... Die Diskussionen (besonders in der Freien Universität Berlin, quae mutatio rerum) waren so unmittelbar, so passioniert, so ernst, so diszipliniert, so fruchtbar, daß ich mich nicht erinnern kann, nicht vorher und nicht nachher, so befriedigt gewesen zu sein.

Weniger glücklich (und deshalb diese Abschweifung zurück) gestaltete sich mein Verhältnis zu den Intellektuellen ... bis zu diesem Tag. Es begann damals mit Gottfried Benn und Arnold Zweig und war in beiden Fällen dasselbe und blieb dann bis zu diesem Tag dasselbe: die Verpolitisierung der Schriftsteller machte die Politik nicht besser, Denken und Dichten aber schlechter. Es ist nun ein fast dreißigjähriges Unbehagen und verdient deshalb einen kurzen Bericht. Es ist sichtbar zu machen, welches Milieu ich verließ, als ich für meinen Nachruf auf mich reif war.

Der bewundernswerte Poet und Philosoph Gottfried Benn, der zu Hitler ausdrücklich und laut »Ja« gesagt hatte, lud mich 1949 ein; wir hatten ein gutes Gespräch, zum Beispiel über den verfemten Nietzsche. Als seine junge, reizende Gattin für ein paar Minuten das Zimmer verließ, stellte ich rasch die Gretchen-Frage (nur nicht so zart): wie hieltest Du's mit der Politik? Er antwortete im großen Bogen, seine Frau kam zurück, und der Bogen hatte sich immer noch nicht geschlossen. Er schenkte mir eins seiner Bücher zum Abschied; dort las ich dann, daß Benn zu den Erniedrigten und Verfolgten gehöre; erst von den Nazis verfolgt, dann vom neuen demokratischen Deutschland. Er ist auch ein Ahnherr jener Reihe von Drückebergern gewesen, die so erbärmlich mit dem fertig wurden, mit dem sie nicht fertig werden konnten.

Vom anderen Deutschland kamen viele Pankower: Arnold Zweig und Friedrich Wolf und Willy Bredel ... und luden mich unentwegt in den Osten ein, wenn sie ein Museum oder was anderes dem Deutschen Volk übergaben. Der große Erzähler Arnold Zweig besuchte mich und ließ tausend Parteiworte in der Minute aus dem Mund rinnen, laufen, stürmen. Die Kommunisten hatten nicht mehr einen Münzenberg, der es verstand, mit Andersgläubigen zu reden. Damals begann meine Antipathie gegen die politische Quacksalberei der deutschen Dichter und Denker mächtig zu werden, die soviel für das Wohl der Menschheit tun und so wenig für den Menschen. Mein Unbehagen (um es freundlich zu sagen) hatte bereits Wurzeln geschlagen, als Gerhart Hauptmann und Richard Strauss und Martin Heidegger und Max Planck und der Graf Keyserling und tausend Professoren das Dritte Reich vergeistert hatten. Die zweite bis zehnte Deutschland-Reise kann ich, zurückblickend, kaum voneinander unterscheiden. Das neue Deutschland wurde mir selbstverständlich wie Zürich und Paris ... abgesehen davon, daß ich in Deutschland als Teilnehmer von Diskussionen und ähnlichen Aktivitäten dazuzugehören schien. Das ging kaum merklich vor sich. Es war eine recht oberflächliche Zugehörigkeit, weshalb mir die Ablösung zur Zeit des Nachrufs dann so leicht fiel.

Erst auf diesen Deutschland-Reisen 1949–1960 entdeckte ich meine Zugehörigkeit zu Amerika. Ich bin nie Patriot irgendeines Landes gewesen. Ich war einmal ein deutscher Frankreich-Schwärmer, lang ist es her. Als Schüler hatten wir viel von der Französischen Revolution gehört und nichts von der amerikanischen. In Amerika hatte ich (trotz meiner Professur an der Universität) vor allem im freiwilligen Getto der Emigration gelebt. Weshalb wurde ich dann, in Deutschland, gewissermaßen nachträglich, Amerikaner aus freiem Entschluß? Ich glaube, daß auch ein ausgewachsener Trotz eine Rolle dabei gespielt hat.

Der Anti-Amerikanismus Europas, Frankreichs, Deutschlands kam nicht erst mit Vietnam. Ich finde in meinen Notizen zu Beginn der Fünfziger Aufzeichnungen über anti-amerikanische französische Filme. In Deutschland erschienen Anti-Amerika-Schmöker (vor allem von deutschen Emigranten, die Amerika gerettet hatte). In ihnen wurde mitgeteilt: Amerika sei so denaturiert, daß es dort keine Winde und keine Bäume gäbe; im übrigen wüschen sich die Amerikanerinnen nicht. Derartiges weckte in mir die Solidarität mit den Staaten, die ich erst jetzt entdeckte.

Amerika hat eine spezifische, höchst naive und deshalb leicht bloßzustellende Art von Unkultur; und obwohl inzwischen fast jeder Deutsche mindestens einmal in den Staaten war, findet man Amerika immer noch in der ›Hast‹, in der ›Jagd‹ nach dem Dollar, in seinen Werbe-Slogans, die noch leichter zu karikieren sind als die nicht-amerikanischen. Deutschland wurde der Hintergrund für mein Amerika; und dies wurde das Maß meines Urteils über Deutschland. Ich verglich, wie ich in der amerikanischen Universität aufgenommen worden war – und wie in Deutschland. Der deutsche Rektor verließ meine Vorlesung bald nach Beginn, er hatte zu viel zu tun. Der Chef der Abteilung fand ein ganzes Semester lang nicht eine Stunde, um mit mir zu reden. In Amerika waren Professoren und Studenten sofort bereit gewesen, den Fremden, den enemy alien, der kaum Englisch sprechen konnte, aufzunehmen; sie luden ihn ein, sie sprachen zu ihm, sie boten ihm Hilfe an. Ein Semester an einer deutschen Universität lehrte mich viel über sie, weil ich die amerikanischen Erfahrungen im Gedächtnis hatte.

Weshalb habe ich dennoch, vor wenigen Jahren, in meinen amerikanischen Paß einen Stempel setzen lassen: Aufenthaltserlaubnis für die Bundesrepublik? Manche Remigranten haben in Interviews piekfeine Motive für ihre Rückkehr angegeben. Viele leugneten sie; man hat als Adresse Ascona oder Stockholm – und mischt sich in die deutschen Dinge wild ein. Ist man zurückgekehrt? Wer in Deutschland sitzt, weil er hier ein altes Geschäft (zum Beispiel eine Professur) zurückbekommen hat, verkündet: nur die Liebe zur Sprache habe ihn hierher gebracht, und weil man nur in Deutsch philosophieren könne.

Ich brauchte nicht um der deutschen Sprache willen zurückkommen. Ich hatte drei Jahrzehnte lang in Paris, in New York, in Beverly Hills deutsch geschrieben, mich mehr mit Deutschen unterhalten als mit Amerikanern ... und bin überzeugt: meine Rückkehr nach Deutschland war eher angetan, mein Deutsch zu verschlechtern. Nie hörte ich draußen so viel Verkrüppeltes wie heute aus Bonn und Frankfurt (wenn ich die Stadt der Buchmesse einmal als Hauptstadt der deutschen Worttrapez-Akteure nehmen darf). Und Bonn? Gestern kamen von dort, in fünf Minuten eines einzigen Abends, die Wendungen: »Mißtöne im falschen Augenblick«; »Wiederbeleben heißt nicht konservieren«; »Kinder sollen da sein, wohin sie genau gehören«. Nie haben die Germanistik-Studenten meiner amerikanischen Universität ein so krankes Deutsch gesprochen.

Ergo: um der deutschen Sprache willen hätte ich nicht zurückzukehren brauchen. Früher sagte man »Danke schön«, heute »Ich bedanke mich«. Früher sprach man ein kräftiges »Ja« aus, heute sagt man: »Genau«. Früher hieß es »Bombenempfang«, heute (weil man nicht genug Bomben hat?) »Großer Bahnhof«. Früher schrieb man die Kaiser-Wilhelm-Straße und die Paul-Ehrlich-Straße noch nicht mit Bindestrich. Es war nicht wichtig, neusthochdeutsch zu lernen. Aber da war der Zufall, der mächtigste aller Götter, der mich in die Heimat zurückbeförderte. Ich wurde emeritiert und zu gleicher Zeit auf die Straße gesetzt, als mein Häuschen im Canyon erst von einer Feuersbrunst, dann von einem tropischen Regen attackiert wurde; so war ich wieder heimatlos, diesmal allerdings mit einem guten amerikanischen Paß. Meine Ex-Ordinarius-Pension beträgt $ 78 monatlich, davon gehen noch Steuern ab. Bruno Walter sagte mir einmal (auf der See-Promenade in Santa Monica, wo ich ihm oft begegnete): »Sie sind ein Krösus«; Arnold Schönberg (emeritierter Professor der University of Los Angeles) erhält nur $ 61.

Es wäre falsch, beschriebe ich meine letzten deutschen Jahre, in denen ich endgültig-provisorisch im Land meiner Geburt lebte, unter dem Titel: Ein Exemigrant in Deutschland oder gar ein jüdischer Emigrant. Andere Umstände haben mein Leben weit stärker bestimmt. Hitler-Emigranten als Gruppe (wie etwa ›Heimatvertriebene‹) gibt es höchstens in der Vorstellungswelt der anderen, vor allem der Chauvinisten. Die deutschen Emigranten waren weder 1833 (zur Zeit Heines und Börnes) noch 1933 eine Einheit gewesen: nicht rassisch, nicht politisch, nicht sozial. Es verband sie nur: sie wollten nicht oder konnten nicht oder wollten und konnten nicht in Hitler-Deutschland leben. Seit seinem Untergang gibt es auch dieses Band nicht mehr. Seither sind die Emigranten von einst nur noch für die anderen: Emigranten und Juden. Im Jahre 1967 hat Kardinal Frings erklärt: »Die Juden in Deutschland vor Hitlers Machtantritt hatten viel zu großen wirtschaftlichen, politischen und kulturellen Einfluß in diesem Lande.« Heute gebe es nur eine kleine jüdische Gemeinde, deshalb bestehe keine nationalsozialistische Gefahr.

Offenbar gibt es in Deutschland neben dem plebejischen auch eine Art von demokratisch getarntem, böserem Antisemitismus. So klagte ein deutscher Professor, dessen Affären allerdings nicht gerade demokratisch aussahen, Freud an: sein Leben und sein Werk enthielten faschistische Elemente; und ein Hans von … warf mir vor: ich wäre Hitlerianer geworden, wenn ich nicht zufällig Jude gewesen wäre. Vielleicht wird sich sogar einmal eine deutsche Theorie durchsetzen: die Juden seien deshalb so schrecklich, weil sie besonders anfällig für den Nationalsozialismus sind. Und wie steht es mit dem östlichen Antisemitismus, der sich vielleicht bei der deutschen Linken als antikapitalistischer Antizionismus verkleidet.

Ich bin nicht auf Statistiken und Vermutungen aus, nur auf die Mitteilung kleiner Vorkommnisse, in deren Mittelpunkt auch ich war. In seiner Rede ›Unsere geschichtliche Verantwortung für die Freiheit‹, die ein Berliner Senator für Kunst und Wissenschaft einst zum Jahrestag des nationalsozialistischen Ermächtigungsgesetzes hielt, forderte er die Emigranten auf, nach Deutschland zurückzukehren. Diese Aufforderung benutzte ich, um einen offenen Brief zu schreiben: »Ihre Einladung an die Emigranten schließt ein großes Risiko ein: sowohl für die Juden als auch für die Deutschen, denen man ersparen sollte, ein zweites Mal in Versuchung zu geraten. Es begann nicht mit 1933 und endete nicht 1945. Die Geschichte lehrt (wenn auch nicht der deutsche Historiker), daß nicht nur das Volk, sondern eine erlauchte deutsche Elite durch Jahrhunderte antisemitisch war; 1933 kam es dann ganz laut heraus . . .« Ich konnte damals noch nicht hinzufügen: dieselben, die über Auschwitz epigrammatisch und dramatisch jammern, haben nichts gegen ein von den Arabern hergestelltes Über-Auschwitz. Ich erhielt eine stattliche Reihe von juden-feindlichen Briefen, nehme aber den deutschen Antisemitismus heute nicht sehr ernst.

Ebensowenig wie den deutschen Philosemitismus, über den sich mancher deutsche Jude beschwert. Antisemitismus ist ein vertrautes Wort, Philosemitismus klingt gekünstelt. Ich weiß nicht, wer die Bezeichnung erfunden hat . . . doch wohl als Pendant. Beim Aussprechen stolpert man ein bißchen, es ist ein Fremdwort, weil es befremdet. Die Antisemiten können auf eine lange, ehrunwürdige Tradition zurückblicken. Philosemiten gab es nur von Zeit zu Zeit. Mir scheint, daß der heutige .Philosemitismus nichts als ein Anti-Antisemitismus und vielleicht so stark wie noch nie zuvor, weil er ablehnt, was noch nie so stark dagewesen ist.

Die philosemitische Reaktion auf die Vergangenheit ist eine Art von deutschem Selbst-Schutz, man entzieht sich etwas den Greueln der Vergangenheit, indem man mit den Opfern sympathisiert – nicht, weil sie Juden sind, sondern weil sie Opfer waren. Es gab auch noch andere: Sozialisten, Katholiken, Freimaurer und Zigeuner. Aber die große Zahl und die Propaganda der Henker für ihr Schlachtvieh hat die Schandtaten gegen Juden populärer gemacht als alle anderen.

Die Abwehr einiger Juden, die den deutschen Philosemitismus dieser Tage als Beleidigung empfinden, entspringt einem Irrtum. Sie sagen und schreiben: wir wollen nicht verhätschelt werden, wir wollen keine Privilegien; auch diese Bevorzugung, diese Ausnahmestellung ist noch eine Kränkung. Das klingt plausibel – und wird der Situation nicht gerecht. Einer, der seine Familie in den Gaskammern verloren hat, ist nicht gleich einem, der das mitmachte oder geschehen ließ oder einen Vater hat, der beteiligt war. Der Philosemitismus ist heute keine Überschätzung der Juden, keine Liebe und kein gönnerhaftes Geschenk, sondern eine deutsche Selbst-Therapie; der Versuch, sich etwas zu befreien von der furchtbaren Vergangenheit, eine deutsche Kur gegen einen deutschen Schmerz.

Das Wort Philosemitismus ist nicht wortwörtlich zu nehmen. Oder man hat nachzuweisen, daß wirklich eine spezielle deutsche Neigung zu Juden vorhanden ist. In phrasenhaften Ideologien werden sie als Schöpfer des Monotheismus, der Zehn Gebote gefeiert, als ein Volk, dem der weise Nathan entstammte. Der Philosoph Hermann Cohen fand einst, daß kein Schicksal dem jüdischen so verwandt ist, wie das deutsche. All dies spielt nur eine Rolle in hochgestimmten Versöhnungs-Reden.

Im schmalen Kreis meiner Erfahrungen fand ich nur einen einzigen Bezirk, in dem ich eine außerordentliche Anziehung zwischen Deutschen und Juden wahrnahm: im erotischen. Erst nach den Rassegesetzen wurde ich darauf aufmerksam, daß es unter meinen Bekannten eine auffallend große Anzahl deutsch-jüdischer Bindungen gab. Ich stelle dies fest und wage nicht, eine Deutung zu geben. Hier allein ist vielleicht ein echter Philosemitismus zu entdecken. Der parallele Philogermanismus war wohl umfänglicher. Für die, welche aus den deutschen Gettos gekommen waren, wurde die deutsche Kultur DIE Kultur und der deutsche Staat DER Staat; die Ohnmächtigen glaubten, nun an der Macht teilzuhaben. Lang ist es her.

Ich war in den letzten Jahren draußen vor der Tür: nicht weil ich aus einem Getto kam (wie Börne), nicht weil ich ein Ex-Emigrant war, ein Jude, ein alter Mann ... so leicht darf ich es mir nicht machen; denn es gab Ex-Emigranten, Juden und alte Männer, vor welchen die deutsche Elite als den großen Manitous ihr Untertanen-Kotau machte. Ich muß mich auch von der Selbst-Schmeichelei hüten, daß ich zu gut war für diese deutsche Welt, ich war nur ungeeignet. Ich erfüllte viele Bedingungen nicht: ich demonstrierte nicht, daß ich ein guter Mann war. Ich protestierte nicht gegen Auschwitz (weil ich mich des zur Phrase gewordenen Worts schämte), nicht gegen Adenauer, weil ich nicht mit den Wölfen zu heulen liebte (wozu noch mein Geheul?), nicht gegen die Große Koalition, den Vietnam-Krieg, die Notstandsgesetze ... Ich habe nicht einmal ein Steinchen zum Denkmal Brechts beigetragen, das bereits eine ganze Siegesallee ausfüllte. Ich habe auch nicht das Soll erfüllt im Hinweis auf die ›faschistische‹ Philosophie Heideggers. Ich war immer interessiert an dem, was in einer Zeit ausgesperrt wurde. Wer das als Prahlerei nimmt, versteht nicht die Anklage, die ich auf diesen Tatsachen gegen mich aufbaue.

Daß die Deutschen Untertanen sind, wird immer wieder gesagt und nie exemplifiziert an dem Bezirk, der ihnen besonders heilig ist. Dichter und Denker und Publikümer sind Untertanen im Mangel an Widerstand gegen eine Musik, die sie nicht hören, gegen Bilder, die sie nicht sehen, gegen Philosophisches, das sie nicht verstehen. Das deutsche Volk (der deutsche Gebildete) warf bis zum heutigen Tag das Joch einer kulturellen Oligarchie nicht ab, die gewalttätiger ist als je. Alle Wilhelms und Stalins und Hitlers überlebte der Persönlichkeitskult einer Elite, die das Strammsitzen drillt. Arbeiter sind freier von dieser Gewaltherrschaft als Bildungsbürger; ein geisterhafter Geist hat Macht über sie – nicht die Macht der Überzeugung, sondern die Macht der Medizinmänner. Ich schrieb gegen sie ... und war damit ausgeschlossen, und hatte (ich habe dies festzustellen) nicht die moralische Kraft, dies Abseits auf mich zu nehmen. Ich versagte. Ich konnte mich nicht vom Literaturbetrieb frei machen, indem ich nichts über ihn las, ihn nicht (in Gegnerschaft zu ihm) mitmachte.

Wo lebte ich in den Sechzigern? Ich bin kein Philogermane und kein Deutschenfeind. Ich bin nicht einmal ein Weltbürger, weil die Welt ein zu großes Haus für meine zwei Beine und Arme ist und dem bißchen mehr. Ich bin überzeugt, daß Bürger von Burg kommt, also von einem Gebilde, das ein Draußen kennt. Ich fragte mich in den letzten Jahren nur: lebe ich dort, wo ich meine Steuern zahle? Lebe ich in der Bundesrepublik oder nicht?

Ich lebte, um exakt zu sein, zunächst einmal nicht in einem Land, sondern in einem Zimmer, in dem mein Schreibtisch stand. Die Tannen zur Seite, der See unten, der fröhlichste schlanke Kirchturm dahinten und, in ferner Nähe, die Berge (bald mit weißen Matten bedeckt, bald grau in grün) waren mein Horizont.

Ich lebte am Ende einer nicht sehr langen Sackgasse. Nach dem Haus, in dem ich arbeitete und schlief und nie Gäste empfing, geht es nicht mehr weiter; der bewaldete Berg ließ viele Jahre nicht einmal das Zweite Fernseh-Programm durch. Meine Intimsphäre bestand aus den Kindern des Doktors nebenan; dem Chauffeur ein paar Meter weiter unten (eine Art von bayerischem Butler); auf der anderen Seite wohnte eine umfangreiche Familie, die zur noch umfangreicheren der ›Zeugen Jehovas‹ gehört. Wiederum querüber gab es meinen Leibarzt, dessen Privatleben ich bisweilen störte mit dem Problem: eine halbe Tablette ist mir zu wenig, eine ganze zu viel; und die Dame des Hauses fragte ich: wie macht man ein Glas Kirschen auf? Und dann war dieser kleine ländliche Weg schon zu Ende, oder besser, er begann dort. (Die Imperfekta dieses Abschnitts zeigen auch an: teils hat sich die Gasse etwas verändert, teils bin ich ein Anderer geworden.)

Zu meinem Milieu gehörte in Kalifornien die Palme, gegen die ich, aus Protest, mitten in unserem Gärtchen eine Birke pflanzte. In den letzten sechs Jahren brauchte ich nicht mehr unter Palmen zu wandeln; und wurde durch den Föhn wie verwandelt. Ich entdeckte ihn zuerst im Unmut über eine Kanzlerrede, dann auch in den zerfetzten Wolken am blauen Himmel. Als ich ihn noch nicht spürte, tat ich ihn als eine snobistische Metapher für schlechte Laune ab; jetzt weiß ich: der Föhn ist realer als der liebe Gott und seine Güte. Zu meiner Vorstellung vom kommenden christlich-marxistischen Paradies gehört vor allem: föhnfrei.

Ich lebte weniger in der Bundesrepublik als eben in jener Welt, welche man die private nennt: sie wird von den sublimiertesten Deutschen heute als unfein betrachtet. Aber selbst der weltgeschichtliche Marx hatte seine undialektische Stunde, als er schrieb: »Die Liebe nicht zum Feuerbachschen Menschen, nicht zum Moleschottschen Stoffwechsel, nicht zum Proletariat, sondern die Liebe zur Liebsten und namentlich zu Dir macht den Mann wieder zum Mann.« ›Wieder?‹ Für Klippschüler übersetzt: in seinen dialektischen Phasen fühlte sich Marx nicht als Mann; und vielleicht laufen deshalb so viele der Seinen als Illustrationen der Dialektik herum. Bewaffnet mit dem Zitat des ersten Marxisten wage ich zu gestehen: ich habe in den letzten Jahren nicht Nacht für Nacht an Deutschland gedacht: an Adenauer und Erhard und Kiesinger und die deutschen Fahnenträger der Intoleranz.

Ich, der ich weder ein verlorener Sohn war noch ein reuiger, habe noch mehr zu bekennen: im Gegensatz zu vielen meiner jüngeren Berufsgenossen, die Hitler kaum erlebt haben und nicht von ihm verfolgt worden sind, bin ich dankbar für mehr als zwanzig Jahre Frieden in Europa; auch recht optimistisch für Deutschland, weil es keinen Krieg beginnen kann. Wer 1933 erwachsen war, ist nach 1945 bescheidener geworden als jeder Aufrechte, der die Vergangenheit seiner Eltern bewältigt, statt mit der eigenen Gegenwart fertig zu werden. Und es ist wohl diese Bescheidenheit, die mich in Distanz brachte: nicht so sehr zur Bundesrepublik (die ich nicht liebte, weil sie nie weiter kam als die Weimaraner), als zu den Bewohnern jener besonderen

Provinz, in der ich lebe ... und ich meine nicht die Bayern, deren Sprache ich nicht verstehe; wenn schon eine Fremdsprache, dann bitte Englisch.

In welcher der vielen Bundesrepubliken lebte ich? Zum Beispiel nicht in der meiner anonymen Briefpartner, die mir rieten, nach Judäa zu gehen. Ich saß nicht an ihrem Stammtisch, hörte nicht ihre Prahlereien, roch nicht ihren Blutdunst. Ich kenne sie nur vom Hörensagen und einigen Kritzeleien per Post. Ich lebte auch nicht im viel gepriesenen, viel bemäkelten Wirtschaftswunderland. Ich hatte eine kleine möblierte Wohnung und einen kleinen Volkswagen, den sie fuhr. Auch sonst waren wir nicht in Not. Aber das war kein Wirtschaftswunder. Ich arbeitete sieben Tage in der Woche. Manchmal war ich verwundert, wie wenig wundervoll es geworden war; früher, vor mehr als tausend Jahren, luden die Theater mich zur Premiere ein, jetzt erhielt ich eine gute Karte für gutes Geld nur, wenn der Stadtrat seine Plätze nicht wollte. Ich lebte auch nicht in jenem Teil des Wunder-Deutschland, in dem es Bundesminister, Bundesgeneräle, Bundesindustrielle gibt, obwohl ich Kanzler Erhard beim Einkaufen und Beitz, der keines Titels bedarf, zwischen Tür und Angel traf. Ich lebte nicht im Kreis der Bundes-Verkäufer, Bundes-Arbeiter, sondern (mit Maß) im Bezirk einer winzigen Anzahl von Bundes-Professoren, Bundes-Schriftstellern, Bundes-Redakteuren, Bundes-Akademien ... und von Jahr zu Jahr weniger. Mein Milieu war (wenn ich von der Sackgasse und dem Föhn und meiner nie geordneten Restbibliothek an den drei Wänden absehe): der deutsche Literaturbetrieb. Es ist zu unterscheiden zwischen der Sphäre des Geistes und des Geist-Vertriebs, der auch seine Existenz-Berechtigung hat.

An ihn dachte ich, wenn ich immer wieder gefragt wurde: wie fühlen Sie sich in Deutschland? Er ist der Arbeitsplatz des freien einsamen Schriftstellers. Wie fühlte ich mich? Als Professor Weizsäcker von Gästen aus Amerika über die heutige deutsche Literatur befragt wurde, antwortete er: weit unter dem Niveau der Zwanziger ... Ich zitiere diese zu kurze Auskunft, um plausibel zu machen: die Älteren können wohl nicht anders als den Geist der Bonner Republik zu vergleichen mit dem verblichenen von Weimar. Dieser Vergleich führte mich noch nie zu einer kurz und bündigen Aussage; aber er beherrschte meine letzten Jahre.

Er braucht nicht zur Ungerechtigkeit zu führen, wenn man die Moden nicht zu ernst nimmt. Vorgestern schwelgten Redner und Schreiber im Enthusiasmus für die Goldenen Zwanziger; ihr Gold wurde immer goldiger, die Literatur-Industrie baggerte die verschüttete Vergangenheit aus. Dann kippte der Zug um, genauer: wurde in die entgegengesetzte Richtung dirigiert; man soll solch einem Modewechsel nicht den erlauchten Namen ›Dialektik‹ beilegen, sie hat schon übergenug an dem, für das sie herhalten muß. Die Goldenen Zwanziger wurden also in ironische Anführungsstriche gesetzt: sei es, weil man sich daran übergesehen hatte, sei es, daß die Nachfahren jener Konkurrenz überdrüssig waren. Ich aber dachte immer zurück an jene Zeit, weil sie, golden oder nicht, der Hintergrund blieb für meine Erkenntnis der Gegenwart. Vergleichen ist unter anderem auch ein königlicher Weg zum Erkennen.

Und der Vergleich liegt nah. Die fünfzehn Jahre damals und die mehr als zwei Jahrzehnte seit 1945 sind Nachkriegszeiten gewesen. 1919 gab es nicht eine Katastrophe vom späteren Ausmaß; aber damals gab es auch nicht einen so ausgiebigen, langlebigen Frieden und einen so ausgiebigen, langlebigen Wohlstand, an dem die Ton-angebenden Schriftsteller ausgiebig partizipierten. Unter dem heute beliebten Aufsatz-Thema ›Von der Schwierigkeit, die Wahrheit zu sagen‹ sollten einmal, trotz dieser Schwierigkeiten, die Schriftsteller, die am lautesten den Wohlstand geißeln, wahrheitsgemäß veröffentlichen: wie sie wohnen, essen, reisen, Geschäfte machen . . . Lauter antikulinarische Mönche, die nicht gerade in Mönchszellen leben.

Blättere ich in den militanten Zeitschriften der Zwanziger, so finde ich: schon damals beschossen die Schriftsteller den Elfenbeinturm – mit der Munition, die in den letzten vierzig Jahren kaum anders geworden ist. Man schätzt sie immer noch nicht richtig ein: Worte sind mächtig, falls sie nicht gegen weniger symbolische Waffen eingesetzt werden. Damals war die russische Revolution noch sehr jung, und die Utopie, die sie erweckte, war realistisch; eine Möglichkeit, zum Greifen nahe. So war 1789 Freiheit, Gleichheit und Brüderlichkeit für Kant, für Fichte, für Hegel, für Hölderlin in Reichweite gewesen. Das Paradies war 1789 und 1918 in Sicht. In den Zwanzigern brach dann das Duell zwischen Becher und Benn über die engagierte Literatur aus ... ein echter Konflikt; schon ein Vorbote der Erkenntnis, daß, im vielzitierten Gerangel zwischen Macht und Geist, er nur siegen kann, wenn er Macht hat. Platon hatte es gewußt. Und ein Redner des Basler Konzils hatte gesagt: »Ehedem war ich der Meinung, es würde wohlgetan sein, die weltliche Gewalt ganz von der geistlichen zu trennen. Jetzt aber habe ich gelernt, daß Tugend ohne Macht lächerlich ist.« In dieser Lächerlichkeit befinden sich die Manifestanten gegen den Elfenbeinturm seit fünfzig Jahren.

In den Zwanzigern war, in unserem Jahrhundert, zum erstenmal da, was dreißig Jahre später, unter ganz anderen Umständen, bis zum Erbrechen repetiert wurde: das Vokabular des Engagements. Nach 1918 hatte Deutschland den Krieg verloren, aber die Hoffnung auf die Revolution der Sowjets gewonnen. Nach 1945 hatte Deutschland nicht nur die zerstörten Städte hinter sich, sondern auch die stalinistischen Prozesse und Exekutionen, deren Greuel (weil nicht deutsche) noch immer nicht so populär sind wie Auschwitz und Theresienstadt; und wer auf die Morde in Moskau 1936/37 hinweist, wird als Kalter Krieger an den Pranger gestellt. Die engagierten Parolen aber werden nach Jahrzehnten von furchtbaren Engagements abgehaspelt, als wäre nichts geschehen.

Nicht immer. Sie merken schon hier und da, daß Brechts politische Dramen auch aus der Stalin-Zeit stammen; doch klammern sie sich an ihn, weil sie sonst ohne Halt wären. Die politisierenden Schriftsteller Deutschlands (also alle, die vor dem Zeitgeist bestehen wollen), haben einen Horror vor der Weimarer Republik, weil sie das Ende kennen. Sie wollen sich gegen jenes grause Finale engagieren und wissen nicht wie ... und kämpfen gegen das kapitalistisch gemanagte Konzentrationslager, gegen das amerikanische Süd-Vietnam, gegen die portugiesischen Kolonien. Sie flüchten sich, auch engagiert, ins Schweigen, vor allem aber in den hämischen Blick, zu dem Hymniker der Negation die Philosophie bastelten. Sie mogelten, wenn sie etwas sagen mußten zu Israel und zur Tschechoslowakei und zum Hungertod in Biafra. Sie zogen sich aus der Affäre. Als Prag von Panzern überrollt wurde, schrien sie: das arme geknebelte Land Ho Tschi-minhs. Dieser Krampf hatte viel mit meiner Heimkehr zu tun; ich litt weniger unter dem Wohlstand, der herrschte, als unter dem abgegriffenen Vokabular, das mir gestern erst ein strebsamer Abiturient ins Gesicht schleuderte: ›Dialektik‹ war dabei und ›Entfremdung‹ und ›kulinarisch‹ und ›repressive Toleranz‹ und ›unterwandern‹ und ›umfunktionieren‹. Ahnen diese elitären Analphabeten, daß Schlächter schon immer das Beil ›umfunktionierten‹, wenn sie es statt ins tote Schwein in ihre lebende Ehefrau schlugen? Der Aktivismus der deutschen Intellektuellen nach dem Zweiten Weltkrieg repetierte die Parolen nach dem Ersten ... nur daß aus dem ›Geist der Utopie‹ das ›Prinzip Hoffnung‹ geworden ist. Sie sind alle prinzipiell hoffnungsvoll, prinzipiell antikulinarisch und wieder einmal für die Veränderung der Welt. Nur daß sie nicht wissen: wie. Einst glaubten wir an das Rätesystem (theoretisch: ein echter Sozialismus); daß es sich nicht bewährte, ist den unerfahrenen Epigonen immer noch nicht aufgegangen.

L'art politique pour l'art politique. Sie wollen nicht zugeben, daß die Sowjetunion kein sozialistischer Staat geworden ist, sondern ein bürgerliches Einpartei-Zwangsgebilde, trotz allem hoch über dem zaristischen Kamarilla-Koloß, aber tief unter der Hoffnung, die uns damals beseelte. Damals, nach dem Ersten Krieg, war es berechtigt, für die Zukunft zu leben; sie konnte, wie es aussah, zur Gegenwart der Lebenden werden. Heute kümmere man sich besser zunächst um ihr Wohl und rede den Stürmern nicht ein, daß sie gut daran täten, als Leichen der Dung für ein besseres Morgen zu sein. Nicht das Volk, die Elite ist unaufgeklärt.

Die herrschenden Ideenmacher, die in ein paar Blättern und in ein paar Fernseh-Redaktionen in Permanenz tagen, sind futuristisch. Sie lehnen es ab, die Gesellschaft dieser Tage im Roman zu zeichnen, wenn nicht karikaturistisch. Die ewige Parabel (sprachlich bisweilen makellos, aber ein artistisches Getue) teilt immer wieder mit, wie die schlimme Vergangenheit in der Gegenwart weiterlebt: aggressive Charaden und scheindokumentarische, rhythmisierte antikapitalistische Antinazi-Dramen sind nicht aufklärend; es sollte weniger Theater- und mehr Gerichtssaal-Berichterstatter geben. L'art politique pour l'art politique ist eine senil gewordene Kunst. Die deutschen Bücher der Gegenwart, die für bedeutend gehalten werden, langweilten mich zu Tode. Es gehörte zu meinem neu-deutschen, selbstverschuldeten Schicksal, daß ich mich für diesen Krampf, wenn auch widerwillig, wenn auch feindlich interessierte. Es ist das Versäumnis meines Lebens, nie aus der Festung, in der ein Literaturbetrieb mich gefangen hielt, ausgebrochen zu sein.

Noch immer ist die Rede von der Umwelt, innerhalb der mein Nachruf entstand. Was Bonner Geist vom Weimarer trennt, ist das Monolithische, vierzig Jahre später. Unentwegt ablaufende Diskussionen werden nicht mehr bemerkt, weil sie jeden Tag stattfinden ... immer zwischen denselben, die, auch wenn sie sich streiten, dasselbe sagen: es gibt Schriftsteller vom Dienst, Rhetoren vom Dienst. Man will keine Klarheit. Der viel gepriesene Dialog besteht entweder aus einem Haufen von Monologen oder aus einer monologischen Aktion zur Störung des Dialogs, was Diskussion genannt wird. Der Ausweis eines Zugehörigen ist eine Unterschrift gegen Vietnam, eine Witzelei gegen Bonn oder wenigstens die zustimmende Erwähnung des meist zitierten goldenen Worts der letzten Jahre: daß man nach Auschwitz keine Gedichte mehr schreiben könne ... und sie schrieben alle weiter: Gedichte, Interpretationen von Gedichten, Anti-Interpretationen (nimm kein Haar und spalte es), und dazwischen rezitierten sie immer noch einmal das goldene, das goldigste Wort.

Gäbe es eine Statistik, wie oft es durch die Jahre erwähnt

wurde (vergleichbar in meiner Jugend: »Ans Vaterland, ans teure, schließ Dich an ...«), man hätte eine Anschauung vom elitären Konformismus der Bonner Republik, dem massivsten dieses Jahrhunderts; die hausbackenere politische Phraseologie der Minister ist differenzierter. Und die Krise der Republik ist realer als die Krise der deutschen Literatur, die Gedicht und Roman und Drama herauszuholen sucht aus der Sphäre des Ästhetischen und hineinreißt in die Sphäre der politisierenden Wissenschaft, die sie wiederum anästhetisieren möchte. Dieser Mischmasch aus Kunst und Wissenschaft und Politik brachte die Schein-Krise der Literatur hervor.

Ich saß in einem Elfenbeinturm am Tegernsee, aus dem ich in die Ferne sehen konnte; es war auch ein emotionelles Sehen. Ich studierte zuerst mit Abscheu, allmählich gelangweilt die Gockel, die sich mit Hilfe von unverständlichen Sätzen und kessen Sprüchen aufplusterten. Der Dünkel einiger Greise infizierte die Jungen; sie tun mir leid, denn sie werden den Rausch der Unverschämtheit zu bezahlen haben. Ich sah fern, so kam der Literaturbetrieb, vollendet in seiner faszinierenden Gleichschaltung, in eine unerträgliche Nähe. In Diktatur-Staaten ist diese Perfektion des Eintopfdenkens nicht zu erreichen. Jeder sagt im Land, das keine angestellten Zensoren hat, seine eigene Meinung – und siehe da, sie sind vereint im Vokabular, der stärksten aller Bindungen, die das Denken und Schreiben verhindert. Auch die Länder mit plumperer Zensur gestatten keine Abweichung. Aber wo offizielle Zensoren verboten sind, ersetzt elitäre Sprachregelung die Aufsicht, die viel intimer ist als das diktatoriale Wörterbuch; sie bestimmt, wer zum regierenden Geist zugelassen wird und wer nicht.

Ich würde einebnen (wie sie es tun), fügte ich nicht hinzu, daß die Schreibfähigkeit heute dichter gesät ist. Vergleiche ich, was ich als Fünfundzwanzigjähriger schrieb, mit den jungen Schreibern von heute ... wie gewandt sie sind, vor allem auf dem Feld, das man in Amerika high journalism nennt. Es gibt erst heute, scheint mir, in deutschen Zeitungen eine Buchkritik von Rang. Es gibt heute mehr erste Theaterkritiker als zur Zeit des

›Berliner Tageblatts‹ und der ›Voss‹ und des ›Börsen-Couriers‹, was die Sprache betrifft. Der Kultur-Journalismus ist verfeinert, aber die Journalisten sind auswechselbar. Kerr und Harden und Polgar existierten. Sie waren mehr als Talente. Jeder von ihnen war wer, rundherum da, in ihrer Direktheit, in der Rücksichtslosigkeit des Sichexponierens. Es geht nicht um einen Vergleich von Begabungen, sondern um die anonymen Talente des Tages. Die Begabung hängt an einem, den es nicht gibt.

Diese Anonymität wird nicht bemerkt, weil der mächtig wuchernde Personenkult sie überblendet. Sie schreiben wöchentlich dreimal: das summiert sich; die große Summe gebiert die Person. Einer oder zwei werden per Saison ganz groß vorgezeigt. Antlitz und Name werden ganzseitig in den einschlägigen Zeitungen allen Lesern eingerammt. Die Straße zum Messegelände ist mit dem Konterfei des Erkorenen gepflastert. In den Buchhandlungen häufen sich die Exemplare seines Opus zu Türmen. Aber den Mann gibt es nicht; die Verlage, die Redaktionen haben ihn erfunden. Wenn er persönlich in Erscheinung tritt, ist er ein angestrahlter Gesichtsloser. Der Prominentenkult feiert Götter, die unsichtbar sind. Gerhart Hauptmann hingegen, als er am Ende einer Feier zu seinem sechzigsten Geburtstag weinselig um die verlassenen Tische schlurfte und die Reste in den Weingläsern austrank, war sehr sichtbar. Er war mehr als eine hochgeputschte Literatur-Aktie.

Auf die ewige Frage: wie fühlen Sie sich in Deutschland? antwortete ich: vereinsamt. Natürlich: wie einer, der viele Jahrzehnte nicht dabeigewesen ist; auch wie einer, in dem noch ein Leben lebt, das die meisten Zeitgenossen wegen zu später Geburt nicht in sich tragen. Ich sage noch oft (gedankenlos oder aus tiefer liegenden Schichten) ›Reichstag‹ statt ›Bundestag‹, ›Reichspräsident‹ statt ›Bundespräsident‹. Ich korrigiere meine Manuskripte mit gotischen Buchstaben und vergesse, daß die jungen Stenotypistinnen sie nicht lesen können. Die Gegenwart erlebte ich oft als deformierte Vergangenheit.

Es gab einen Fernseh-Dokumentar-Film: die Affäre Eulenburg. Der Fürst ist einer der engen Freunde Wilhelms II. gewesen. Der Prozeß Harden-Eulenburg war der aufregendste, unvergeßlichste meiner Schuljahre. Harden schoß, indem er in seiner Zeitschrift ›Die Zukunft‹ des Fürsten homoerotische Aktivitäten aufdeckte, das Haus Hohenzollern an. Jetzt, auf dem Bildschirm, war nichts da von der weltpolitischen Sensation. Das soll Wilhelm II. sein! Und das der Fürst von Eulenburg! Dieser kleine Journalist im Spiel gibt an, der gefährliche Freischärler und wilhelminische Elegant Harden zu sein, welcher die mächtige Dynastie in Gefahr brachte, und das kaiserliche Schiff auf Nordland-Tour sah aus wie ein abgetakelter kleiner Frachter. Was vor 1914 war, ist auch den älteren Zeitgenossen fern wie das Karolinger-Reich. Das Alter rückte mich jeden Tag mehr an die Peripherie.

Ich habe in der Schule von untergehenden Kulturen gehört, vom Tod Karthagos zum Beispiel. Ich habe mir solch ein umfangreiches Sterben nie vorstellen können. Nach Hitler weiß ich, was es bedeutet, wenn eine Tradition fast nur noch durch Bibliotheken und Museen vermittelt wird. 1933 brach ein Kontinuum ab; zum Beispiel auch das Jahrhundert der großen deutschen Polemik, von Lessing und Marx bis zu Karl Kraus und Kerr. Kein deutsches Buch der letzten zwanzig Jahre ist noch umkämpft worden wie, vor einem halben Jahrhundert, ›Der Untergang des Abendlandes‹.

Die Polemik ist ein Schatten-Boxen geworden. Man schreibt gegen ›Auschwitz‹ (applaudiert von allen) . . . wer aber schreibt gegen die deutschen Vertuscher des Über-Auschwitz, das ins Werk gesetzt werden sollte? Man schreibt gegen die Zustände in den portugiesischen Kolonien im Einverständnis mit der ganzen Welt . . . aber welcher deutsche Schriftsteller sammelte Dokumente über den Giftgaskrieg Ägyptens, das den Völkermord im Yemen verschleierte durch sein Gegeifer über die defensivsten Aggressoren. Sie gehen immer auf Numero Sicher und stellen immer noch einmal ironisch die Sorgen der Reichen dar: wie können sie zu ihrem Überfluß nun auch noch den Appetit bekommen, ohne den die vollen Schüsseln zu nichts gut sind? L'art politique pour l'art politique; wenn es gut geschrieben ist, ein Stück feiner Artistik.

Es gibt heimgekehrte Emigranten, die hier führen. Je mehr sie sich einst politisch blamierten, um so ›zügiger‹ (das Wort gab es in meiner Jugend auch noch nicht) gehen sie voran. Auch deshalb sträube ich mich, meine Einsamkeit auf das Los des jüdischen Emigranten zu reduzieren. Sie hat sehr viele Ursprünge; zum Beispiel auch noch den Anblick des ewigen Deutschen, wobei ›ewig‹ ein bißchen ironisch ist, aber nicht zuviel. Die deutsche Tüchtigkeit, bisweilen trefflich, weckt böse Erinnerungen und ist nicht immer lieblich anzusehen.

Es war auf einer Fahrt von Tel Aviv ans Rote Meer. Zwei junge Deutsche waren sehr alert. Sie hatten immer die besten Plätze: im Flugzeug, im Autobus, im Restaurant. Sie waren, wie wir Yankees sagen, highly efficient; ich habe den Eindruck, ein völlig kongruentes Wort gibt es im Deutschen nicht. Sie machten mir Spaß – wie etwas, von dem man sagt: genau, wie es im Buche steht. Sie spitzten auf jede Gelegenheit, wo sich etwas bot. Sie waren exakt, vollendet, nicht zu schlagen.

Ich bin kein Anti-Patriot. Ich hasse die Völkerpsychologie, wo sie dem Krieg entstammte und zur Verhetzung ausgebaut wurde. Aber gegen meinen Willen flüsterte ich immer wieder: typisch deutsch. Ich war fasziniert von den beiden und verstehe, wie andere Völker sich (nach dem, was sie erlitten haben) noch vor einem Deutschland fürchten würden, das nicht eine einzige Kinderpistole mehr hat. Man traut ihnen zu, daß sie alles zustande bringen, was sie wollen. Ich habe ›König Salomons Schatzkammer‹ versäumt, versunken in den Anblick dieser beiden jungen Deutschen. Auch solche Erfahrungen verstärkten mein (deutsches) Einsam.

Es ist einmal nötig gewesen, dies pathetische Wort als ›Kontaktarmut‹ zu ernüchtern. Aber nachdem tausendmal in unseren Jahrzehnten das zentralste Wort mancher Romantik entmythologisiert worden ist, gilt es nun, die Routine dieser soziologischen Schrumpfungen in ihrem Klipp-Klapp zu durchschauen. Denn die Wahrheit einer Zeit wird zur Phrase einer anderen, die von den Epigonen abgehaspelt wird. Das Wort ›Einsamkeit‹ hat nicht das Schicksal verdient, für Theatralisches zu stehen, in dem rührselige Selbstbemitleidung sich paart mit hochmütigem Groll; ein runzliges Poeticum, das ad acta gelegt werden müßte. Der Fall Einsamkeit ist noch längst nicht geklärt. Einsam ist nicht nur, wer verlassen worden ist, auch wer verlassen hat. Und wer sich einsam fühlt und damit ausgestoßen, sollte auch erkennen, daß die Erfahrung, isoliert zu sein, zur Definition des Mensch-seins gehört – wenn auch nur selten zum Bewußtsein. Jeder ist, seiner Anlage nach, vor allem einsam, selbst wenn er es achtzig Jahre lang nicht gemerkt hat.

Dies Faktum brutum ist am besten zu illustrieren am einsamen Körper; es gibt keine kollektiven Zahnschmerzen. Sozialwissenschaftler, die mit gutem Recht unterstreichen, wie vielfältig der Einzelne verstrickt ist in umfänglichere Einheiten, haben aus Stolz über diese (immer wieder einmal neue) Entdeckung verlernt, den Einsamen zu sehen. Er kann sich vor diesem Schicksal drücken, indem er viel Wirbel um sich macht. Und vielleicht wird mancher zu Grabe getragen, dem es fast gelang, sich nicht in seiner Einsamkeit zu begegnen.

Aber da sind die Schläge des Schicksals (ein gutes Wort, weil es nichts sagt), die alle Manöver der Ablenkung von sich zunichte machen ... und dann steht einer da und hat kein Versteck mehr. Meine Einsamkeit war zwar lebenslänglich, aber gemildert von Kindern, denen ich, entzückt, auf irgendeiner Straße zusah; von Mädchen, denen ich, verzückt, nachsah, und von anderen, die mich freundlich ansahen; auch gemildert von Tönen und Sätzen, die nicht ergriffen ... und auch ein paar eigene gehörten dazu. Doch in den Jahren, die in diesem Kapitel gemeint sind, wurde die Trennung von Ich und dem, was es ablenkte, immer fühlbarer: eine zunehmende Unfähigkeit, sich anzupassen, eine zunehmende Distanz zwischen mir und den Bewohnern der literarischen Welt, auch den Bewohnern der unliterarischen. Ich wäre gern mit Teenagern (und dazu noch nicht-professionellen) zusammengekommen, mir grauste vor den Gerusias, den Männern und Frauen, die mit mir abstarben. Aber der Kahlschlag, mit dem der Mann, dem man (aus rustikaleren Tagen) die Sense als dernier cri der Waffenherstellung in die Knochenhand gab, ihr Tod, mit dem mich der Sensenmann traf, legte mich frei. Es ist dies eine Freiheit, vor der man sich ein Leben lang gefürchtet hat: die Freiheit, nichts mehr zu wollen.

Vielleicht hätte ich nicht der Versuchung widerstanden, schreibend sie zurückzuholen, gäbe es nicht ein Vorbild, das mich lähmte. Ich bin nicht so schlicht, wie Novalis war, und kann deshalb nicht so schlicht schreiben. Er führte ein Tagebuch nach dem Tode seiner fünfzehnjährigen Braut; es ist so vollendet, daß ich nicht wagte, meiner Toten nachzurufen, wer sie gewesen ist. So berichte ich nur, stenogrammartig – nicht was mir geschah (ein alltägliches Geschehnis), sondern wie es mir geschah, eine immer wieder neue Trauer.

Es begann mit einer Röntgenaufnahme und endete fast vier Jahre später. Diese Spanne Zeit war nicht angefüllt mit Schmerzen und Tränen. Der Körper (ihr Herz, ihre Lunge, ihr Blutdruck) war, wie die Ärzte sagten, angelegt auf achtzig Jahre ... und so benahm sie sich auch, in den vielen Monaten des Verfalls. Zwischen Operationen, die lange Zeit eine vorsichtige Hoffnung zuließen, zwischen Nachuntersuchungen und kleineren Eingriffen, reisten wir viel. Sie war unersättlich. Sie schwamm fünfmal am Tage in der Adria. Wenn wir andern, von Wellen und Sonne ermüdet, uns zum Nachmittagsschlaf legten, fuhr sie hinüber zur Lagunenstadt, der es ähnlich ging wie ihr; untergehend strahlte sie voll Lebenskraft. Jetzt erst verstehe ich, weshalb man diese Krankheit tückisch nennt; sie betrügt noch die Skeptiker. Sie fühlte sich glücklich vor den Auslagen der Juweliere und Graphiker. Sie ließ sich einen Pelz umlegen und einen hellgelben Schal. Haben wollte sie nichts, sehen wollte sie alles. Sie kam jeden Nachmittag mit leeren Händen und einem Herzen, angefüllt mit Freude, zurück.

Die deutsche Katholikin war sehr patriotisch. Sie liebte abgöttisch das Amerika der dreißiger Jahre und Israel. Wir fuhren von der syrischen Grenze, die man nicht sehen konnte, weil sie, hinter einem Fels, um die Ecke war, bis nach Elat. Sie kletterte auf jede Ruine, schwärmte für die Getto-Juden mit Paics und dem schwarzen steifen Hut. Sie war gekränkt, wenn ich sagte: ich bin Jude, wie ich amerikanischer Neger bin ... befristet, nur so lange, wie sie unterdrückt sind.

Die Zweisamkeit, in der wir gelebt hatten, wurde von dem Geheimnis gestört, das ich ihr verbarg (und selbst den engsten Freunden). Zwischen uns war mächtig aufgebaut die solideste Lüge meines Lebens: wie ich ihr die Krankheit und meine Gespräche mit den Ärzten darstellte. Sie vertraute mir ohne Einschränkung, auch noch gegen den Augenschein. Die letzte der sehr knappen Eintragungen in ihrem Notizbuch, zehn Tage vor ihrem Tod lautete: Ich hätte mich heute morgen sehr gefürchtet, wenn ich nicht wüßte, daß es nichts bedeutet. So aber möchte ich abends in den französischen Film ›Sie und Er‹. Mit viel List mußte ich sie dahin bringen, daß sie sich nicht ans Steuer setzte. Sie wollte (wie immer) das ganze Programm und sang, wo es ging, fröhlich mit. Als ich am anderen Tag dem Arzt von unserem Ausflug erzählte, sah er mich an, als hätte ich Halluzinationen.

Nichts hat mich je so einsam gemacht wie meine laute Lüge und die Festung, die ich um sie herum baute, zur Abwehr der Wahrheit. Ich mußte alle denkbaren Zufälle ausschließen. Sie hing am Leben wie ein Kind; sie hätte nicht ertragen, was geschah ... und noch heute drückt mich ein unsinniger Gedanke: wie tödlich würde es sie treffen, wenn sie wüßte, daß sie tot ist. So suchte ich sie zu isolieren, es war nicht schwer. Um ein welthistorisches Beispiel zu geben: als Heinrich Heine, weltberühmt, wohnhaft im Mittelpunkt der europäischen Kultur, hinsiechte, war zu Beginn sein Krankenzimmer voll von Menschen; als er starb, erfuhren viele, daß er gestern noch am Leben gewesen war. Aber wir wohnten in einem Dorf, sie traf den Briefträger auf der Straße, ich dachte daran, die Post über München zu leiten. Doch wollte ich niemand einweihen.

Als es aus war, spürte ich zunächst die Trennung nicht, nicht die Verkrüppelung, die einem angetan wird, wenn weggerissen wird, womit man zusammengewachsen war, mit einem anderen Ich. In den ersten Tagen hatte ich einen echten Trost: sie hat es nicht einmal geahnt. Auch war ich befreit von der Lüge, die ich kaum noch ertragen konnte; nicht aus moralischen Bedenken, sondern weil die Praxis über meine Kräfte ging.

Weniger tröstete mich, daß sie im letzten Jahr glücklich überrascht war, weil ich Zeit für sie hatte. Als die Krankenschwestern mir von diesem Glück erzählten, merkte ich erst, wie selbstverständlich unser Leben, vor allem meins, gewesen war. Sie hatte wohl nicht darunter gelitten, es war ihr selbstverständlich gewesen. Sie war weder eine Sklavin noch emanzipiert. Mir wurde ihr letztes Glück zum Schmerz; ich denke daran, wieviel ich ihr verweigert hatte, weil ich ein verbissener Junggeselle geblieben war, in guten und in trüben Zeiten.

Als man sie forttrug und versenkte, nicht mehr sie, nur noch eine Erinnerung an sie, fiel ich aus der Welt heraus. Kein Hund, kein lebenslanger Freund, nicht einmal der Schreibtisch hatte mich gehalten. Nur die Trägheit bewährte sich. Ich war immer schon auf Einsamkeit angelegt, das Altern hatte nachgeholfen ... jetzt war ich nur noch mit mir, das heißt: mit ihm, mit dem, der ich gewesen bin. Das ist kein einzigartiger Vorgang. Nur spielt er sich, wo er sich abspielt, jedesmal in uniker Weise ab. Draußen, vor dem Arbeitszimmer, ziehe ich mit den Augen die gebrochene Linie nach, welche die oberen Ränder der Berge in den Himmel geritzt haben. Ich denke nicht mehr an mich als Träger von Geschichten, von Anekdoten zurück. Ich sehe hinaus in die mir vertraute, sehr individuelle Nacht. Die Lichterchen stechen kalt funkelnd auf der anderen Seite des Sees in die schwarze Öde. Sie erhellen, wie dunkel es ist. Genau so wird mein Alleinsein verstärkt von Premieren und seltenen Gesprächen. Vielleicht sind die Schmerzen des Einsamen nur durch eine radikale Isolierung zu schwächen. Hier, in solchen Nächten, hat der Ausbruch des Autonekrologs sein Wo und Wann gehabt; berichtet aber nicht mehr von Orten und Zeiten, sondern von meinen zeitlosen paar Jahrzehnten. Nicht niedergeschlagen entfuhr mir dieser Bericht, sondern in jener endgültigen Einsamkeit, in der man sein Ich mit Er anredet. Die dramatis personae der Szenen meines Lebens sind verschwunden, selbst sie ist schon im Schwinden. Zurückgeblieben ist ein Ich, das sich bereits vergessen hat und nur noch als Er kennt.

Es ist nicht wortwörtlich zu nehmen; jede darstellerische Übertreibung entschärft, was vorliegt: die Wucht dieser Einsamkeit. Theatralik deckt nur noch mehr zu, was entdeckt werden soll. Morgens nehme ich die Zeitung, die zwischen Klinke und Tür steckt. Abends flüchte ich mich, von mir weg, zu Emma Peel. Bisweilen kommen mit der Post nicht nur Rechnungen und Verleger-Kataloge. Bisweilen ereifere ich mich noch immer, daß die Welt so ist, wie ich sie seit eh und je kenne. Bisweilen lockt mich eine unbeantwortbare Frage: wie sähe Rußland heute aus, wenn Lenin nicht gesiegt hätte? Bisweilen gehe ich zu Theaterpremieren. Ich hatte mir schon früh angewöhnt, vormittags zu schreiben, nach Tisch zu schlafen, keinen Käse zu essen, Theater zu besuchen, auch wenn es mich noch so sehr langweilt, und lieber nichts zu kaufen, als im Laden zu warten. Die Gewohnheit überlebte den, der sich dies und das angewöhnt hat. Die Ärzte diskutieren, welcher Moment in der Geschichte des Körpers als Tod zu bezeichnen ist. In der Geschichte des nicht-körperlichen Ich ist es der Augenblick, in dem einer vielleicht noch ich sagt, aber schon Er meint; dies Ich hat keine Zukunft. Er ist die kurze Ewigkeit, welche das Ich gehabt hat. Novalis notierte auch für mich: gestern war ein guter Tag, am liebsten aber wäre ich tot.

Der nächste Abschnitt und jeder folgende betrifft wieder ihn, dem nachgerufen wird, was auf den folgenden Seiten steht. Wer diesen Wechsel vom Er und ich und zurück so versteht, daß ein Schriftsteller sich dies Einmal-was-anderes ausgedacht hat, soll doch begreifen: daß es viel einfallsloser ist: nur eine Schreibhilfe. Diese autobiographische Skizze sollte nur Ort und Zeit anzeigen, wann im Verlauf des Lebens und wo sich der Tod des Ich vollzogen hat, den der Körper überlebte, weil er so willig war, wie der Geist schwach.

III

Niederlagen

Die drei Geschichten seines Leibes

Die Ankündigung ›Niederlagen‹, wenn sie überhaupt ernst genommen wird, klingt, als wolle einer seine Wunden lecken, auf hell erleuchteter Bühne. Er will nicht, versteht aber diesen Effekt, da das Direkte theatralisch wirkt in einer Ära der ›Verfremdung‹ durch Parabel und Typisierung und entleerende Reflexion, in welcher der Reflektierende von sich absieht, wegsieht und nichts wissen will, nach dem Gebot der Zeit. Was als In-Szene-setzen verkannt wird, ist nichts als eine brauchbare Methode, mit sich, dem Fremden, etwas vertrauter zu werden. Die Selbstbesinnung des Unikums ist keine Konfession; kein Konfessor ist da, er wird nicht vermißt. Es handelt sich eher um eine Enthüllung, die kein Festakt ist und schon gar nicht sensationell; denn Er ist nicht einmal richtig gescheitert.

Alle Wettbewerbsgesellschaften, kapitalistische wie sozialistische, bringen Versager hervor, Opfer. Friedlicher Wettbewerb klingt friedlich; sagt aber nicht mehr, als daß nicht geschossen wird. Auf allen fünf Kontinenten gibt es wohl nicht eine einzige Ordnung, welche die Konkurrenz nicht kennt; nur sie hätte Anspruch auf den Namen Kommunismus.

Die Niederlagen, die hier gemeint sind, können nicht als verlorene Schlachten dargestellt werden, nach denen ein Sieger den Fuß auf den Besiegten setzte: nicht wörtlich und nicht einmal metaphorisch; die Niederlagen, die hier gemeint sind, hängen von der Selbsteinschätzung ab, sehr oft von irgendeiner Rangordnung, die einen anerkennt oder nicht. Wahrscheinlich hat sich Seneca, als er auf Befehl des Nero seine Pulsader durchschnitt, nicht als besiegt empfunden. Einer der Mitschüler des Mannes, von dem hier die Rede ist, pflegte zu sagen: es wäre eine Prahlerei, wenn ich mich als Klassenvorletzter bezeichnete. Diese Sitz-

ordnung kümmerte ihn nicht. Nur wer sich an öffentlichen Wert-
skalen orientiert, kann objektiv unterlegen sein: der im Volkswagen dem im Jaguar, der mit dem Kronenorden vierter Klasse
dem drittklassigen, der bedeutendste Mediziner dem mit dem
Nobelpreis gekrönten.

Der Nachruf auf ihn hat nachzuholen, was in der Autobiographie nicht durchgelassen wurde: die Niederlagen, die aus der
Identifizierung mit öffentlichen Schiedsrichtern entstanden, und
die anderen, welche einsamen Schiedssprüchen gegen sich selbst
entstammten. Dieser intimste Richter ist nicht nur eine moralische Instanz, auch eine ästhetische, auch eine wissenschaft-
liche . . ., die Summe aller Instanzen. Niederlagen, die auf beide
Richter zurückgehen können, haben ihren unbeachtetsten Bezirk
in dem weiten Reich des Körpers: seinem Fleisch und Blut und
Harn und dem Buckel und dem Charme des Unikums.

Der Leib ist ein Unikum (wie der Fingerabdruck) – und hat
drei Geschichten: die sichtbarste in der Sequenz der Gesundhei-
ten und Krankheiten, auch in den sichtbaren Anomalien; eine
weniger offenbare (bisweilen ganz geheime) in den Defekten, die
verheimlicht oder erst spät bewußt wurden – und lange Zeit ein
Leben ferngesteuert haben. Die dritte Historie des uniken Leibes ist die Geschichte seines Aussehens, des Eindrucks auf die
Zeitgenossen und auf sich selbst in den sehr verschiedenen Jahrzehnten. Die zweite und dritte leibliche Vergangenheit und Gegenwart würde es in einer Gesellschaft ohne Wettbewerb kaum
geben.

Wer hat das vielschichtige Ereignis seines leiblichen Daseins in
all seinen Jahren beschrieben: seines zwanzigjährigen Herzens,
seines dreißigjährigen Magens, der Augen und Ohren in diesen
und früheren Tagen und der unendlich vielen Sinne, die wohl
erst zum kleinsten Teil entdeckt worden sind; wahrscheinlich
gehen die bisher unaufgeklärten okkulten Phänomene auf noch
unentdeckte Sensorien zurück. Zurückdenkend findet Er nicht
viel mehr als Schmerzen, medizinische Ausdrücke, einige unverbundene Zustände, vielleicht noch ein paar Gala-Vorstellungen
physischer Reizungen; so vergißt Er nie, daß Er es dem Pan-

topon verdankt, einmal im Leben erfahren zu haben, was allein Friede genannt werden kann.

Der Leib des Unikums ist in erstaunlichem Umfang eine unbekannte Welt auch für den, der so gut Bescheid weiß über die fernsten Striche in Grönland und Feuerland. In der Literatur kam zwar Mephistos Klumpfuß zur Geltung und Mimis edle Tuberkulose und die Syphilis des Helden der ›Gespenster‹ und die Mißtrauen-säende Blindheit des Geronimo (in einer Erzählung Schnitzlers). In jüngster Zeit wurden auch die kleinen und großen Abenteuer von Penis und Vagina zum Bewußtsein gebracht; es regte das Selbst-Bewußtsein an. Aber der Dickdarm, die Hämorrhoiden und der Leistenbruch sind weniger literaturfähig und deshalb weniger beachtet; Literatur wirkt zwar nicht als Waffe, aber doch erziehend.

Daß der Einzelne aus einer Seele plus einem Kerker aus Fleisch besteht, geht nicht allein auf christliche Verketzerungen zurück: Platon sah im Leib ein Gefängnis der Seele ... und nach ihm sahen alle philosophierenden Seelen, daß der so sichtbare Leib recht lästig werden kann. Vielleicht ist jetzt, in nachchristlicher Zeit, die Ignorierung des Körpers entscheidender gewesen als vorher die Verfluchung. Der Einzelne bemerkt seinen Körper nur, wenn er nicht funktioniert ... oft nicht einmal dann. Man ist fasziniert von Herzverpflanzungen und Heilmitteln gegen den Krebs – und weiß nichts von den Händen, mit denen man am Morgen den ersten Griff tätigt. Am rätselhaftesten aber ist, daß, nach dem letzten Dogma, Maria im Fleisch zum Himmel fuhr. Weshalb ließ sie dies Teuflische, zumindest Zweitrangige, vor ihrem Höhenflug nicht zurück? Er fragte einmal Maritain, der mit einem improvisierten herrlichen Essay antwortete; nur wurde die Frage, die Er gestellt hatte, nicht in Betracht gezogen.

Die starke Tradition, dank derer Männer, Frauen und Kinder von ihrem Leib weniger wissen als vom Mond, erklärt seine nur blasse Erinnerung an die Jahre seines Körpers, oberhalb und unterhalb des Nabels, der ihm erst kürzlich zum Problem wurde, als Er eine Verhärtung am oberen Rand entdeckte, die er, wie der Arzt ihm versicherte, mit allen menschlichen Nabeln gemein hat.

Auch der Nabel ist nur ein Anhängsel seiner Seele gewesen, seiner ›Persönlichkeit‹, seines Charakters, seiner Gehirn- und Phantasieprodukte, seines soziologischen Ortes ... und wurde von ihm erst zur Kenntnis genommen, als Er auf das bis dahin ihm unbekannte Phänomen zufällig gestoßen wurde.

An was erinnert Er sich, so daß es noch gegenwärtig werden kann? Daß Er ein schwächliches Kind war, blaß und dünn, ein schwächlicher und deshalb rückständiger Schüler. Er spürt noch jetzt die Schwäche von damals, die heute nur zeitgemäßer auftritt. Er sah nicht immer so armselig aus wie auf dem Foto des Babys; aber vielleicht hängt dieser Eindruck mit der unvollkommenen Technik um Neunzehnhundert zusammen. Der Zwanzigjährige steht eher noch mikriger da (obwohl es, während des Ersten Kriegs, auf dem Gut seines Onkels im ostpreußischen Drugehnen, Butter und Fleisch gegeben hatte): vor einer Brandmauer, als sollte Er in der nächsten Sekunde erschossen werden; schlotternd in seiner Landwehruniform, der hohe Helm zog den bleichen, mageren Langschädel noch in die Länge, ein Greco-Kopf; das Adjektiv Greco ist vielleicht zu dekorativ. Er war kaum da, zum Umpusten. Zehn Jahre später ist ein fetter Bourgeois im väterlichen Nerz zu besichtigen, aufgetrieben von Gemüse, in Butter gedünstet, und von zahllosen Torten, die unter Bergen aus Schlagsahne lagen. Doch die Decke von Speck, am sichtbarsten im doppelten Doppelkinn, und der behäbig machende Pelz verdeckten nur die alte Kraftlosigkeit. Sie war noch fühlbarer; denn der aufgeschwemmte Körper forderte noch mehr Aufwand an Energie selbst für die geringsten Unternehmungen.

Die lange Serie der Photographien, die Er jetzt studieren kann, verdankt Er Sascha: nicht daß sie diese Lichtbilder immer wieder mit Stolz betrachtet hätte, sie hob alles auf: Artikel-Ausschnitte aus Zeitungen des Jahres Neununddreißig und Bilder von ihm, von ihnen beiden ... Sie war die konsequenteste Aufheberin. Da gibt es ein Paßbild aus Los Angeles. Er war in höchster Eile gewesen, das Büro war nur wenige Minuten offen, es stürmte, Er war lange Zeit nicht beim Friseur gewesen, die regennassen Haarsträhnen hingen tief ins aufgeregte Gesicht hinein . . . Er fürchtete dann bei jeder Kontrolle, angehalten zu werden – als Wahnsinniger? als Verzweifelter? So muß Er oft im Jähzorn ausgesehen haben.

Als Er Mitte Sechzig war, machte irgendein Photograph in Frankfurt ein Bild . . . Er sah wie ein Vierziger aus. Vielleicht hätte dieser Mensch nicht mehr einen jugendlichen Liebhaber spielen können, aber doch einen Bonvivant. Er wagte nicht recht, das Bild herzugeben . . . wo hatten eigentlich die Linsen ihre Augen gehabt? Für diese Illusion wurde Er entschädigt. In einem Buch ›Juden heute‹ sitzt Er auf dem Sofa eines Hôtels, die Lehne und sein Hals sind eine dunkle Einheit, man sieht nur über Kragen und Schlips einen großen Kopf mit mehr Rillen, als je auf eine Stirn gingen: es ist nicht ein Buckliger, sondern die platonische Idee dieser Spezies, und die Augen erzählen von einem hunderttausendjährigen idiotischen Weh. Und schließlich kam noch ein lieber Verleger auf die Idee, dem Buch, das er druckte, das Bild des Autors mit auf den Weg zu geben: ein mehr als Hundertjähriger, schon einmal auseinandergefallen und dann wieder zusammengefügt, präsentiert sich hier wüst, in seinen vom Tode angeknabberten Knochenhänden der kleine Zigarrenabschneider, den Er seinen Entjungferer nennt, weil er das denkbar kleinste Loch vorsichtig in die Zigarre bohrt; Er haßt die üblichen Marter-Instrumente, die einen breiten Graben ausbuchten und zuviel Rauch durchlassen. So sieht Er seine Bilder, sich selbst aber nie; denn die Augen, die auf sich gerichtet sind, lügen zuviel. Er zieht die Augen der Andern noch der unschuldigsten Kamera vor. Vielleicht aber weist diese kleine Betrachtung auf einen Rest hin, der noch nicht Nachruf-reif ist.

Die Eintragungen der Ärzte sind nicht mehr zu haben; aus ihnen wäre auch kaum viel zu rekonstruieren. Sie notierten die Schwellung der Drüsen und die Entzündung der Ohren; nicht aber die Tatsache, und schon gar nicht die Ursache, weshalb Alkohol und Nikotin und Lesen und Besichtigung von Museen ihn zeit seines Lebens schnell ermüdeten, Lehren hingegen und Violinspielen und Schreiben und Jagen (nie auf Wild, auf Menschen, und auf sie nur aus der Passion des Verliebten) mit Kraft aufluden. Er war stärker im Ausgeben als im Aufnehmen. Wahrscheinlich bestimmte dies (wie immer es herzuleiten ist) sein Leben entscheidend.

Er wagt nicht, die Herkunft seiner Schwäche anzugeben. Konstitutionell? Er setzt die Marx-Brille auf: Verweichlichung des Bürgersöhnchens? Oder war es das geheime Laster ab dreizehn, das kein Laster ist, aber eine andauernde Gelegenheit und den Organismus deshalb übermäßig belastet? Oder war es der erste gespaltene Herzton, eine Art musikalischer Vorschlag, eine harmlose Anomalie nach dem Urteil der damaligen Ärzte, obgleich sie dem Hausarzt genügte, sich aufzuregen, weil er ihn schon zur Welt gebracht hatte und sich für den Mißklang verantwortlich fühlte, was wiederum zur Folge hatte, daß der liebe Doktor ihn nicht hörte.

Auf der Suche nach dem Ursprung seiner lebenslänglichen Mattigkeit denkt Er auch an seine Freßsucht. (Sollte sie kompensieren, und was?) War der ständige Blutabzug vom Gehirn mitschuld an der Faulheit? War sie die Ursache oder die Folge der Wahl des Berufs? Wurde Er freier Schriftsteller, nicht aus Liebe zur Freiheit? Und belastete dies lebenslängliche Hocken auf dem Stuhl vor dem Schreibtisch noch den Mangel an Bewegung, der aus der Schwäche kam? Kant rührte sich wahrscheinlich noch weniger; er stellte eine Schnupftabakdose ans andere Ende des Arbeitszimmers, um sich zu zwingen, von Zeit zu Zeit ein paar Schritte zu tun. Ist in Kant-Biographien angegeben, ob er in frühen Jahren wanderte und ruderte und Schlittschuh lief?

Immerhin erinnert er sich, daß Er als Knabe spazierenging und aufs Eis fiel, mit der kandierten Nuß in der Hand; und auf dem Neuen See im Tiergarten am Ruder saß, aber zu häufig es einzog – und nicht nur, um sich dem weiblichen Steuermann zu widmen. Die Geschichte seiner körperlichen Trägheit erkennt Er erst heute in ihrem erschreckenden Ausmaß. Vielleicht bleibt sie unscharf; körperliches Wohlbefinden und Unbehagen hatten in der Vergangenheit nur selten eine bewußte Gegenwart und können so kein gegenwärtiges Bewußtsein vom Vergangenen haben. Er weiß nur, daß Er nie lebensgefährlich krank war und nie völlig ohne Beschwerden; in wievielen Biographien hat Er dasselbe gelesen. Wenn ein Arzt etwas wissen will von den Leiden seines Vaters und seiner Mutter und der jungen Jahre des Sohnes und auch der späteren ... Er weiß es nicht. Er weiß noch, an welcher Stelle des ›Totentanz‹ Paul Wegner in welchem Rhythmus auf die Platte des Tisches getrommelt hat, es ist vierzig Jahre her. Den verkrüppelten Zeh (von je vorhanden, mit dieser bergigen Hornhaut versehen? oder seit wann? und wodurch?) entdeckte er erst vor einiger Zeit. Wenn von Selbstentfremdung die Rede ist, sollten die, welche sie zu frequentieren pflegen, sich einmal fragen: ob es in ihrer Umwelt etwas Fremderes gibt als ihr Nächstes: der Leib, von dem sie nicht sagen können, daß er nicht zu ihnen gehört.

Heute aber (es kann im Nachruf nur von gestern und vorgestern die Rede sein), heute ist ein imaginärer Blickpunkt, der nicht mehr zu dem Er gehört, von dem hier die Rede ist ... heute, post festum, blickt Er auf den Zustand seines Leibs zum ersten Mal völlig bewußt und ebenso detachiert wie auf den Rest, der dazu gehört, oder zu dem er gehört. Es gibt keine Vertuschung mehr zwischen ihm und seinem Körper. Da ist, schwarz auf weiß, die Angiosklerose, vorwiegend cerebral und coronal; Er fragte, was es denn außerdem noch gäbe, was nicht ›vorwiegend‹ ist. Dann ist eine absolute Arrhythmie bei Vorhofflimmern verzeichnet. Dann gibt es eine Hernia inguinalis, beiderseits, aus Lässigkeit nie operiert; jene zwei Risse waren eine dreißigjährige Plage mit unzureichenden Bändern ... und Er überhörte, daß sie nicht ausreichten. Item Vier: rezidivierende Lumbalgien, erträglich, seit Er in einem Bett schläft, das ihn an die Nacht in der Mönchszelle von Monte Cassino erinnert. Vermerkt sind auch Insomnia und Neigung zu depressiven Verstimmungen (nur ein wohlwollender Arzt kann so zart formulieren). Gehören diese beiden Schäden in die Kartei eines Internisten? Ja, weil sie medikamentös behandelt werden können, woher sie auch stammen; auch die Seele ist nicht unzugänglich für Pulver und Pillen. Aber unzugänglich ist der Arzt für das vielfältige, weiträumige Unbehagen des Patienten, ein Plural von Unbehagen; es hat keine

Sprache, die Kommunikation zwischen dem Doktor und dem, welchem er helfen soll, fehlt.

Es könnte nun dem Befund des Internisten folgen, was andere Spezialisten in ihren Kästchen aufbewahren. Aber auch sie erweiterten nicht den Nachruf, weil diese Ergebnisse nicht zu dem Leben gehören, dem er gilt ... oder können Ärzte aus dem, was geworden ist, die verlorengegangene Geschichte der Knochen und des Fleisches und der Organe und des Bluts rekonstruieren ... und dazu noch den Anteil dieser schleierhaften Vorgänge in den Eigenschaften, die ihr Eigener nicht enteignen konnte? Und ist einer wirklich so alt, wie er sich fühlt, oder strengt er sich an, sich so jung zu fühlen, daß er den Befund des Arztes außer Kraft setzen kann?

Etwas genauer kennt Er heute einige Vorfälle aus der Geheimgeschichte seines Leibes, wenn die Gegenwart ihn zurückgeführt hat. Die üblichsten Krankheiten seiner Jugend waren Hals-, Nasen- und Ohren-Entzündungen. Erst viel später, am Ende seiner Zwanziger, wurde entdeckt, daß nach der Perforation des Trommelfells (der grausamste Schmerz, an den Er sich erinnern kann) eine Fistel zurückgeblieben war, die entfernt werden mußte, samt den angegriffenen Gehörknöcheln. Er nahm von den Folgen dieser Operation keine Kenntnis: ob man dies Benehmen Verdrängung nennen will oder gewohnte Ignorierung des Körperlichen – hier ist der Ort, klarzumachen, was solch ein Benehmen anrichten kann. Erst vierzig Jahre später ging ihm auf, welche Bombenrolle dies schlecht funktionierende, aber unbeachtete Ohr in seinem Leben gespielt hat. Eine gute Freundin saß kürzlich links von ihm, am schlechten Ohr, und fragte ihn etwas. Er pflegte, offenbar automatisch, aus ein paar Worten, die Er verstanden hatte, das Ganze zu konstruieren und gab (wie oft vorher?) eine unsinnige Antwort. Sie wandte sich ihrem Nachbarn auf der anderen Seite zu und beschwerte sich: so ist es heute, niemand hört mehr zu. Wieviel Mißverständnisse hat Er in die Welt gesetzt, wieviel falsche Bilder von sich?

Er ging nach dieser Entdeckung zurück in die Vergangenheit

und fand Schwerwiegenderes. Seine Studenten hatten ihn gern gehabt – und sich beschwert (nicht bitter, aber enttäuscht), daß Er sie nie zu Wort kommen lasse; kaum hätte Er eine Frage gestellt, beantwortete Er sie auch schon und sehr ausführlich, um niemand die Möglichkeit zu geben, noch einmal zu fragen. Sascha, mit der Er übereingekommen war, daß sie stets Manöverkritik an ihm übte, warf ihm fast nach jedem gesellschaftlichen Zusammensein vor, Er habe die Unterhaltung an sich gerissen; es war ihm nie schwergefallen, diese Unsitte als Ungeduld, als die bekannte Hast zu erklären: Eigenschaften, die ihn treffend charakterisierten. Doch kann jedes Verhalten mehr als einen einzigen Ursprung haben. Ihm wird, zurücksinnend, klar, daß Er, ohne es zu wissen, vermeiden wollte, zuzuhören; es war schwierig für ihn, Studenten zu verstehen, die im Seminar zu seiner Linken und außerdem noch recht entfernt saßen. Ahnungslos hatte Er sich angewöhnt, diese ungünstige Situation zu verhindern.

Seine Aktivität auf Partys wurde nicht selten bewundert. Er galt als guter Gesellschafter; eine Folge seines Defekts wurde für Vitalität gehalten. Heute weiß Er, daß sein unzulängliches linkes Ohr eine der heimlichen Determinanten seines Lebens gewesen ist. Weil Er den Defekt ignorierte? Weil Er ihn verdrängte? Verdrängung gehört einer anderen Sphäre an als Ignorierung. Sie ist tradiert; Verdrängung aber eine aktuelle heimliche Unterordnung unter gesellschaftliche Normen.

Es gab zu jeder Zeit akzeptierte Krücken und andere, die man verbergen muß. Die Brille, eine Krücke der unzulänglichen Augen, eine Augenprothese ist gesellschaftsfähig geworden, sogar glorifiziert als Status-Symbol der Intelligentsia, ein Zeichen der zu starken Inanspruchnahme des Auges durch Lesen. Fotografen baten ihn oft, seine Gläser als Ornat des geistigen Ranges anzulegen. Wenn es aber (etwa im amerikanischen Roman ›Washington D. C.‹) heißt: »Sie war die Verlobte eines Mannes mit Hörapparat«, so wird dieser Mann, von dem man noch nichts weiß, sofort lächerlich gemacht; die Phantasie des Lesers schenkt ihm einen exorbitanten Trichter, in den man hineinschreien muß.

Nicht zugelassene Abweichungen provozieren Haß oder Grauen oder Gelächter. Es ist zeitbedingt, welche körperliche Minderwertigkeit in den Untergrund gehen muß. In seiner Jugend waren es noch falsche Haare.

Man unterscheidet, ohne daß es bewußt wird, zwischen angesehenen oder doch unauffälligen Krücken und anderen, die sich nicht sehen lassen dürfen. Das Holzbein ist nicht ehrenrührig, wohl aber das Bruchband; die Glatze ist erlaubt, nicht aber die Warze. Die sichtbare Schönheitsoperation verhindert nicht die Freude an der gestrafften Haut. Einen schlechten Magen kann man eingestehen, nicht aber Hämorrhoiden. Achtundvierzig Jackett-Kronen werden stolz präsentiert, nicht das künstliche Gebiß. Es ist zu jeder Zeit ein stilles Übereinkommen, was verheimlicht werden muß, und was zur Schau getragen werden darf. Die Narben nach der Herstellung einer schöneren Nase sind fast so ehrenvoll wie Schmisse. Ein bekannter Schauspieler zeigt gern auf Gesellschaften seinen zerschnittenen Leib; mit Plattfüßen würde er nicht renommieren.

Das bewußte Verheimlichen und die nicht geahnte Verdrängung haben rätselhafte Folgen. Im vollen Licht steht die offenbare Geschichte des Aussehens: wie die Gesellschaft, wie der Kreis, in dem einer lebt, auf die äußere Erscheinung des Unikums reagiert in diesem Jahr und in früheren und in späteren: mit Sympathie, mit Gleichgültigkeit, mit Abscheu und vielen Reaktionen dazwischen. Sie sind nicht so fixiert wie ein lebenslänglicher Defekt; das Aussehen ändert sich im Lauf des Lebens – und es kommen andere Momente ins Spiel, welche die Reaktionen ändern: Geld, Ruhm ...

Es gibt eine Geschichte seines Aussehens: was Er im Spiegel sah, mit den Augen der Mitmenschen. Gutaussehend und unauffällig und häßlich und manches dazwischen ist von größtem Gewicht in den Jahren, in denen andere Schätzungen kaum mitwirken; später macht Geld schön, die gute Position ansehnlich, das Ansehen ändert das Aussehen. Aber in Zeiten, in der einer noch nichts hat und noch nichts ist, wird körperliche Attraktion eine absolute Macht. Hier entsteht manche Vergiftung, die nicht immer völlig geheilt werden kann durch spätere Kompensationen.

Man unterschätzt das Gefühl der Minderwertigkeit, weil man sich angewöhnt hat, sie mit dem Wort ›Komplex‹ zu verbinden. Aber sie ist oft mehr als eine korrigierbare Einbildung: ein Urteil gemäß der Wertskala, der man sich unterwirft. Sein Gefühl der Minderwertigkeit ging nicht nur auf seine Schwäche zurück, noch mehr auf die lange Hakennase; außerdem sprach Er durch die Nase, was erst durch Wucherungen bedingt war, später wohl durch die Gewohnheit, die sie bewirkt hatten. Sein Stimmbruch wirkte wie eine Parodie auf ihn; und dann kam, in den entscheidenden Jahren zwischen sechzehn und zwanzig, eine hartnäckige Akne hinzu, welche die Ärzte nicht anders zu behandeln wußten, als durch Zerschneiden des Gesichts. Ein um die Wahrheit unbekümmerter Zeitgenosse behauptet, Er hätte die Blattern gehabt. Sein Gesicht war nicht auf dem Fechtboden zersäbelt worden, sondern vom Hautarzt; Er hatte also nicht respektable Schnitte. Und dann war Er noch auffallend, der große Kopf, das wilde Gesicht, die ungebändigten Haare ließen nicht zu, daß man ihn übersah. Er verblüffte, erregte Furcht, die bisweilen abreagiert wurde durch Lachen.

Zu allem kam, daß Er, erzogen in einem gutbürgerlichen Haus mit Köchin, Dienstmädchen und Gouvernante, sein Äußeres frohen Muts vernachlässigte, als Er nicht mehr beaufsichtigt wurde. Er wusch sich kaum; es war wohl die erste Befreiung, die Er genoß. Er pflegte weder die anarchische blonde Mähne noch die schwärzlichen Fingernägel. Er lief mit zerbeulten Schuhen herum und nicht, weil Er kein Geld hatte. Vielleicht suchen ansehnliche Jünglinge, weil es sich lohnt, noch durch Pflege ihres Körpers und ihrer Garderobe nachzuhelfen. Er hat nicht einmal beim Rasieren in den Spiegel gesehen, ohne sich dessen bewußt zu sein.

Er wich wie selbstverständlich aus: in Freundschaften mit seinesgleichen und, als Leser, ins Nichtwirkliche. Es sollte einmal möglichst exakt festgestellt werden, ob nicht vielleicht unter hundert Intellektuellen kaum einer ist, den man als jugendlichen Liebhaber, gar als Playboy hätte verwenden können. Wie die großen Künstler aussahen und wirkten, müßte beschrieben werden.

Cyrano hätte, trotz der langen Nase, mit seinen Versen wohl jede Frau erobern können, aber erst, als er in den Augen der Mitmenschen ein Dichter war. Max Hermann-Neisses, dieses großen Poeten, Buckel wurde schön durch seine Strophen. Mit Talent und Fleiß ist kaum eine Position unerreichbar, selbst nicht der lukrative Beruf des Heiratsschwindlers; nicht jeder Diplomat ist ein Adonis und nicht jeder Adonis erfolgreich. Aber im Knaben- und Jünglingsalter ist der Reiz des Körpers durch nichts zu ersetzen. Er wird um so bedeutungsloser, je mehr einer es zu etwas gebracht hat. Aber zuvor hat das erzwungene Benehmen, das jenen früheren Jahren entsprach, eine Gewohnheit geschaffen: zum Beispiel eine Art von Menschenscheu.

Er ist, frei von der Akne, auch gezähmt an Haupt und Gliedern und Kleidungsstücken, noch heute froh, wenn das Lokal, in das Er kommt, leer ist. Er ging, im kalifornischen Santa Monica auf der Pazifik-Promenade und im bayerischen Wiessee auf dem Pfad den Tegernsee entlang, immer nur zu einer Zeit spazieren, in der die anderen Abendbrot aßen. Die Schwären in seinem Gesicht, das Auffallende seiner Erscheinung schufen in grauer Zeit den Hang zur Isolierung, der kaum so stark ohne den ursprünglichen Anlaß geworden wäre.

Er denkt zurück an die schmerzhaften Wochen, in denen der Schüler, der sich durch einen mit Pomade verklebten Mittelscheitel körperlich auszuzeichnen gedachte, als ›Pomadenaffe‹ gehänselt wurde. Das geschah vor sechs Jahrzehnten. Er erinnert sich auch noch an jenen stolzen Tag, an dem Er erfuhr, daß eine Frankfurter Putzfrau von ihm sagte: »Ein Kopf wie ein Minister«; und sie meinte den physischen Kopf. Doch die Bitterkeit hatte Folgen, der Stolz nicht. Das charakterisiert ihn. Er lebte immer à la baisse mit einem Gedächtnis für sein Versagen und einer Vorwegnahme des Schlimmsten.

Er sucht sich einige Szenen des Triebs zu vergegenwärtigen, den, schon drei Generationen vor Freud, Schopenhauer als einen der mächtigen Antriebe groß ausgestellt hatte; der auch mehr als andere somatische Eigentümlichkeiten die Grenze zum Nichtsomatischen wahrheitsgemäß verundeutlicht. Der frühe Freud war noch naiv in der nur-physiologischen Deutung der Libido. Wie immer ragt auch bei diesem Rückblick nur hier einmal und dort einmal Sichtbares aus dem Ozean der Vergessenen.

Das Begriffsinstrumentarium, das Freud und die Seinen entwickelten, machten es jedem leichter, die Szenen der Libido (wie er diesen Treiber nannte) zu durchschauen – auch zu mißdeuten. Von den professionellen Analytikern abgesehen, untersuchten sich auch viele andere Inspizienten mit Hilfe des neuen Bestecks; und unterwarfen zu leichtsinnig das Unikum den Kategorien, die doch nur Möglichkeiten anbieten. Wer nüchtern ist und keine Angst vor sich hat, wird die Hinweise, die mit der Psychoanalyse gegeben sind, erwägen, aber nicht als Glaube übernehmen: daß man seinen Vater töten und seine Mutter heiraten wolle. Es ist immer komplizierter. Die drei Geschichten seines Leibs sind nicht in der Bibel vorweggenommen worden. Der Gott, der dort seine Autobiographie schrieb (für einen Autonekrolog war es noch viel zu früh) hatte wenig Probleme. Es ging alles sehr ordentlich zu, in säuberlicher Trennung des Einen vom Anderen. Statt einer Introspektion, die wir so gerne hätten (wie war Gott privat?), besitzen wir von ihm nur eine Beschreibung seiner hohen Werke. »Gott schied das Licht von der Finsternis«, und dann, durch »eine Feste inmitten der Wasser«, »die Wasser voneinander« und dann »die Wasser unter der Feste von den Wassern über der Feste«. Gott war ein sichtender Gott, wie später der Scholastiker. Von diesem ordnungsliebenden Herrn unterscheidet Er sich auch darin, daß der Allerhöchste alles so deutlich machte, während ihm selbst alles so undeutlich zu sein scheint. Noch einmal einen Blick auf das Leben seines Körpers zurücksendend, sieht Er, wie verschwommen die Grenzen sind zwischen dem Leib, von dem so viel ausging (auch die Säuerlichkeit der Magenkranken, auch die sexuelle Gier der Tuberkulosen), und dem Leib, auf den so viel einwirkte . . . und unter den stärksten Dompteuren ist auch der andere Mensch, mit dem einer in so undurchsichtiger Intimität verfilzt ist. Gott ist so ordnungsliebend gewesen, den Leib von der Seele zu scheiden, die irdische Liebe von der himmlischen; während Er, kein Gott, verwirrt ist, da Er sich nicht so übersichtlich finden und darstellen kann. Selbst Freud war nicht so klar wie Gott.

Die großen Wege zur Erkenntnis des Wirrwarr Mensch, die im Neunzehnten Jahrhundert gefunden wurden: von Darwin und von Marx und von Freud . . . haben auch unendlich viele in die Irre geführt – auf den Straßen, die zwar zur Einsicht führen können, aber vielleicht nicht in diesem besonderen Fall. Der Ödipus-Komplex ist kein Soll, das erfüllt werden muß, Vergessen braucht nicht unter allen Umständen Verdrängen zu sein. Die Gefahr besteht, daß mit der Wünschelrute ›Überbau‹ und ›Sublimation‹ und ›Entfremdung‹ in ein Leben hineingedeutet wird, was nicht drin ist.

Er hat, soweit Er herausfinden kann (und man sollte den prächtigen Kategorien nicht mehr vertrauen, als zu verantworten ist), weder seinen Vater beseitigen noch seine Mutter besitzen wollen. Er kann den analytischen Dogmatikern nicht den Gefallen tun, in sein Leben hineinzusehen, was Er ihm nicht entnehmen kann. Wir alle stehen, nach Freud, unter Verdacht, uns mit Hilfe der Brille, die er uns geschenkt hat, zu verkennen. Die Interpretationslust wächst und mit ihr die Gefahr der Verfälschung. Unverdächtig ist Stendhals Satz in der Autobiographie ›La vie de Henri Brulard‹, weil er zwanzig Jahre vor Freuds Geburt niedergeschrieben worden ist: »Ich wollte meine Mutter immer küssen und wünschte, daß es keine Kleider gäbe . . . Ich küßte sie mit so viel Feuer wieder, daß sie fast gezwungen war, davonzugehen! Ich verabscheute meinen Vater, wenn er dazukam und unsere Küsse unterbrach. Ich wollte sie ihr immer auf die Brust geben. Man geruhe, sich zu vergegenwärtigen, daß ich sie verlor, als ich kaum sieben Jahre alt war.«

Freud hat nicht geirrt. Er hat Theorien geschaffen, welche tausend Situationen verständlich machen – aber nicht dekretiert, daß jeder seine Mutter besitzen wolle. Die Dogmatiker von Methoden sind noch gefährlicher als die Dogmatiker der religiösen und metaphysischen Phantasie. Er erinnert sich nicht, daß das eheliche Verhältnis seiner Eltern ihn etwas anging; vielleicht deshalb nicht, weil sein Vater schon fünfundvierzig war, als Er geboren wurde. Das einzige, was Er von den Intimitäten der Eltern weiß: seine Mutter erzählte, daß er, kurz bevor er in seinem fünfundsiebzigsten Jahr starb, sehr aufgelegt zu ehelicher Aktivität gewesen war.

Im ersten Jahrzehnt des Jahrhunderts waren die Schwierigkeiten für bürgerliche Teenager, die vom mächtigen Treiber getrieben wurden, außerordentlich. Das Doktor- und Patientinnen-Spiel mit den Kindern, die auf demselben Flur wohnten, ist ihm noch (in Nebel gehüllt) gegenwärtig, im verschwommenen Umriß noch der Hergang, aber nicht mehr die Emotion damals. Deutlicher ist da, wie das petting von heute ätherisiert war im Flirten, in Blumensendungen und Rohrpostbriefen. Viele Jünglinge zelebrierten die Minne für junge Frauen. Er wurde Musikliebhaber, weil die Gattin des Sozius seines Vaters, an die Er Tag und Nacht dachte, ihn in die sonntäglichen Niekisch-Konzerte mitnahm. Schulmädchen waren damals kaum als Freundinnen zu haben, aber Schwestern und Dienstmädchen. Er weiß nicht, ob die vielen inzestuösen Geschichten, die ihm aus jener Zeit bekannt sind, je aufgezeichnet wurden. Er blickt auf sein Leben zurück mit den Augen Freuds, der nicht zwischen himmlischer und irdischer Liebe und dem Ausbruch des Verliebtseins unterschied. In der Zeit, in welcher er mehr als später in physiologischen Begriffen dachte, stellte er sich die Liebe in jeder Form als einen Niederschlag des (sagen wir) Sexual-Hormons vor. Vielleicht hat niemand die Grenzen zwischen dem Leib und der Vielfältigkeit, mit der er zusammenlebt, gründlicher aufgehoben als der Entdecker der rätselhaften tausendköpfigen Libido. –

Strindberg, der Neuzehnhundertundzwölf starb, klagte noch bitter über das Schuldgefühl und die Angst vor körperlichem Zusammenbruch, die mit der Selbstbefriedigung verbunden waren. Sie ist bis heute sagenumwittert und wahrscheinlich, bei sehr vielen, eine lebenslängliche Stillung, auch neben der Aktivität zu zweit: dem Dialog, der aus zwei Monologen besteht; spätestens dann, wenn die Zweisamkeit den lustvollsten zwei Einsamkeiten weicht. Daß die Onanie als unmoralisch diskreditiert wurde, ist noch kein Grund, sie uneingeschränkt zu preisen. Sie wird jedem leicht gemacht zu jeder Zeit, an jedem Ort . . . und verführt so zu Exzessen, die den Körper schwächen können; zumal sie oft nicht ein Ersatz ist, wie man fälschlich denkt, sondern gerade ein Anreiz für die Betätigung zu zweit. Es ist mit der Wollust wie mit dem Hang zum Saufen und jeder anderen Sucht (der Sedativ- und der Stimulanz-Süchtigkeit): die Neigung zu mehr und mehr.

Die Selbstbefriedigung kann nicht ersetzt werden durch die nicht-monologische Betätigung. Erst die Aktivität, die als Selbstbefleckung verketzert wurde, setzt soviel Phantasie frei, wie sie zwei miteinander nicht haben können; da wird die Aufmerksamkeit in Anspruch genommen von Forderungen, welche die Koordination der Partner verlangt. Er las gerade einen deutschen Roman, der diese störenden Ablenkungen, die weder mit Lust noch mit Liebe zu tun haben, die nichts als lästig sind, wahrheitsgetreu beschreibt; die tristitia post wird zu eng als physische oder moralische Erschöpfung gedeutet.

Ist je eine ars amandi geschrieben worden, die nicht nur, erfindungsreich, abwechslungsreiche Variationen des Vergnügens lehrt, sondern auch Techniken beschreibt, die Lästiges ausschalten können? Das Zusammensein von Liebe und Lust und Umsicht, welche die Anwesenheit des zweiten Körpers verlangt, erfordern ein hohes Maß von sehr spezifischer Gewandtheit. Waren seine Erfahrungen unik? Die Liebe schwand, sobald das Liebesspiel begann. Es ist ein Spiel, das nicht von Liebe ausgehen muß, aber ausgehen kann; dann aber wird es ein genußvolles Voran in einer sehr unpersönlichen Eskalation, die keine Parallele hat in der Steigerung anderer Lüste. Der Liebesdialog endet in zwei Monologen, in denen es weder das Unikum gibt noch etwas, das Liebe genannt werden kann; es ist dennoch kein Anlaß, diese intensivste, unpersönlichste, ungeselligste Lust, den Orgasmus teuflisch zu nennen.

Vielleicht ist es eine allgemeine, vielleicht nur eine häufige, vielleicht eine seltene oder auch nur seine Erfahrung, daß, während in der Umarmung die Umarmte wechselte, immer wieder eine andere sein konnte, im einsamen Monolog eine Fixation bestand: auf ein einziges Mädchen in einer einzigen Stunde, die Er in der Phantasie korrigierte. Während der zweisame Weg zur Lust, ob sie von einer Liebe ausging oder unabhängig von ihr war, die Ausschaltung der realen Partnerin gestattete, die ersetzt wurde bisweilen durch eine vertraute, bisweilen durch eine ersehnte, ging der Alleingang, der doch viel chancenreicher ist, was Abwechslung betrifft, immer wieder zurück zu der einen Stunde, an dem bestimmten Tag. Damals rief Er das Mädchen, das in einem anderen Zimmer war, sie mißverstand ihn und legte sich ohne Worte hin, was Er so lange erträumt, aber in diesem Augenblick mit seinem Ruf nicht gemeint hatte. Er war tölpelhaft, es kam nicht recht zur Manifestation der Liebe, schon gar nicht zum Spiel . . . nur zur überstürzten, abwesenden Erledigung. Was mit ihr geschah, weiß Er nicht. Diese Szene blieb ihm (Er hat Gründe anzunehmen: auch ihr) eingerammt durch die Jahrzehnte, ein immer wieder nachgeholtes und verbessertes Damals . . . in der Phantasie.

Er rechnet es zu seinen schwersten Niederlagen, daß Er Lust erfuhr, aber nie die hohe Kunst lernte, die sie erweitert, vertieft, differenziert: die ars amandi. Das ist keine Anklage, eher die Trauer über eine Unzulänglichkeit, die ihm verweigerte, was Er hätte haben, was Er hätte geben können. Er war oft verliebt und liebte innig und ist geliebt worden . . . und hat versagt im Liebesspiel, diesem unersetzbaren, spontanen, kreativen Vorgenuß; vielleicht sind nicht viele fähig dazu, weil sie nichts wissen von der Möglichkeit, den Bereich der Lüste zu erweitern. Es war ähnlich mit dem Essen und Trinken und Atmen und Riechen . . . Er lernte nie, alle Sinne zu den Sinnlichkeiten zu steigern, die möglich waren. Wenn heute das Kulinarische verfemt ist . . . so sollte beachtet werden, es ist sowieso nicht viel verloren, weil es an Kulinariern fehlt. Die Sinne sind noch weniger ausgebildet als das Gehirn; es gibt eine Dummheit im Genießen, welche noch dümmer ist als die Stupidität im Bereich des Verstandes.

Posthum schreibend (wenn Er seine Gegenwart annähernd so umschreiben darf), läßt Er sich noch mehr als je vom Motto seines Lebens führen, das übrigens nie Entscheidungen verhinderte: es ist immer komplizierter. Der explosivste Trieb ist noch mehr als Hunger und Durst abhängig vom Zeitgeist und den Moden des kleinen Kreises, zu dem einer gehört. Die Maîtres de plaisir seiner frühen Jahrzehnte, die ihm einbläuten, wie Wollust zu praktizieren ist, versklavten ihn. Die Lust wurde mitgeformt von einem Usus, den Er nicht zurückwies, weil er die Fremdherrschaft nicht spürte. Der selbstverständliche Konformismus ist viel gefährlicher als der opportunistische.

Nach dem Ersten Weltkrieg war es in dem Kreis, der seinen Horizont begrenzte, selbstverständlich, daß die öffentlichen Feste wie die privaten in dreiviertel verdunkelten Räumen stattfanden; nicht nur in den Ecken, auch auf Korridoren und Treppen lagen sie beieinander und knutschten und tätschelten und spielten verliebt – und waren es oder waren es nicht, und waren oft nicht einmal vom Trieb getrieben. Er merkte nicht, wie angeödet Er war; kein albernes Gespräch konnte so entnervend sein. Aber Er machte mit.

Brachte man ein Mädchen in der Taxe nach Haus, so verstieß es gegen die guten Sitten, es nicht wenigstens zu probieren. Oft war es eine Befreiung, wenn sie nicht wollte; aber wer den Versuch unterließ, galt als unfähig. Er hielt sich an die Spielregeln. Hier ist das Wort sinnvoll; heute ist es eine widerwärtige Gedankenlosigkeit, wenn man von den Spielregeln der Demokratie spricht.

Er hatte gelernt, daß man eine Frau auf die Matratze zu werfen hat, getrieben oder nicht vom Trieb. Er war neben der Pflicht, zu unterjochen, noch vom Don-Juan-Komplex besessen: daß nicht die Eroberung zählt, sondern das Erobertwerden; Don Juan war eher passiv. Da ihm aber die Frauen, in die Er verliebt war, nicht nachliefen – und Er nicht alle Kräfte des Körpers und des Werbens aufbot, um sie zu gewinnen, ging Er der modischen Beschäftigung nach: Bürger-Mädchen zu sammeln, die nicht schwierig waren.

Er hat es sich nicht so leicht machen können, Liebe zu kaufen. Es war keine moralische Hemmung, eher eine Illusion, daß nur die Mädchen, die gegen bar arbeiten, käuflich sind. Zu jener Zeit waren die Professionellen weder romantisiert noch in der Mode . . . . und deshalb nicht attraktiv. Er hatte damals einige gehabt, weil seine Freunde ihm rieten, sie als Medizin gegen die Akne zu nehmen. Und da dies Medikament ihn nicht berauschte (übrigens sich auch medizinisch nicht bewährte), kam es, daß dies Zwischenspiel sehr kurz war. Es endete grotesk, als die Eine, die Er unschlüssig in der Berliner Kantstraße angesprochen hatte, ihm, gekränkt in ihrer Berufsehre, versicherte: sein Versagen ginge darauf zurück, daß Er einen Hoden zu wenig habe.

Er sehnte sich nach Mädchen, die ihm nachliefen – aber nicht als Kunden. Wenn Er es heute bedenkt, Er hatte einen kräftigen Playboy-Komplex. Von ihm wurde Er noch mehr getrieben als vom Trieb, der (wie Wissenschaftler bestätigen) am rührigsten zwischen fünfzehn und fünfundzwanzig zu rumoren pflegt, was noch kein Familienminister bedacht hat. Dieser Trieb ist später nicht mehr so eindeutig wie Hunger und Durst, obwohl auch sie nicht so eindeutig sind, wie man glaubt. Hätte die Leporello-Liste nicht so viel Lockung für ihn gehabt, so wäre der Trieb weit weniger aktiv gewesen, weil er nicht nur treibt, auch vom Hang nach Gockel-Ruhm getrieben wird. Der penis gloriosus herrscht vielleicht nicht mehr so unumschränkt wie in seinen frühen Jahren . . . und in der Phantasie der Greise von heute, die nicht vom Stolz auf die Schwächung des ›schwachen Geschlechts‹ losgekommen sind. Die kleinen festen Krieger werden nicht mehr so hochgemut hergezeigt, als es in victorianischen Zeiten Frank Harris noch tat.

Er, der nicht ein Eroberer, sondern unwiderstehlich zu sein wünschte – und nicht für möglichst viele, sondern für die, in welche Er sich verliebt hatte, suchte nie einen edlen Charakter und Klugheit und Bildung der Frau . . . nur Schönheit; und nicht die klassische, sondern die bestrickende, und nicht die der Zigeunerin, sondern das Kätchen von Heilbronn. Wie kleine Männer aus sind auf große Frauen, war Er aus auf schöne. In einer

Bindung, die mehrere Jahre währte, band ihn weder Lust noch Verliebtheit noch Liebe, nur ästhetischer Genuß und Besitzer-Stolz. Er wollte, daß ihr Glanz ihn glänzend machte – und genoß sie wie ein Bild, an dem Er sich nicht satt sehen konnte. Es wäre ihm nicht möglich gewesen, sich mit einem unscheinbaren Mädchen sehen zu lassen. Er wurde kein Heiratsschwindler, weil ihn weder Geld noch Intelligenz noch Leistung anziehen konnte. Der Don-Juan-Komplex und der Venus-Komplex beherrschten ihn. Glücklich allerdings machte ihn nur die Liebe. Sie treibt ihn noch heute zu Tränen des Glücks – auch zum Beispiel, wenn sie ihm durch ein Fernsehspiel vermittelt wird, das unter dem Kennzeichen ›Kitsch‹ einzuordnen ist.

Er hat nie eine Frau als intellektuellen Partner in Betracht gezogen; es gehörte zu den großen Niederlagen seines Lebens, weil es ihn um viele Freundschaften brachte. Die spezifische Vertrautheit, die ihn mit einigen Schulfreunden ein Leben lang verband, band ihn nie an eine Frau. Seine zeitgebundenen Instinkte hatten sich offenbar vor der Frauen-Emanzipation, die Er ohne Einschränkung anerkennt, gebildet. Es war eine Verarmung seines Lebens, daß seine geheime Zensur Mädchen und Frauen, die nicht herrlich weiblich waren, nicht zuließ.

Das »Ehret die Frauen« ist ebenso entmythologisiert wie der Vampyr, wie die Verteufelung im selben Jahrhundert. Er war so ärmlich, ihnen heimlich, ahnungslos zu verweigern, daß sie unabhängig da sind. Er liebte sie nur als Ergänzung. In einer Heiratsanzeige der ›Kant-Studien‹ las Er einst: Kantianer sucht Kantianerin. Er suchte immer (erst heute weiß Er es), was ihm fehlte: Augen, welche unendlich viel mehr sahen als seine; Ohren, welche die verschiedenen Laute der Vögel unterscheiden konnten; Naivität und Heiterkeit und keine Sucht, im Kreis der Kultur-macher mitzureden, und kein Verlangen nach ehelichem Parlamentarismus. Er gab immer lieber nach als zu parlamentarisieren. Gehört dies alles noch zur Geschichte seines Körpers?

Vielleicht nicht; aber das begriffliche Auseinanderreißen von hormonischer und himmlischer Liebe ist nicht möglich; und dann gibt es hier noch ein großes Feld, das, geographisch gesprochen, zwischen ihnen liegt. Verliebtheit braucht nicht dem Trieb und nicht der Liebe zu entstammen; vielleicht lebt sie von einem der Sinne, die noch nicht entdeckt worden sind. Am nächsten ist sie dem ästhetischen Spieltrieb, der durchaus nicht triebfern ist. Verliebtheit kann das Sexual-Hormon ätherisieren, kann in Liebe ausarten; Verliebtheit kann auch beiden, sowohl der himmlischen wie der hormonischen Liebe, fremd sein. Herzklopfen ist nicht immer eine Begleitmusik, nicht des drängenden Dursts und nicht jener Liebe, die man die platonische nennt. Verliebtsein bringt ein Spiel hervor, das eine andere Praxis hat als die ars amandi ... und kann sich erfüllen ohne Knalleffekt und ohne Beatrice. Nur das Verliebtsein kennt die Fixierung auf einen Typ.

Man hat, scheint ihm, kaum bemerkt, daß tristitia post nicht nur die eine Situation benennt: zwei schlaffe Körper, weniger entspannt als abgespannt, weniger nach befriedeter Lust als lustlos, belästigt vom Nebenkörper, liegen beieinander. Man denkt an die schweren Bäuche, die nach Saufereien ebenso schwerfällig und abgefunden beieinander hocken. Und dann kann die Tristitia danach, ein leibliches Phänomen, noch einer anderen Trauer entstammen: der Abwesenheit einer Liebe, die vorher da gewesen war. Die Sättigung der Lust hat ihn manchmal aus dem Paradies der Liebe vertrieben; und vielleicht entstand aus solchem Vermissen, Entbehren die alte Unterscheidung zwischen der himmlischen und irdischen Liebe. Nur als Trick von Priestern und ähnlichen Machthabern hätte sich diese mehr als tausendjährige Scheidung und Verherrlichung und Verurteilung nicht halten können.

Jeder erfährt sein eigenes Leben auch im Licht oder Zwielicht der Theorien, die im Schwange sind. Die himmlische Liebe war in seinen Jahren Thema für ›Das Wort zum Sonntag‹; dann hatte eine mächtige Wissenschaft das Sonntägliche vertrieben. Ihre Konstruktionen können sehr nützlich sein, um einen Singularis dort, wo er nicht singulär ist, zu erhellen; können aber auch verdunkeln – nicht weil sie falsch sind, sondern nur nicht anwendbar auf diesen besonderen Fall. Freud, der mächtige

Entdecker, wurde auch eine mächtige Gefahr. Er hat den Lust-
trieb zum Fundament jeder Liebe gemacht: »Liebe ist gehemmte
Sexualität« – und hat dieser Liebe einen feinen lateinischen Namen gegeben: ›Sublimation‹. Die himmlische Liebe wurde also
zum Überbau eines gar nicht feinen Drangs. So verwandelte sich
der alte platonisch-christliche Dualismus in einen neuen Monis-
mus, der tausendmal recht hat . . . aber auch das tausendunderste
Mal? Großartig wurde die gehemmte Lust, die in Geist ausartet
oder in Pathologisches, als Sublimation und Verdrängung
diagnostiziert – aber nicht bisweilen zu Unrecht? Auch Er sah
sich und andere durch die scharfe Brille, die Freud geschliffen
hatte, und durchschaute viel; vielleicht aber auch noch dort, wo
es nichts zu durchschauen gab?

Die Briefe deutscher Nonnen aus dem zwölften Jahrhundert
berichten: daß sie nachts die Tür auflassen, damit der ›Bräuti-
gam Jesus‹ jederzeit eintreten kann. Wer kommt im Jahrhundert
Freuds auf die Idee, daß – vielleicht! – diese Wendung zur ste-
reotypen Metapher geworden war, selbst wenn sie ihren Ursprung in einer Sublimation gehabt haben sollte? Marx und
Freud zeigten in den fruchtbaren Kategorien, die sie geschaffen
haben, Möglichkeiten an. Die tausend Benutzer ihrer Brillen
verdarben sich oft die Augen. Wie man einst die Bedürfnisse des
Leibes verschleierte und verketzerte, so hat nun die Vokabel
›Sublimation‹ vielleicht der himmlischen Liebe angetan, was vorher der irdischen geschehen war. Die animalische Liebe, die sehr
menschlich sein kann (vielleicht auch bei manchen Tieren und
nicht nur bei einem poetisierten Bär, bei Heines Atta Troll), hat
sich gerächt, wie es in Revolutionen zu gehen pflegt, in denen die
einst Unterdrückten die Unterdrücker von einst unterdrücken,
so daß es wiederum einer Befreiungsschlacht bedarf: die Aufklärer haben heute an zwei Fronten zu kämpfen. Die himmlische
Liebe, wo sie nicht eine Verschleierung ist, muß rehabilitiert
werden. Jeder hat mit seinem eigenen Leben zu beginnen.

Er untersuchte peinlich die Vergangenheit: wie weit sein Körper
heimlich mitgespielt hatte. Seine Erkundungen, die nie von

Doktoren der Psyche geleitet, aber deshalb auch nicht verfälscht wurden, zeigten ihm das umrißlose Gebilde Liebe, in dem sich mindestens zwei unterscheidbare Lieben isolieren lassen: der sensationellste, am Körper sichtbare Ausbruch einer Lust oder die mühselige Veranstaltung zu ihrem Behuf; und dann die himmlische mit ihren vielen Himmeln. Viele sind versunken, aber einige sind noch gegenwärtig zu machen: Freundschaften, Anhänglichkeiten und ein Zuzweitsein, das so sehr Einssein wurde, daß das Opfer des eigenen Lebens für ihn nur die Aufgabe eines Teils seines Ichs für sie gewesen wäre. Diese Liebe ist zur ›platonischen‹ über Gebühr eingeengt und zur sublimierten Libido über Gebühr verbreitert worden. Platon und Freud wollten die Liebe in die Gewalt des Begriffs bringen und erreichten es und scheiterten unvergeßlich.

Es gibt viele Himmel der einen Liebe, die, von der Libido abzuleiten, ihm waghalsig erschiene. Jeder sollte die Theorien, die ihm im Lauf des Lebens angewachsen sind, bisweilen vergessen und den eigenen Erfahrungen nachdenken. Dann erwachte Er aus dem Schlaf, in den ihn Begriffe eingelullt hatten. Dann klärte Er seine Aufklärung auf – und entdeckte, wieviel himmlische Liebe, auch wieviel Arten von himmlischer Liebe es in seinem Leben gegeben hat. Er hat nicht nur Kinder und Frauen und Vorbilder geliebt; auch Berlin, auch die Nordsee, auch die Boote auf dem Neuen See, auch die Birke in seinem kalifornischen Gärtchen. (Er liebte nicht die Wahrheit, die ihn eher anzog mit einer Art Gravitation.) Liebe artikuliert sich körperlich oder sie ist eine Metapher.

Wenn Er, im ersten Drittel des Jahrhunderts, von einer Reise nach Berlin zurückkam, ging Er eine Viertelstunde vor der Ankunft ans Fenster. Da sah Er, wenn der D-Zug an ihnen vorbeiraste, die Bahnhofsschilder Bernau und Pankow oder Nauen und Spandau, die ihm an sich nichts bedeuteten, weil Er nie dort gewesen war. Sie erregten ihn, weil Er sich der Braut Berlin näherte. Eine Sehnsucht stand vor ihrer Erfüllung. Wie diese Geliebte aussah, kann Er nicht beschreiben; nur daß Er es vor dem Endlich-vereint kaum aushalten konnte. Vielleicht, hätte jemand in diesem Moment ein Kardiogramm gemacht, so wäre dieser Zustand der Liebe auch somatisch formulierbar. Die Sprache kann da nicht viel: die Grenzen des Herzens wurden fast gesprengt ... das ist wieder eine Wendung, welche nur die zum Nachvollzug bringen kann, die Ähnliches erfahren haben. Da hilft weder die Cupiditas noch die Agape und die Sublimation. Er liebte, mit den körperlichen Insignien, die es bewiesen.

Seine Eltern fuhren jeden Sommer nach Norderney. Schon in der Nacht vor der Abfahrt fühlte Er sein Herz im Hals. Nach der Ankunft stürzte Er ans Meer. Er versucht wieder, mit einer blassen Wendung den Zustand zu umschreiben: die Liebe ertränkte ihn fast. Er ist geneigt, zu sagen: es gibt viele Liebes-Orgasmen – von denen der eine, der exakt abgebildet werden kann, in diesem Stadium ohne Liebe ist. Platon und Spinoza gaben der Liebe zur Wahrheit die Namen Eros und amor intellectualis. Aber dieser Amor und jener Eros zeichnen sich darin aus, daß sie keine körperlichen Symptome aufweisen.

Er pflegte im Kolleg, beim Einkreisen des Begriffs Glück, als Illustration Nietzsches Poem ›Mein Glück‹ vorzulesen. Er mußte es aufgeben, weil Er sich bei einigen Worten, vielleicht auch wegen des Rhythmus, in dem sie kamen, vor Liebe nicht mehr disziplinieren konnte. Er erinnerte sich an den Greis Wilamowitz-Moellendorff, der bisweilen, beim Zitieren griechischer Verse, vom Katheder sprang und hinauslief, so überwältigt war er: ein Orgasmus – ohne die somatischen Symptome, die man mit diesem Wort verbindet.

Die himmlische Liebe kann nicht durch dies Adjektiv, nur durch genaue Aufzeichnung der Erfahrung beschrieben werden. Wenn Er, in späteren Jahren, an den Berliner ›Neuen See‹ kam, so verschlang ihn eine Liebe (der Er kein Eigenschaftswort geben kann), sobald Er den Landesteg sah und die Boote und die Ruder. Es war, als ob seine Bootsfahrten vor Jahren diese Gegenstände erotisiert hätten. Die Gesichter der Mädchen waren kaum mehr da, auch nicht jene Annäherungen zu einer Zeit, als es das Wort petting noch nicht gab und noch nicht diese routinemäßigen Umarmungen. Was war das für eine Liebe, die das kleine Bootshaus und die schmalen Brücken über dem See weckten? Er glaubt, daß das ›Himmlische‹ immer irdisch konsumiert wurde; auch Beethovens ›Kuß der ganzen Welt‹. ›Himmlisch‹ steht für die vielen Götter und Göttinnen, die nicht einem Obergott gehorchen. Die himmlische Liebe ist wie die irdische irdisch; die Erde, auf der sie vorkommt, hat viele unverbundene Bezirke, die den gemeinsamen Namen Liebe tragen.

Der Mann, der seine Eigenschaften nicht enteignen konnte

Männer und Frauen ohne Eigenschaften (wie Poeten und Interpreten uns sehen, und wie wir uns zu sehen genötigt fühlen) – haben keine Charaktere, sind nicht Engel oder Teufel; auch die Analphabeten werden sich bald als isolierte Nebelflecken empfinden.

Die Ahnen hatten es besser. Waren sie auch nicht anders, so durften sie sich doch handfester auslegen. Eigenschaften traten in Person als überlebensgroße Allegorien auf oder als kompakte Theaterfiguren, man lernte durch sie das Personenverzeichnis der eigenen Seele kennen. Man war ein Geizhals oder ein Faulpelz, arrogant oder treu; es war auch bekannt, wieviel die einzelnen Eigenschaften wert waren. Denn die Tafel der Tugenden und Laster machte jedem klar, wie leicht oder schwer er wog.

In jenen soliden Zeiten herrschten die Listen der Todsünden, wie sie aus vielen Kulturen und Jahrhunderten bekannt sind. Die säkularisierten Erben bilden sich ein, daß mit diesen Mythen und ihren Vokabeln auch zerging, wofür sie standen. Auch wir haben sie, nur sind sie weniger augenfällig. Erbsünde sagen wir nicht, sondern Entfremdung. Wir bildeten keine Bilderschrift aus; aber wo das Unglück begann, wissen die Entfremdeten ebenso, wie es die Sündigen wußten: mit der ersten Ausbeutung oder bei Adam und Eva. Es wird mit dem zweiten Kommen Christi enden oder mit der unentstellten Wirklichkeit. Die negative Wendung klingt heute vertrauter, ein kleiner Wortbetrug. Erkennen wir unsere vernebelten Eigenschaften in den überlieferten wieder?

Was ›Eigenschaft‹ genannt wird, ist noch nicht das, was einem Unikum eigen ist. Bevor es das wird, muß das zuständige Wort wie ein Anzug von der Stange behandelt werden, der nachträglich maßgeschneidert wird; oder wie ein Rohling, der zurecht zu feilen ist, um gerade diese Tür zu öffnen. Auch ist in Betracht zu ziehen, ob eine Eigenschaft angeboren oder erworben zu sein scheint – und wie: durch Imitation von Personen? Durch etwas, was, von einem Kollektiv herrührend, ›falsches Bewußtsein‹ genannt wird? Durch Fehlentwicklung der Libido? Die Angabe der Herkunft einer Eigenschaft ist selten mehr als eine Wahrscheinlichkeit größeren oder geringeren Grades. Wichtiger ist, in einer case history diesem Jähzornigen, Ungeduldigen, Neidischen, Eitlen ... die Eigennamen seiner Eigenschaften zu finden.

Nicht mit dem Jähzorn beginnt Er, sondern mit seinem. Daß Er ihn zu den Niederlagen zählt, die Er erlitten hat, schiebt Er nicht einer anonymen Tafel des Du-sollst-nicht! zu, sondern seiner, die seinen Namen trägt. Sein Jähzorn war nicht nur und nicht vor allem ›schnell aufflammender Zorn‹ (nach einer herrschenden Definition). ›Jäh‹ wird zu einseitig mit Schnell übersetzt – als qualifiziere sich dieser Zorn vor allem in der Abruptheit seiner Entstehung. Er ist überhaupt keine Version von Zorn, weil der Jähe so blind ist wie der andere Zorn, plötzlich oder allmählich ausbrechend, sehend. Der Zorn war, von Cicero bis zu Börne und Büchner und Ernst Toller, eine Emotion, welche die hellsichtigsten Angreifer befeuert hat; übrigens können auch Irrtümer sowohl hell als auch edel sein. Jähzorn ist keine Glut, sondern eine Wut. Er selbst kennt aus Erfahrung dies buchstäbliche Blindwerden vor Raserei. Hier gilt nicht das Sprichwort vom Blinden, der auch einmal ein Korn findet. Der Jähzornige findet nichts ... und kann in Rage geraten, gestoßen von mancher Ohnmacht.

Was die Herkunft seines Temperaments, das cholerisch genannt wird, betrifft, so hat Er eine nicht aus der Luft gegriffene

Vermutung: daß es auf dem Wege der Tradition, der Familien-Tradition, ihm vermacht worden ist. Als Knabe hat Er mit-angesehen, mit-angehört, wie man sich auf diese Weise (durch Vehemenz, durch den süßen Verzicht auf die gesellschaftlich übliche Kanalisierung der Affekte) entladen, entlasten kann. Sein Vater (gütig, rational, diszipliniert) schrie dennoch im Jähzorn so laut, daß auch die schnell geschlossenen Fenster nicht viel dämpfen konnten. Sein Onkel riß im Anfall am Tischtuch der gut gedeckten Mittagstafel, so daß die pompöse, voll gefüllte Suppenterrine, die funkelnden Römer, viel Meißner Porzellan in Scherben auf dem echten Perser schwammen.

Die Kleinen haben noch nicht gelernt, diesen Ausbruch so theatralisch zu inszenieren; sie trampeln, stampfen, quietschen sich heiser in ohnmächtiger Wut. Auch viele Erwachsene reißen sich nur die Haare aus, haben aber mehr Möglichkeiten, sich zu artikulieren, wenn sie außer sich sind. Er kam nie in Versuchung, im Jähzorn zu morden – auch nicht sich selbst, als stellvertretenden Gegner. Er konnte nicht einmal prügeln. Seine jähzornigen, unbeherrschten, von keinem Gebot gemilderten Attacken waren primitiv genug, aber nie körperlicher Art. Er wäre nicht imstande gewesen, jemand einzusperren.

Grausamkeit war ihm fremd. Sein Jähzorn setzte sich ohne Raffinement, ohne Sublimierung in eine Praxis um, die Er nicht vergessen kann; der Nachruf wäre unzureichend, wenn Er auf diese leidvollen Szenen nicht hinweise. Sein Jähzorn war immer ohnmächtige Attacke – gibt es noch einen andern? Er schrie wie der homerische Ajax; wenn es nicht anders ging, per Post. Er denunzierte einen Ehemann, den Er als Konkurrenten verdächtigte, bei seiner Frau, auf einer Postkarte. Er argwöhnte, daß ein Mädchen ihn verlassen wollte, und telegrafierte an die deutsch-italienische Grenze: man solle sie nicht durchlassen, sie habe ihn bestohlen. Als der siebenjährige Sohn einer Freundin nicht essen wollte und, wenn man ihn zwang, den Mageninhalt von sich gab, stellte Er ihn, weil Er, was Er für Aufsässigkeit hielt, nicht meistern konnte, eine Stunde auf einen Stuhl. Diese Stunde seiner Zwingherrschaft, die nichts erzwang, hat Er nicht

vergessen. Er hatte die Anlage, zu terrorisieren ... und praktizierte den Terror im Jähzorn.

Als Er, in einem französischen Dorf, seine Frau hindern
wollte, spazieren zu gehen, legte Er sich nackt auf die Straße,
vor seinem Häuschen, damit rechnend, daß sie Angst haben
wird, Er könne sich eine Lungenentzündung holen; die Blindheit seines Jähzorns war bisweilen auch raffiniert, dies Raffinement änderte nichts an der Blindheit. Vor grauen Jahren geriet
Er als Theaterkritiker oft außer sich, weil sich die Direktoren
seinen Besetzungswünschen, die völlig uneigennützig waren,
nicht beugten. Sein Jähzorn war immer im Zusammenhang mit
einem Kampf um die Macht, zu dem ihm die Macht fehlte. Das
Finassieren hatte Er nie gelernt, nie probiert. Es gab Zeiten, in
denen Er die große Göttin Skepsis, der Er ein Leben lang die
Treue hielt, verriet – und sich mit der Wahrheit identifizierte,
die größte Sünde aller Idealisten. Aber es ging nicht immer um
Wahrheit. Wie oft um eine kleine Schranke, die ihn aufhielt –
und Er durchbrach sie, im Jähzorn.

Er wollte oft mit dem Kopf, den Er dann nicht zum Denken
nutzte, durch die Wand, die Er nur anschrie. Aus solchen An-
fällen erwachte Er schnell, sobald man ihm auch nur ein bißchen
entgegenkam. Dann war Er sehr klein, für alles zu haben, glücklich, von diesem Sturm, der ihn geblendet hatte, befreit zu sein.
Es ist immer ein Widerstand gewesen, der dies kraftlose Sich-
aufbäumen hervorgerufen hat; also gerade das Gegenteil von
Zorn, der nicht passiv ist, kein Andrang des Blutes, welches Denken und Wollen überflutet. Den Jähzorn verdammt Er als eine
der zerstörendsten Aufwallungen; aber durch diese Verdammung ist sein Leben, soweit es von ihnen mitbestimmt war, noch
nicht schöner geworden. Es sollte eine Kur, eine Technik erarbeitet werden, die diese Pest aus der Welt schafft.

Ungeduld klingt harmloser als Jähzorn, fast wie ein winziger
Schönheitsfehler; es gibt einen zu preisenden Mangel an Geduld,
die, nicht ungeduldig genug, auf Änderung schlimmer Zustände
drängt. Doch es geht hier nicht um irgendeine Ungeduld, son-

dern um seine; sie hatte keinen Glanz. Er könnte versuchen (kennte Er die Geschichte seines Körpers genauer) nach somatischen Ursprüngen seines Jähzorns und seiner ebenso jähen Ungeduld zu fahnden; eindeutig sind nur die Folgen.

Sie sind leicht als Skurrilitäten darzustellen, als Anekdoten, die belustigen. Er betrat keinen Laden, weil Er nicht warten konnte. Seine Schwestern, seine Freunde und Freundinnen, dann ein Leben lang Sascha, auch Beziehungen und Trinkgelder bewahrten ihn davor, warten zu müssen. Wo es nicht anders ging, ging es doch auch anders: Er lief davon und verzichtete. Er versuchte, nachdem Er bereits für die Operation zurechtgemacht war, aus einem amerikanischen Krankenhaus auszubrechen; Er ertrug das Warten nicht mehr. Das klingt recht kauzig; gut genug, um sich vor bescheidenem Publikum interessant zu machen.

Er aber berichtet hier nicht Ulkiges, sondern Niederlagen. Warten heißt: die Leere des Zeitablaufs hinnehmen. Er konnte die Zeit, in welcher Er hingehalten wurde, nie mit Vorstellungen, Gedanken, Lesen füllen. Im Wartezimmer des Arztes, bei Rendezvous, die nicht pünktlich eingehalten wurden, war Er krank von dieser Art von Fesselung. Die Unpünktlichkeit des Todes macht ihn unerträglich ungeduldig. »Mir riß die Geduld« ist eine Wendung, die Er nie gebrauchte; sie konnte nicht reißen, weil Er keine hatte. Auch machte ihn nie Hoffen und Harren zum Narren, weil Er kaum harrte und hoffte; die Unfähigkeit, zuversichtlich zu sein, ist wohl mit der hypertrophen Ungeduld verschwistert. Platon erzählt von Sokrates, daß er irgendwo stehen blieb und Stunde um Stunde sich nicht rührte; doch wartete er auf niemand und nichts, er war verwickelt in die Aktion des Nachdenkens. Ungeduld stammt wohl aus der schlimmen Empfindung leerer Zeit; sie wird wahrgenommen, wenn sie nicht ausgefüllt ist. Diese Wahrnehmung, dies Herausgerissensein, die Ödnis, in die Er beim Warten fiel, peinigte ihn.

Seine Ungeduld wurde besonders schmerzhaft im Traum. Andere haben, wie Er weiß, ähnliche Träume; vielleicht aber sagen ähnliche nicht immer Ähnliches aus. Er will fort und wird blockiert von einem Kragenknopf, der nicht ins Knopfloch geht, vom Schnürsenkel, der reißt; das ist, in seinem Fall, die schmerzhafte Expression seiner Ungeduld, weil Er auch im wachen Zustand dasselbe durchmacht. Die Zähne zu putzen und sich anzukleiden nimmt Zeit. Er ist nur widerwillig bereit, sie herzugeben, weil die Routine ihr keinen Inhalt gibt, andere Inhalte nicht zuläßt; das wäre nur möglich, wenn die morgendliche Prozedur vom Aufstehen bis zum ersten Satz, der niedergeschrieben wird, vollautomatisch wäre. Die leere Zeit, die seine Geduld gar nicht mehr auf die Probe stellte, weil der Test längst vorbei war, quälte ihn im Leben noch furchtbarer als im Traum; und zeigte hier wie da, wie sehr Er nicht zum Dulder geschaffen war.

Diese Unfähigkeit bedrückte ihn tagtäglich. Eine der wenigen manuellen Geschicklichkeiten, die Er entwickelte: Er konnte mit zehn Fingern und blind tippen. Doch war das Manuskript nie brauchbar, weil Er jedes Wort, das Er schrieb, schon längst hinter sich gelassen hatte . . . und so sahen die Seiten auch aus. Das war zu reparieren. Aber dieselbe Ungeduld hetzte ihn auch bei dem Ersinnen von Sätzen. Er konnte nicht warten auf das Wort, das Er suchte. So setzte Er das gerade parate hin, mit Vorbehalt. Dann machte Er am anderen Tag einen zweiten schnellen, stürmischen Anlauf . . . und so ging es fort. Weil Er zu ungeduldig war, mußte Er immer wieder anfangen. Begann Er ein Buch, so schrieb Er es am ersten Tag zuende, dann schrieb Er es um, immer wieder: in einer Woche, in einem Monat, nie mit der Ausdauer des Schritt für Schritt. Er brauchte das Gefühl des Angekommenseins, längst bevor Er angekommen war. Die Geduld, Station nach Station zu durchlaufen, hatte Er nicht; schließlich endete Er zu früh, Er schrieb zu viele Bücher; sie können nicht verglichen werden mit Früchten, die reiften. Ein einziges Motiv dieser Hast kann Er erkennen, obwohl Er zweifelt, daß diese Erkenntnis ausreicht. Schon in seinen Zwanzigern war Er bei jeder größeren Arbeit getrieben vom Wunsch, sie zu vollenden, bevor Er stirbt. Der Tod war wohl einer der Jäger, die hinter ihm her waren. Die vielen anderen sind nicht zu ermitteln; aber der Gejagte kann herausfinden, was sie bewirkten.

Er hatte nie die Geduld, in Bibliotheken zu arbeiten; und versagte sich manches Thema, das ihn lockte. Er hatte nie die Chance, ein Fachmann zu werden: auch, weil es ihm immer schwer fiel, Bücher zu lesen; wer ihn nicht hineinriß (wie Kierkegaard, wie Nietzsche, wie der junge Marx, wie Freud), war ihm versagt. Er hatte nicht die Geduld, sich auch langweilen zu lassen; so war ihm Wichtiges verschlossen. Man müßte das Leben der Aphoristiker untersuchen; wie weit ihre Form mit der Ungeduld zusammenhängt, Einfälle auszuarbeiten.

Er war auch als Lehrer nicht geduldig. Er selbst gab die Antwort, kaum hatte Er die Frage gestellt; und wenn Er auch dies Verhalten jetzt aus dem Defekt seines linken Ohrs ableiten konnte, so ist er wohl nicht der einzige Ursprung gewesen. Es ging ihm immer alles zu langsam: das Essen und Trinken und Lieben und Verdauen und Bücherschreiben und Lehren. Er besaß die wichtigste pädagogische Gabe nicht, Sokrates' Hebammenkunst. Er wartete nie, bis die Geburt reif war. Er hetzte wie der arme Wozzeck, der auch nicht von Menschen gehetzt wurde.

Er ging zu schnell spazieren, wusch sich zu schnell, schwamm zu schnell. Er ließ sich nie das Tempo vorschreiben: nicht von seinem Körper, von niemand und von nichts (was durchaus kein Zeichen der Unabhängigkeit war). In den paar Monaten, in denen Er beim Militär diente, nahm Er die Kommandos immer vorweg. In den Jahren, in denen Er musizierte, konnte kein Metronom ihn in Schach halten; sein fliehender Rhythmus jagte ihn durch die Takte. Noch in den Muße-Stunden hatte Er keine Muße; seine Ruhe war unruhig; seine Rastlosigkeit war nicht (wie Er lange schönfärbend seine Hast auszulegen pflegte) temperamentvoll. In Christus, dem Dulder, wird gefeiert, was ihm, dem Ungeduldigen, immer fehlte: das sich bescheidende Warten auf ein Erwartetes. Dulden kann auch eine Aktion sein. Er glaubt, daß die ersten Christen sehr ungeduldige Juden waren, die im Dulder ungeduldig den Messias vorwegnahmen ... und zugleich verehrten, was ihnen fehlte.

Geduld ist unabdingbar: fürs Agieren genauso wie fürs Meditieren. Es ist ein Unterschied zwischen dem Gehetztwerden und dem Sichhetzen. Wer hetzt hier wen? Vielleicht ein organischer Treiber? Er ist aus Mangel an Kenntnis nicht zu ermitteln. Sein Jäger hat kein Antlitz. Weshalb wollte Er immer weiter: zur Arbeit, zu Tisch, zur Party? Er las, daß es in den nördlichen Gebirgen des Sudan Neger gibt, die kein Ziel haben, also auch keine Ziellosigkeit; dieses sinnlose Hetzen von Ziel zu Ziel, das soziologisch nicht zu erklären ist, schon gar nicht mit aller Welt ›Selbstentfremdung‹. Er weiß nur: Er verweilte nie. Faust hat dieses himmlische Verweilen gar nicht verketzern können, weil er es mit dem Einschlafen verwechselte:

> »Werd' ich zum Augenblicke sagen:
> Verweile doch! du bist so schön!
> Dann magst du mich in Fesseln schlagen,
> Dann will ich gern zugrunde gehn.«

Faust glaubte an das ›Strebend sich bemühen‹, an die Erlösung durch das perpetuum mobile, das Fort- und Fortschreiten. Wer sich aber nach dem ›Verweile doch! du bist so schön!‹ sehnt, trauert über seine Unfähigkeit, nicht verweilen zu können. Rückblickend sieht Er nicht einen Wanderer, der strebend dem Himmel näher kam, nur einen Flüchtigen, der unentwegt forthastete. Wo es kein vergangenes Verweilen gibt, kann man auch nicht von Gegenwart sprechen ... nur vom zukunftlosen Immer-Weiter.

Hing seine Ungeduld mit der aufdringlichen Anwesenheit des Todes zusammen? Jeder, der ihn nicht fortschieben oder mit Bildern vom himmlischen, vom irdischen Paradies übermalen kann, wird vom Gefühl des richtungslosen Vorwärts beherrscht, so daß er weder verweilen kann noch strebend sich bemühen. Wer weiß, daß er keine Zukunft hat, kann auch keine Gegenwart haben. Unrast ist nicht das Pendant zur Rast, sondern zum zielsicheren Aufbruch. Er aber war immer mobilisiert – für nichts. Die Nation, die Klasse, die Menschheit war ihm, der verurteilt war zum sinnlosen Tod, nie eine Erhebung, welche die

Sinnlosigkeit aufhob. Er erkannte im Zufall den Gott über allen Göttern. Er glaubte zwar immer, daß man in dieser Stunde für diese Stunde etwas tun kann; aber nie, daß DER Mensch menschlicher wird. Man soll versuchen, die Welt zu ändern – in Richtung aufs Paradies; sie hat aber keine Kontinuität. Um seinen Tod verwinden zu können, hätte Er ein anderes Angebot haben müssen als das trotzige, stoische Prinzip Hoffnung: eine Wahrscheinlichkeit, eine Gewißheit. Er hat sich nie trainieren können, gründlich zu hoffen. Per aspera – wohin?

Vielleicht hatte seine horrende Ungeduld viele Wurzeln. Ihm scheint, die kräftigste war: es lohnt sich nicht. Man muß den Tod vergessen können, um etwas ausreifen zu lassen, um sich Zeit zu nehmen, anstatt sie hinter sich zu bringen. Man muß die Weltgeschichte zu einer rührenden Erzählung verarbeiten können, um geduldig eine Figur in ihr zu machen. Er sieht sein Leben in diesem Ausrücken vor sich: das Kalenderblatt konnte nicht Schritt mit ihm halten. Es gibt in Strindbergs ›Traumspiel‹ eine Szene, die ihn in seiner Jugend unvergeßlich beeindruckte: in wenigen Minuten wird der, welcher Victoria ruft, von Blond zu Farblos, von Farblos zu Grau, von Grau zu Weiß, von Weiß zu Schlohweiß ... Jahrzehnte schnurren sichtbar in einem Augenblick ab. So zog sich ihm die Zeit zusammen; Er erinnert sich an keine Gegenwart, nur an ein ewiges Vorbeigewesensein.

Für ihn war es immer Gestern – und das Morgen ein schnelles Befördern in ein Gewesenes. Es gibt das gute deutsche Wort gemütlich, leider lädiert durch die Assoziation spießerlich. Er war nie gemütlich. Er hat nie die Geduld gehabt, auf den Tod zu warten – nur die Feigheit, ihm nicht entgegenzustürzen. Er hat (um der Deutlichkeit willen übertreibend) außer Atem gelebt.

Die einen moralisieren obenhin mit Klagen und Selbstbezichtigungen, die anderen schieben der Gesellschaft zu, daß es so schlecht mit der Moral bestellt ist. Die einen messen an einem ihnen überlieferten Register der Sünden, die anderen an einem ebenso überlieferten ›falschen Bewußtsein‹, welches das ungerechte Allgemeinwesen dem Einzelnen anerzogen hat. Strindberg fand die gnädigste Verurteilung: »Es ist schade um die Menschen.« Heute neigt man mehr zur Empörung: es ist eine Schande für die Gesellschaft.

Auch wer es sich nicht so einfach macht, von sich abzulenken und der Societas den braunen oder schwarzen Peter zuzuschieben, wird zunächst die Institutionen untersuchen, die (zum Beispiel) Neid produzieren. Er ist eine Metastase. Der Herd liegt in einem Sich-vergleichen, das nicht zur Aktivität führt, sondern zu jener gefährlichen Resignation, die kein Aufgeben ist, keine Melancholie, sondern eine Opposition, die sich am Beneideten wundreibt. Das Aufbegehren des Thersites, seine Wühlarbeit, ist kein Ringen, sondern ein Leid: passiv, Passion, eine ressentimentalische. Neid ist ein auswegloser Ausweg, eine Mutlosigkeit, die sich auflehnt.

Jeder wird kleiner, sobald er neben einem Größeren steht; ein Akteur wird herabgesetzt, wenn die Buchstaben seines Namens auf dem Plakat winziger sind als die des Vordermanns. Der Erfolgreiche wird nicht beneidet vom Erfolgreichen. Der Mangel an Impetus, welcher die Rangordnung bessern könnte, kann viele Ursprünge haben; man fühlt sich nicht gewachsen, vielleicht aus Faulheit, wenn sie Trägheit ist und nicht Genuß. Es gibt auch eine nicht träge, von den Romantikern bis zu den Subtileren unter den Gammlern hoch gepriesen; man sollte sie Muße nennen, ein Ausbrechen aus dem Alltag der Geschäftigkeit. Friedrich Schlegel hat in der ›Lucinde‹ auf diese göttliche Faulheit einen Hymnus geschrieben.

Sich nicht aufraffen zu können kann vom Blutdruck bedingt sein oder von der Aussichtslosigkeit, die jede Anstrengung abweist, oder von einem Nihilismus, der weder organisch noch gesellschaftlich bedingt zu sein braucht. Aus vielen Gründen kann der Wille zum Hochkommen (und es gibt mehr als einziges Hoch) geschwächt sein. Der aufsässig-resignierende Neid gedeiht besonders gut unter Nachbarn. Die Bürgerin aus Finsterwalde beneidet kaum die ferne Lieblingsfrau des jemenitischen Scheichs um den Schmuck, der sie übersät – eher die Nachbarin, die eine kleine Perle mehr hat als sie selbst; oder die Freundin, die drei Babys hat, sie selber hat erst zwei. Diese neidproduzierende Nähe braucht nicht geographisch zu sein. Der Romancier beneidet nicht den Physiker, der den Nobelpreis erhalten hat, wohl aber den Konkurrenten, der vorgezogen worden ist. Neid wächst am stärksten innerhalb des Blickfelds; aber auch in der nicht räumlichen Nähe. Fühlten sich vielleicht europäische Chirurgen (und ihre journalistischen Sprecher) gedemütigt, weil sie noch nicht so weit waren, wie der Herzpflanzer aus Südafrika?

Neid ist, wie bekannt, ein guter Brennstoff zur Entfachung von Revolutionen (nicht zur Erzeugung). Sieht man den Kapitalisten zur Zeit von Engels' Bericht über die arbeitenden Klassen in England, so erkennt man das Aufreizende, das der dicke Bauch mit goldener Uhrkette für den Abgemagerten ohne Kragen hatte. Wahrscheinlich hatten Platons ›Staat‹ und die sowjetische Räterepublik den Herrschenden Askese verschrieben, um den Beherrschten den Neid zu nehmen?

In der Zeit, in der auch ausgebeutete Neger im Cadillac und ausgebeutete Angestellte in den Ferien nach Tunis fahren, ist der Neid abstrakter geworden. Der sichtbare Kapitalist wurde weniger sichtbar im Establishment. Der Kapitalist ist entpersonalisiert; die Theorie der Neider entschuldigt ihn sogar mit dem System, dessen Opfer er ist. Streicher schuf noch das Bild vom lüsternen Juden; die sittenstrengen Germanen beneideten sie um jede Blondine. Die Studenten schufen noch den Mr. Establishment, weil es leichter ist, eine Person zu beneiden als eine Institution. Aber eins der charakteristischen Zeichen der Gesellschaft ist die Anonymität ihrer Mächtigen und deren Zubehör geworden; sogar die Talare der Professoren sind im Schwinden.

Es ist kein Kraut gewachsen gegen den Neid, es sei denn die Vernunft oder die Schadenfreude; sie ist unter den Mit-Freuden, die viel rarer sind als das Mit-Leid, das einzige Gegen-Mit. Schadenfreude ist so hilfreich, wie Neid hilflos ist: Abbau des Neids. Wird der Beneidete geschädigt, so kommt der Neidische mit weniger Neid aus ... eine Befreiung, die, ganz anders als Jähzorn, ernüchtert.

Er, von dem hier die Rede ist, kennt Leser, die gierig die

Todesanzeigen der Blätter studieren, in denen ihre Freunde und Bekannten mit Anzeigen beigesetzt werden. Ist die Freude an der Tragödie, abgesehen davon, daß Tränen kathartisch wirken können, auch eine Therapie gegen den Neid? Hat der alte Kant sich deshalb die Listen der Verstorbenen von der Königsberger Polizei kommen lassen, um sein Überleben zu genießen, eine Besänftigung des Neides, der alle traf, welche ihn überleben sollten.

Es gibt eine Schadenfreude, die umfänglicher ist als das Erzeugnis des Neides. Auch der nicht beneidete Feind, getroffen von einem Leid, besänftigt den, der an ihm litt; es brauchte nicht einmal sein persönlicher Gegner zu sein. Die Öffentlichkeit stellt Anti-Ideale, negative Idole, parat; sie sind nie beachtet worden wie die Vorbilder. Schadenfreude kann recht unabhängig sein ... man verurteilt um der Gerechtigkeit willen einen wegen einer Ferienreise, die er unternahm, und freut sich, daß sie verregnete, gewissermaßen die Strafe für eine verwerfliche Handlung. Und dann gibt es noch die prinzipielle Schadenfreude, die reinste, losgelöst von jedem Motiv. Der sie genießt, wird erfreut von jedem Schaden, von jeder Katastrophe, falls sie ihn nicht trifft. Nur diese grundlose Lust am Schaden kann erklären, weshalb die Verbreitung schlechter Nachrichten eines der größten Geschäfte ist; auch weshalb der Clown im Zirkus um so mehr erfreut, je mehr Fußtritte er erhält. Das liebe Publikum rächt sich an ihm für viele Niederlagen, die nicht er verschuldet hat. Dies chronische Treten, das Hämische in der Kritik, ist heute ein Hinweis auf die Abwesenheit des Mitleids; sie ist vom Feldherrn-Hügel der Ideologen aus politischen Gründen exerziert worden, auch eine Abwesenheit kann anerzogen sein. Er war vom Mitleid immunisiert gegen diese umfängliche Freude am Schaden ... und nicht genug, um sich nicht den Neid zu mildern durch die Freude an den Niederlagen seiner Feinde, der persönlichen und aller, die in seinem Anti-Ideal untergebracht waren.

Schadenfreude kann also eine mächtige Hilfe gegen den Neid sein. Es gibt noch eine weniger kräftige, die eingesetzt werden kann. Als Heinrich Mann einmal im Gespräch sagte: wenn ich jemand die Höhe seiner Auflagen neidete, müßte ich auch seine Hämorrhoiden wollen, erkannte Er zum erstenmal die Dummheit aller Neidlinge, von denen Er sich nicht vornehm distanziert. Im Neid lebt nicht der Wunsch, mit einem anderen zu tauschen: Person gegen Person; es wird ein beneidetes Partikel isoliert. Neid ist nicht nur eine Krankheit, auch eine Dummheit. Doch genügt diese Einsicht nicht, sie zu entwurzeln. Jede Aufklärung hat den einen Fehler begangen: die Überschätzung der Macht des Verstands. Es ist nichts damit getan, Neid als Torheit anzuprangern. Erkennen ist noch nicht Praktizierung des Erkannten.

Als Er seinen Neid durchdachte, entdeckte Er, daß es zwei Arten gibt . . . und er hatte an beiden teil: dem schönen und dem fressenden. Der schöne zeigt sich im Wort ›beneidenswert‹; ein Mensch ist wert, beneidet zu werden. Man fühlt sich nicht gedrückt, sondern erhoben, vergleicht sich zwar und ist neidisch, erkennt aber die Überlegenheit an und nimmt dankbar, was der Anerkannte zu geben hat. Neid kann überwunden werden von Dankbarkeit. Vielen beneidenswerten Meistern war Er dankbar: dem Meister Eckhardt und Kierkegaard und Marx und Nietzsche und Chopin . . . und wie vielen anderen. Aber dieser Nachruf hätte keinen Sinn, unterschlüge Er den Neid, der in ihm fraß. Es ist leicht, Tote nicht anzufallen mit Neid. Man konkurriert nicht mit ihnen; sie stechen keinen Lebenden aus. Und als Goethe die Funktion hatte, die Nachkommen zu degradieren, lehnten sie sich dagegen auf, beneideten ihn aber nicht.

Nur der Wettlauf bringt den fressenden Neid hervor; das Rennen kann in einem Raum stattfinden, so eng wie ein Laden mit zwei Angestellten und so weit wie der Kulturbetrieb. Aus den Notierungen an der Literaturbörse, die von einem Dutzend Redakteuren der Zeitungen und des Rundfunks vorgenommen werden, geht hervor, welcher Platz einem angewiesen ist. Von einer Verschwörung kann keine Rede sein. Es ist ein Consensus wie der, welcher in hydraulischen Röhren entsteht. Es gibt auch Differenzen innerhalb der Literatur kreierenden Oligarchie, aber nur kleine; und die Nachfolgenden richten sich nach diesen Kursen. Das geht nicht so schlicht vor sich, daß Jüngere und Ältere opportunistisch sind; nur sehen sie nicht mit ihren Augen, sondern mit denen, die der Zeitgeist ihnen aufgedrängt hat. Dies schielende Sehen wird als Mode verkleinert. Die deutsche ist schon fünfzig Jahre alt (unterbrochen von jenen zwölf), also keine. Die Elite Weimars und Bonns ist von der selben Art – und es darf nicht gesagt werden: sie lernte nichts dazu; man lernt nicht aus den Erfahrungen anderer ... und mancher nicht einmal aus den eigenen.

Neid ist ein Rahmenwort, das in jedem Fall, in dem es benutzt wird, einen Eingerahmten erhalten muß, um mehr als ein Abstraktum zu sein. Da Neid in seinem Leben fast ausschließlich im Literaturbezirk seinen Ursprung hatte, muß diese Welt beschrieben werden: sein Verhältnis zu den hier Einheimischen. Sowohl in den Zwanzigern als auch in den Sechzigern ging es in allen Bereichen des kulturellen Lebens um Politik. Das war nicht immer so: es gab Zeiten, in denen die Kirchen, andere, in denen die bildenden Künste, andere, in denen die Wissenschaften im Zentrum der Kultur waren. In seinem Leben wurden Wissenschaften und Religionen und Künste Anhängsel der Politik. Im Rückblick findet Er heraus, daß in den Zwanzigern die Linken den Verfall Weimars besser durchschauten als die Perversionen der Sowjets; Er hielt sich naiv an den Vormärz-Liberalismus, der schon damals tot war, weil seine Forderungen erfüllt und überholt waren ... und in einen Freisinn mündet, der weder frei noch sinnvoll war. Vor Neunzehnhundertdreißig war Er politisch ahnungslos.

Er, ein Defaitist, war zum Neid disponiert, weil Er nie viel von sich hielt. Selbstbewußtsein (im Superlativ: Größenwahn) ist der wirksame Schutz, den Er nie produzieren konnte. Weshalb war Er neidisch? Auf wen? Er muß in Erwägung ziehen, daß seine Ohnmacht, die dem Neid immer zugrunde liegt, nicht jener hochberühmte Minderwertigkeitskomplex war, der, als Komplex gedeutet, die Minderwertigkeit leugnet. Es war viel einfacher: eine Reihe von Zeitgenossen, mit denen Er sich verglich, hatten mehr Genie, mehr Talent, mehr Moral, mehr Kraft ... und Er beneidete sie nicht.

Das aber war nicht alles. Er litt an der Notierung, die Er an der literarischen Börse hatte – und war nicht unschuldig an seinem Kurs. Er legte sich quer, weil Er dem nachgab, was Er (in Theorie und Moral) subjektive Evidenz nennen möchte ... und litt unter den Konsequenzen: Er hatte Mut, Er zu sein – aber nicht zu den Folgen seines Muts. Er war, in Weimarer Zeit, nicht auf der einen politischen Seite und nicht auf der anderen: nicht für Benn und nicht für Johannes R. Becher in der Schlacht, die sie damals einander lieferten. Heute gibt es die eine Front nicht mehr. Benn hat keine Erben, Rechts-Intellektuelle von seinem Rang sind nicht da. Hingegen gibt es viele Epigonen des Weimarer Agitprop und der Weimarer marxistischen Mystik; ein paar Ältere sind heute Epigonen ihrer selbst. Wer aber vor diesen ewigen Utopisten, Dialektikern, Negativisten, Antirepressionisten, die offen sagen, was nur atheistischer klingt als Glauben ... wer vor diesen (raunenden oder jubilierenden) gefeierten Gespenstern das Hasenpanier ergreift, wird als Rückwärtsler gebrandmarkt. Ein ›Reaktionär‹ wie Er hält den neomarxistischen Nebel, der vor-marxistisch ist, noch weniger aus als die altmarxistische Klarheit, welche die Helle eines traditionellen Irrtums hat. Nach rechts könnte Er, auch wenn Er wollte (in Erinnerung an die zwölf Jahre des deutschen Rückfalls) nicht rücken, schon weil rechts, in unseren Tagen, auf dem Niveau Benns nicht mehr artikuliert worden ist. Das bedeutet quer, wenn Er seine Lage so nennt: zwischen denen, die ein Abklatsch sind, und den Anderen, die es gar nicht mehr gibt. Und dieses Quer zeugte seinen Neid.

Er nimmt das Wort ›Non-Konformist‹ nicht für sich in Anspruch, weil es falsch angewendet wird; was sich so nennt, ist in der Regel ein Konformismus, der zu einem anderen in Gegensatz steht. Es gibt nur einen Plural, Konformismen, deshalb sagt das Non nichts aus. Deshalb ist Er auf seine Lage gar nicht stolz. Nur bedauert Er sie als trübe Quelle seines Neids. Er verachtete die elitären Seiltänzer, war nicht bereit, mitzumachen – und wollte die Früchte, die ihnen geschenkt wurden.

Er studiert die lange Reihe seiner Polemiken. Sie waren befleckt, wo sein Widerstand zwar ein legitimes Nein zum Nachplappern war, zur heuchlerischen Tarnung, zum Mitmachen – aber schändlich, weil Er die Laureaten beneidete, nur wegen des Lorbeers. Er wollte den Erfolg, ohne zu wollen, was ihn einbrachte. Er beneidete die, welche Er nicht sein wollte. Dieser paradoxe, unlogische, lächerliche Neid war ihm in seiner Lächerlichkeit nicht bewußt. Er hatte keine Chancen, über ihn zu lachen.

Diese Zwielichtigkeit (sie bestand nicht aus zwei Lichtern, sondern der Trübung des einen durch den Neid) hat seine Polemik von vier Jahrzehnten gefärbt. Er hat in der großen Streit-Literatur lange Zeit nur die Fehde der Geister gesehen. Schopenhauer contra Hegel, Heine contra Börne, Nietzsche contra Wagner, Karl Kraus contra Kerr, Döblin contra Thomas Mann ... nur Kämpfe im Bereich des Geistes? Wie sehr wurden sie auch angeheizt vom Neid? Ist Polemik möglich als akademische Auseinandersetzung, saubere Trennung, kühle Errichtung einer Front zwischen zwei Thesen? Wieviel Neid steckte in diesen Gefechten, die noch viel mehr waren?

Er machte sich die Heftigkeit, welche seine Polemiken zeigten, an einer winzigen Episode klar. Es war in Frankfurt. Sie beide waren Theaterkritiker: der Andere an dem bedeutenden Welt-Blatt, Er an dem regional herrschenden Lokalblatt. Der Dramatiker, um den sie fochten, wurde von dem Anderen gepriesen, Er attackierte ihn; es war auf einer Nebenbühne etwas Ähnliches wie der Berliner Kampf um Brecht. Heute noch hat Er die Überzeugung jener Jahre. Er ist von der Zeit bestätigt worden. Aber woher stammte seine Vehemenz? Vielleicht aus dem Neid: daß der Andere seine Kritik im angeseheneren Blatt publizieren konnte? Der Neid war nicht die Wurzel seines Urteils, aber im Atem seines Streits.

Kühl zurückschauend auf die Reihe seiner recht zügellosen Streitgespräche (zum Beispiel in Darmstadt, mit einem honorigen, gebildeten Politiker), kühl zurückschauend auf die gedruckten, fast unzählbaren Streitereien – beruhigt Er sich nicht damit, daß Er (nach dem Urteil einiger wohlwollender Zeitgenossen) temperamentvoll war. Begnügte Er sich mit diesem ehrenvollen Epitheton, so würde Er unterdrücken, aus welch fragwürdigen Quellen der Ausbruch nicht selten kam. Er haßt nichts mehr als den Neid; und entzieht sich mit dieser Preisgabe nicht dem Eingeständnis, daß Er ihn besudelte, wie Er es auch den größten Streitern antat. Das ist keine Entlastung zu seinen Gunsten, eher ein Wink für Forscher. Er war nie mißgünstig, eine chronische Reaktion. Die Erfahrung: wir sind alle miteinander arme Teufel ... disponierte ihn für Mitleid und Mitfreude. Aber diese Disposition wurde im beruflichen Bezirk blockiert. Kaum produzierte Er Neid in den Jahren, in denen Er in Frankreich und Amerika lebte; da Er weder ein französischer noch amerikanischer Schriftsteller werden konnte, hatte Er keine Gelegenheit, um die Wette zu rennen. Auch gibt es in Amerika kaum eine Literaturbörse von der deutschen Spielart; und seine paar Veröffentlichungen in amerikanischen Fachblättern waren der Absicht nach nur dazu da, die Universitäts-Administration anzuregen, sein Gehalt zu erhöhen.

Auch als Professor hatte Er nicht um die Wette zu rennen und neidete niemand die vornehme Berufung nach Harvard oder Princeton oder Yale, weil Er, flankiert von zwei engen Freunden an seiner Universität, Privilegien genoß, die Er woanders nicht hätte haben können: freedom from Let's-have-lunch-together und Befreiung von Komitee-Sitzungen. Er rühmt sich dieser Privilegien; sie sind wohl einmalig in der Geschichte der amerikanischen Universitäten. Seine französischen und amerikanischen drei Jahrzehnte brachten kaum Neid hervor.

Jetzt, mit der Geschichte seines Jähzorns und seiner Ungeduld konfrontiert, entdeckt Er noch eine zweite Frucht der teuflischen Regung: Neid. Jähzorn und Ungeduld machen blind ... Neid kann den Blick schärfen. Es ist ein Irrtum, dem Spinoza anheimfiel: daß alle Affekte unter allen Umständen das Erkennen trüben. Dem verhaßten Neid verdankte Er manchen Einblick: daß der Kriegshetzer den Friedenspreis erhält, der üble Opportunist als Oppositioneller angebetet wird. Das ist keine Apologie, nur eine nüchterne Bilanz, die sogar dem Neid gibt, was des Neides ist. Trotz dieser produktiven Möglichkeit lehnte Er ihn ab: nicht als unmoralisch, sondern als ein Gift, das ihn verdarb.

Ohne sich theologisch zu interpretieren, kann jeder in den Dekalogen und ägyptischen, babylonischen, christlichen Listen der Sünden die Ausgangsvokabeln finden, mit denen er sich dann durch Differenzierung eindeutig machen kann. Seit Thomas von Aquin setzte sich im Christentum die Tafel der sieben Todsünden durch; und nicht selten war Superbia, vangloria, pride, orgueil, Stolz, Vermessenheit, Eitelkeit Todsünde Nummer eins. Er zieht das Synonym vor, das am stärksten profiliert ist: Dünkel.

Neben dem Alles ist eitel sollte vermerkt werden: Alle sind eitel ... vielleicht, vielleicht nur einmal ein heiliger Franziskus nicht. Die Eitelkeiten können sehr verschiedene Herkünfte haben ... und, selten einmal, recht harmlos sein. Jeder, der an sich eine rechte Freude hat, ist nicht infiziert von der Pestilenz, für die Er sich als Gezeichneter hergibt. Kitty vor ihrem ersten Ball, beschrieben in ›Krieg und Frieden‹, Gretchen, die den Teufelsschmuck anlegt und sich glücklich im Spiegelbild bewundert, Woyzecks Marie, die im Handspiegel die glänzenden Steine bestaunt ... sie sind eitel, aber nicht dünkelhaft. Ihr Narzißmus ist keine Überheblichkeit. Seine Überheblichkeit war kein Narzißmus; denn Er hatte keine Freude an sich.

Eitelkeit ist in vielen Masken glänzend aufgetreten, einmal als Engel, dann wieder als das Böse persönlich: im Bezirk des Tierreichs als Löwe, innerhalb der Pathologie als corporis inflatio, als Schwellung, Wassersucht, Wahnsinn. Als Gestirn war Superbia die Sonne, im Rahmen der Dämonologie die älteste Tochter Mephistos. In der griechischen Tragödie trat sie als Hybris auf; der Papst, frei von allen Makeln, hatte in der Kollektion seiner offiziellen Titel auch die Tugend, welche dem Stolz entgegengesetzt ist: ›Diener der Diener Gottes.‹ So ähnlich wurde es von der Spitze der Hierarchien immer gesagt. Superbia, die ›Sünde des Herzens‹, wurde von der Scholastik in Arbeit genommen und dreifach abgehandelt: als Frevel gegen Gott, gegen den Mitmenschen, gegen sich selbst. Er frevelte sooft Er ex cathedra sprach.

Die zu aufgeklärten Zeitgenossen pflegen mit den überlieferten Theologien und Moralphilosophien kurzen Prozeß zu machen; sie ignorieren auch die noch lebenden Elemente des toten Systems und altersgrauen Vokabulars. Superbia, der Dünkel, ist im christlichen Theismus und im atheistischen Idealismus als die Sünde aller Sünden ausgezeichnet worden. Weil sie in den Gewandungen früherer Jahrhunderte nicht mehr beachtet werden, meinen manche, daß es sie nicht mehr gibt. Todsünde Eins hat heute nicht die Faszination, welche Dichter und Maler und Regisseure ihr einst gaben. Auch sie ist entsinnlicht. Schon vor unseren Tagen war sie zu einer Metapher verdunstet. Er empfindet es als ein Nachteil, daß ihn nicht die Posaunen des Jüngsten Gerichts weckten, wenn Er vergaß, daß Er sterblich war.

Der Dünkel ist nicht mehr ein Weib in prächtigen Gewändern: oben thront ein hohes Haargebäude, in der Hand hält die Stolze den Spiegel, der aus sieben Spiegelchen besteht. Wann und wie wurde Superbia von der ersten Stelle verdrängt? Vor den Tagen der Renaissance war sie: Ungehorsam, frecher Individualismus, ein Störenfried. Im zwölften Jahrhundert rückte die Bourgeoisie mit unersättlicher Gier vor und beunruhigte die frommen Redakteure der Sündenlisten. So erhielt die Habsucht den Thron im Reiche des Teufels. Die verschiedenen Hierarchien sind nur innerhalb des gesellschaftlichen Rahmens zu verstehen, in welchem die Besitzer von Kirchen und Klöstern die Rangordnung machten. Doch versteht Er den Mönch Cassian, welcher Superbia, dem Dünkel, die dunkle Krone verlieh, jenseits seiner Klassensituation: auch Er, ein hoffnungsloser Skeptiker, gehört zur Partei dieses Mönchs ... und würde nie erlauben, daß eine andere Todsünde über den Dünkel gesetzt wird, der den zaristischen Sozialismus noch mehr beherrscht als die berühmt freiheitliebenden Völker.

Was ist mit den anderen Sünden der Liste? Der Zorn hat für sich ins Feld zu führen, daß Jehova berüchtigt zornig war und Christus nicht weniger, als er das Schwert brachte und den

Wechslern Beine machte. Er selbst steht zu seinem Zorn, der manche gute Fehde hervorrief. Die Wollust ist so human, daß Voltaire, ein Aufklärer (also: per definitionem nüchtern), sang: »O Wollust, Mutter der Natur, Venus, du schöne und einzige Gottheit der alten Welt und Epikurs . . .« Und für die Faulheit ist nicht nur der liebe ›Taugenichts‹ zu zitieren, auch Friedrich Schlegels große Apotheose. Schließlich die Schlemmerei. Man muß sie schon deshalb verteidigen, weil der Gaumen eins der rückständigsten, bedürftigsten Entwicklungsländer ist. Wie wenig schlemmte Er, wieviel schlang er herunter! Aber der Dünkel?

Im Jahr vor dem Anbruch des zwanzigsten Jahrhunderts veröffentlichte ein Gelehrter, P. Naecker, die klinische Beschreibung eines Patienten, welcher den eigenen Leib wie einen Sexualpartner behandelt. Naecker benannte diese ›Perversion‹ nach der Figur einer alten griechischen Sage: Narzißmus. Freud machte den Terminus populär. Er fand im ›Auto-Erotismus‹ eine typische Libido-Besetzung in einem frühen Stadium – und weitete den Begriff aus. Narzißmus wurde die Bezeichnung für jedes Gefallen an sich. Das neue Wort ersetzte im Vokabular der feinsten Schriftsteller die alte Eitelkeit und war nicht nur die Kreation einer erfolgreichen Vokabel, auch eine freundlichere Version der alten Todsünde, so etwas wie glorifizierter Dünkel. Vangloria wurde mit einem Glorienschein beschenkt.

Hochmut kommt nicht so sehr vor dem Fall wie vor dem Aufstieg; und hat in seinem spezifischen Auftritt als Eitelkeit des objektiven Geists in persona die Ideologie unseres Jahrzehnts für sich: Vanitas wurde von einem mit Dünkel Geschlagenen als Epiphänomen des Geistigen proklamiert. Edith Sitwell ging noch einen Schritt weiter. Sie pries Pride – und wertete den ›König der Laster‹ in die herrlichste Tugend um. Voll Temperament schrieb sie: »Ich verabscheue alles, was menschlichen Stolz herabsetzt.« Sah Edith Sitwell, Dame Commander of the Order of the British Empire, nicht, daß die Elephantiasis des Stolzes auf die Souveränität der Nation, zu der man gehört, auf das œuvre, das man in die Welt gesetzt hat, mehr Verheerung anrichtet als irgendeine andere Sünde?

Jede Epoche und jede Schicht hat ihre spezifischen Tuereien. Man hat sich im Talar gespreizt, in Uniform, im Gesellschaftsdreß und im Bettelkleid. Brecht schrieb zwar in den ›Sieben Todsünden der Kleinbürger‹: »Stolz ist etwas für die reichen Leute.« Vielleicht aber haben die Armen ihn viel mehr entwickelt, weil sie sonst nichts haben. Die Eitelkeit hatte ihre feudalen, bürgerlichen und proletarischen Szenen; geistliche, professorale und analphabetische. Man kann sich überheben als Einzelner, als Gruppe, als Menschheit. So Schiller: »Wie schön, o Mensch, mit Deinem Palmenzweige stehst Du an des Jahrhunderts Neige.« Es war ein wunderbarer Aufschwung dahinter – und, wie sich nicht erst zu zeigen brauchte (auch Schiller hätte es schon wissen können): ein Größenwahn. Hegels weltgeschichtliche Individuen (von Dichtern abgebildet als ›Jungfrau von Orleans‹, als ›Judith‹) sind Prototypen der Superbia. Auch die Reinsten unter den Stolzen gehen auf Stelzen. Die Blake-Sentenz: »Bescheidenheit ist nur die Vermummung des Stolzes« ist falsch im ›nur‹. Bescheidenheit ist auch die natürliche Folge des Blicks auf Unzulänglichkeit und Vergänglichkeit. Eitelkeit ist vor allem eine Verblendung . . . Er spricht in all diesen predigenden Absätzen immer von sich. Er würde dasselbe sagen, wenn seine Vanitas von der Leistung eines Kant – auch nicht gedeckt wäre.

Kant, von dem die meisten nur wissen, daß er schwer zu lesen ist, nicht, daß er außerdem noch ein witziger Kopf war, leitete das Wort Superbia etymologisch so ab: »Die Neigung, immer oben zu schwimmen.« Auch traf er das Laster im Kern: im Ansinnen an die Mitmenschen, sich selbst in Vergleichung mit uns gering zu schätzen. Aber die Neigung, sich in Szene zu setzen, und der noch viel vertracktere nach innen geschlagene, verinnerlichte Hochmut haben mehr als eine einzige Herkunft. Die Tatsache der Vereinzelung, am sichtbarsten im individuellen Körper (also ein vorgesellschaftliches Ereignis), ist das Fundament.

Die Ich-Bezogenheit ist selbstverständlich; alles Aufbegehren dagegen ist gedankenlos (auch wenn die größten Denker aufbegehrten). Eine Blindheit und Sünde wird das Selbstverständliche erst in der Arroganz: ob sich das Ich von Gottes oder des

Weltgeists Gnaden überhebt. Er durchforscht sein Leben: wo, wann, wie . . . vergaß Er sich, eine Kreatur? Sehr oft!

Es war immer der Wettbewerb unter Feudalen und Bürgern, unter Kapitalisten und Kommunisten, unter Schönheitsköniginnen und weniger schönen Schriftstellern, der ihn verleitete, sich festlich zu illuminieren. Selbst Päpste stehen im Wettbewerb: zum Beispiel mit Beatles, Filmschauspielern und Dirigenten. Der Imperativ: Blühe im Verborgenen! ist gut für die Veilchen . . . nicht einmal für Heilige, die wirken wollen. Ganz ohne einen zur Schau gestellten Stolz geht es nicht.

Sündhaft wird er, wo einer auch ernst nimmt, was er agiert. Der Frevel beginnt, wenn einer sich einbildet, daß Gott oder das richtige Bewußtsein aus ihm spricht. Ein bißchen eitel Getue schadet nichts – wenn nur der Poseur, allein zwischen seinen vier Wänden oder mit einem Komplicen, über sich lacht. Thomas Mann soll es praktiziert haben, nach Vorlesungs-Auftritten.

Skepsis ist die Wurzel aller ›Demütigkeit‹ (wie man einst sagte), ein wirksames Gegengift. Man zeige sie nicht in der Öffentlichkeit, weil sie unter dem Verdacht steht, maskierter Stolz zu sein. Da lobt Er sich den Elfenbeinturm. Hier kann man sich in Ordnung bringen, wenn man sich auf dem Markt zu sehr derangiert. Hier kann man sich entdramatisieren, von den Zehenspitzen auf die Fußsohlen niedergehen, der Superbia ein Schnippchen schlagen. Das ist die angemessenste ›Buße‹ in unpathetischer Zeit. Er begann mit dem Büßen reichlich spät.

In unseren unprächtigen Tagen tritt auch das Sich-überheben unscheinbar auf. Der Papst wird, wie ein amerikanischer Bischof erklärte, auf einem goldenen Thrönchen getragen, damit auch die ärmsten Mütterchen in der Menge ihn sehen können; und die deutschen Ordinarien beginnen ihr Kostüm abzulegen und ganz unauffällig ihr Reich zu regieren. Der Auftritt afrikanischer Stammesfürsten, Thronreden, Staatsempfänge, selbst die Ansprachen des letzten, zeitgenössischen Sonnenkönigs, Laudatores von Laudationen sehen recht zivil aus, verglichen mit den Auftritten früherer Göttersöhne. Die letzten Kutschen und die längsten Automobile strahlen nicht mehr in der Superbia von einst.

Sie zieht sich in die inneren Gemächer zurück. Vor hundertfünfzig Jahren konnte Heinrich Heine den Ordinarius Professor August Wilhelm von Schlegel so schildern: »Herr August Wilhelm von Schlegel trug Glacéehandschuhe und war noch ganz nach der neuesten Pariser Mode gekleidet; er war noch ganz parfümiert von guter Gesellschaft und eau de mille fleurs, er war die Zärtlichkeit und Eleganz selbst, und wenn er vom Großkanzler von England sprach, setzte er hinzu ›mein Freund‹ und neben ihm stand ein Bedienter in der freiherrlichsten Schlegelschen Hauslivrée und putzte die Wachslichter, die auf silbernem Armleuchter brannten, und neben einem Glase Zuckerwasser vor dem Wundermanne auf dem Katheder standen.« Heute umgibt selbst den Snob-Professor nur noch der abstrakte Glanz, personifizierter Weltgeist zu sein.

Aber noch vor fünfzig Jahren sah Er Maximilian Harden am Vortragspult: das gekräuselte Haar machte ihn zum glorifizierten Friseur, die Worte dufteten nach allen Gerüchen Arabiens, er streifte die weißen Glacéehandschuhe ab und massierte sie dann wieder sorgfältig über die Finger, zog sie wieder herunter, massierte sie wieder an... In der Kirche gibt es noch die große Oper, die es im Opernhaus nicht mehr gibt: an einem Palmsonntag, in St. Peter, wandelte der Kardinal Merideval an der Spitze seiner hierarchisch gegliederten Unterpriester durch das Mittelschiff, heute gibt es das außerhalb nur noch, wenn der Chefarzt die Prozession der Assistenzärzte und Schwestern anführt, ehrfurchtbietend über den langen Korridor wandelnd, an dem die Zimmer der Patienten liegen. Die institutionalisierte Superbia ist im Schwinden.

Da Er nie Präsident von irgend etwas war, nie ein Festredner, nie ein Gefeierter, nie dekoriert an irgendeinem Körperteil, nicht einmal tätowiert, kann Er von den Eitelkeiten, zu denen Er keinen Zugang hatte, nichts erzählen. Als Ordinarius an einer amerikanischen Universität trat Er nie in der feierlichen Robe auf; seine Freunde entsprachen seiner Bitte, ihn nie zum head of the department zu machen. Ein Film, der ihn in all seinen Jahrzehnten abbildete, könnte heute nicht eine einzige Szene zeigen, in der Er glänzte.

Seine glanzlosen Tage beweisen noch nicht, daß Er nicht vom Dünkel okkupiert war; vielleicht von einer Art, optisch kaum einzufangen. Er hielt die Saturnalien des Hochmuts unter Kontrolle. Als der Knabe Richard Wagner den Meister Carl Maria von Weber dirigieren sah, entstand die Sehnsucht: »Nicht Kaiser und nicht König, aber dastehen und so dirigieren.« Auch Er suchte sich eine Bühne aus, wollte aber zugleich im Vordergrund sein und im Versteck: nicht Kaiser, nicht König und nicht Dirigent – sondern ein deus absconditus.

So begann es: für ihn war damals das Theater der ideale Schauplatz seines Auftritts. Er imaginierte: ein Stück von ihm wird aufgeführt, im Parkett sitzt die Kronprinzessin Caecilie, in die Er sich, an ihrem Hochzeitstag, verliebt hatte, Gerhart Hauptmann, Alfred Kerr ... Der Beifall ist frenetisch. Er steht im Hintergrund einer Proszeniumsloge, kaum zu sehen, aber zu ahnen. Auf der Bühne sich zu verbeugen, lehnte Er schon damals als plebejisch ab. In dieser frühen Sehnsucht war seine unike Eitelkeit präformiert: eine geistige Leistung wird öffentlich von der Dame seines Herzens, von den Männern, die Er verehrt, bejubelt; Er selbst ist anwesend und wiederum nicht. Er fühlt sich erhaben – und möchte es nicht zeigen.

So blieb es. Er sehnte sich, in feinen Partys anwesend zu sein, aber nur minimal. Er konnte sich diesen Wunsch bescheiden erfüllen, als Er begann, in der Wohnung seiner Eltern Vorträge zu halten. Er empfing ein Mädchen oder einen jungen Mann auf seinem Zimmer, in Privat-Audienz. Nur ungern mischte Er sich unter die Gäste. Als Er in einer Biographie las, daß sie Franz von Liszt die Pferde seiner Reisekutsche auszuspannen pflegten, um ihn ins Gasthaus zu tragen, bedauerte Er ihn sehr; von Tausenden umjubelt zu werden, fand Er schrecklich, weil der Erlauchte zur anonymen Projektion des Triebs, anzubeten, herabgesetzt wird. Er wollte mehr. Sein Dünkel war recht subtil.

Er verachtete ihn immer und zerstörte ihn nie, bis der Tod

seines Mit-Ich auch diesen Affekt welken ließ. Aber jetzt, rückblickend, durchschaut Er die Gebärden seiner Aufgeblasenheit. Sie war nicht immer unsichtbar. Der achtzigjährige Philosoph Adolf Lasson katapultierte sich im Schlußsprung aufs hohe Katheder; wie oft hat Er ihn imitiert, wahrscheinlich zur Schaustellung seiner Vitalität. Er hat die Gestik seiner Anmaßung vor allem von einigen Professoren gelernt, die Er sehr verehrte. Durch die Zeiten geistert stur das Paar Egoismus und Altruismus. Ihm scheint das Paar ›Stolz‹ und ›Demut‹ gravierender zu sein. Vielleicht weil ihm die Überheblichkeit, das Innerste des Stolzes auf sich, immer die Sünde Nummer Eins war, hat Er ihre Manifestationen so selten in sein Bewußtsein gelassen und kann sie deshalb nicht ausreichend ausmalen. (Es muß aber noch einmal betont werden, daß Er sich nicht heruntermacht, sondern beschreibt.)

Am besten ist ihm noch der Stolz dessen, der gedruckt wurde, und über den einiges gedruckt wurde, zugänglich. Zwar las Er nicht immer noch einmal seine alten Bücher wie der liebe F und sogar in einer Gesellschaft, abseits; die leiseste Vorlesung, die Er je erlebt hat. Er war nicht einmal bereit, seine Bücher von Einst vor dem Neudruck durchzusehen, aus Furcht vor dem, was schlecht gemacht war. Aber seit jenem frühen Tage, als Er an einem Kiosk auf die Berliner Morgenzeitung wartete, in der sein erstes Rezensiönchen erschien, entwickelte Er eine Sucht, seinen Namen gedruckt zu finden. Narzißmus? Dünkel? Diese Abartigkeit scheint nicht selten zu sein. Kürzlich fand Er in einem Schlüsselroman, in dem der Autor auch sich zu verschlüsseln suchte, sein Leid auf Kollegen projizierend ... hier also tauchte das Geständnis auf, daß jeder Tag verpfuscht sei, an dem die Gazetten nicht von ihm Kenntnis nehmen. Spät erst entdeckte Er, daß einer, wenn er freundlich im Druck erwähnt wurde, sich überschwänglich auf gleiche Weise bedankt. Diesen Austausch praktizierte Er nie; nicht aus Moral, sondern aus einem Stolz, der kein Dünkel war.

Versunken in die Szenen seiner sehr expressiven und wieder sehr verinnerlichten Eitelkeit, entdeckte Er drei Arten, und jede verdiente einen anderen Namen: die naive Freude an sich; die Hybris, der Dünkel, die Aufgeblasenheit, die Überheblichkeit; und die dritte, die den befällt, der, skeptisch gegen sich, Beifall braucht, weil er von anderen überzeugt werden möchte, daß er sich unterschätzt.

Er hat nie ein Wohlgefallen an sich gefunden. Narzißmus, Selbst-Liebe war ihm so unbekannt wie Selbst-Haß. Bisweilen ärgerte Er sich über sich, bisweilen fand Er sich ganz passabel. Am widerwärtigsten war ihm, was mit dem naiven Narzißmus nichts zu tun hat: der Dünkel, das Sonnenkönig-Bewußtsein. Es ist oft kollektiv; man bezieht seine Aufgeblasenheit aus der Zugehörigkeit zur weißen Rasse oder zur herrschenden Klasse oder zur geistigen Elite mit ihrer Sondersprache, die einmal Latein war und heute sich im Spezialvokabular für philosophierende Überpolitiker manifestiert.

Wenn Er sich spreizte, so bettelte Er um mehr, als ihm, wie Er glaubte, zukam. Selbsttäuschung war ihm versagt; so legte Er es darauf an, daß die Andern ihn täuschten, indem sie ihm mehr schenkten, als Er verdiente. Nicht Größenwahn, sondern Kleinheitswahn oder vielleicht eine gerechte Einschätzung seines geringen Status war an der Quelle seiner Auftritte als Skribent und Rhetor. Wer sich nicht ansehen kann, braucht Ansehen. Er ist schon voraus, beim nächsten Kapitel: den Folgen seiner Niederlagen.

Zu den Lebensregeln, die jeder lernen sollte, gehört: daß, wer bereits im Licht steht, sich nicht noch bengalisch anleuchten sollte; dann kommt er ins Zwielicht. Das Getue der Götter des Tages ist nur so zu erklären, daß sie an ihre Göttlichkeit nicht glauben ... und deshalb noch nachhelfen und sich so schaden.

In diese Gefahr kam Er nie. Scharf kalkulierend, tat Er immer eher zuwenig als zuviel. Er gab sich immer etwas ärmer, als Er war, und immer etwas erfolgloser. Er fürchtete nie den Neid der Götter, aber der Mitmenschen. Man kann auf kluge Weise eitel sein. Nur die Dummen prahlen mit ihren kleinen Siegen; der Kluge hofft darauf, daß man von ihnen erfahren wird. Aber auch die kluge Eitelkeit ist eine; die Klugheit bezieht sich nur darauf, daß der zusätzliche Schaden vermieden wird: die Lächerlichkeit. Auch das Spreizen, das sein Lächerliches verbergen kann, ist ein Dünkel, im gnädigsten Fall ein gespielter.

IV

Wie Er sich half und wie nicht

Manches ist erst im Bewußtsein da, wenn es einen Namen bekommen hat. Und dann ist er nach Jahren, Jahrzehnten leichtsinnigen, gedankenlosen Verbrauchs abgebraucht, greift nicht mehr, was er einst greifbar gemacht, begriffen hat: der abgegriffene Begriff ist nicht einmal mehr angreifbar. Man könnte diesen Verfall am herrschenden Vokabular nachweisen, in dem Worte wie Dialektik, Entfremdung, Klassenkampf, Konsumgesellschaft ... verhindern, daß noch darüber nachgedacht wird, worauf sie ursprünglich hinwiesen.

In diesem Abschnitt wäre Er, um sich zu mikroskopieren, auf das Wort Kompensation angewiesen: die Bezeichnung für eine Art von Folgen, die seine Niederlagen gehabt haben. Aber man geht, ein halbes Jahrhundert nach Beginn der Popularität dieser Vokabel, zu liederlich mit ihr um, auch in Wörterbüchern der Psychologie. Jede unkontrollierte Anwendung kursierender Begriffe auf neue Tatbestände führt in die Irre. »Ich muß also«, schrieb Tocqueville, »versuchen, sie zu umschreiben, da ich sie nicht benennen kann.« Auch das Wort Kompensation, so verlockend in seiner Kürze, muß nach Möglichkeit umschrieben werden.

Es ist in vielen Fachvokabularen zu finden: des Strafrechts, des Bankgeschäfts und des Warenhandels, der Medizin und der Elektronik; man spricht auch von Kompensationsfarben. Erst Alfred Adler hat es zu einem Haushaltswort gemacht: als (ausweichender oder annähernder) Ausgleich für eine echte oder eingebildete Minderwertigkeit, vor allem auch für eine organische. Eine Schwäche wird ausgeglichen durch eine Stärke ... im selben Bezirk oder einem anderen; das ist zu illustrieren an Körperbeschädigten wie an Schulzeugnissen, bei denen ein Minus in

Mathematik ersetzt werden kann durch ein Plus in Latein. Über-kompensationen sind Anstrengungen, die zuviel des Guten tun – und deshalb schädlich sind. Sie decken in ihrer Aufdringlichkeit eher auf, was verborgen werden soll.

Wer sich hilfsbedürftig fühlt, bildet Institutionen der Selbst-hilfe aus; man kann nicht von Fall zu Fall leben. In seinem Da-sein wurde viel versäumt, weil Er zu lange, drei Jahrzehnte lang, in der Familie geborgen lebte. Erst rückblickend wird ihm deutlich, welche Schutzhütten der Knabe und Jüngling nicht er-richtet hatte; später wurde es schwieriger, war es bisweilen zu spät.

Ihm fällt auf, daß nur selten untersucht wird, womit einer sich nicht half, obwohl dies Mittel oder jenes so nahe lag. Er war nicht, wie Er erst heute herausfindet, darauf aus, seine kör-perliche Schwäche auszugleichen. Anstatt dem Körper mehr ab-zugewinnen, verweichlichte Er ihn; wahrscheinlich, weil Er, zu Hause beschützt und verwöhnt, nicht gezwungen wurde, sich aufzuraffen. Hat der Defaitismus, der sein Leben beherrschte, einen Ursprung in diesem Mangel an Mut zu leben, den Er nicht brauchte, solange Er behütet war? Der ihm fehlte, als es galt, sich zu wehren, sich zu bewähren oder zu unterliegen? Ihm scheint, daß Er von Beginn an nicht ein Frühvollendeter gewesen ist, eher in Gefahr, zu verzichten, weil Er nicht zu kämpfen ge-lernt hatte. Es galt, in jenen frühen Jahren seine lange Nase und seine Akne und seinen lächerlichen Stimmbruch wettzuma-chen durch Pflege seines Äußeren. Er ignorierte es so erstaunlich, so ungewöhnlich, daß Er noch als Dreißigjähriger das Bett einer jungen, schönen Frau ekelhaft beschmutzte. Unerträglich gegen-wärtig ist ihm jener Augenblick, als Er entdeckte, daß Er die elementarsten Reinigungen nicht vornahm. Und gleichgültig war Er auch gegen Anzüge, Krawatten und alles, was den Nackten zu zieren pflegt; es wäre falsch zu sagen, Er war dagegen; es kam ihm nicht in den Sinn.

Ohne Interesse blieb Er für Wagen, die den Besitzer verschö-nern, für feine Adressen und einen renommierten gesellschaft-lichen Verkehr, mit dem Er hätte glänzen können. Der erste

Frack, anläßlich seines Abiturs vom ersten Schneider Berlins, Fabian & Rhiech, gebaut, berauschte ihn; und später eine braune Samtjacke aus schwerem Rips, die Er bei den elegantesten Theaterpremieren der Zwanziger trug. Aber sie hatten, ebenso wenig wie die Hupe des Kaisers, die den Knaben enthusiasmierte, die Er sich leidenschaftlich wünschte, mit Kompensation zu tun. Er hatte nie Interesse für die Hüllen und schönen Rahmen der Nacktheit . . . und benutzte sie nie als Täuschung. Weshalb nicht? Er kann es nicht herausfinden.

Da Er sich fragt: welche Wege der Entschädigung für Schäden an Leib und Seele ihm nie in den Sinn kamen, wird ihm zum größten Rätsel seine lebenslängliche Uninteressiertheit am Geld, dem großen Zaubermittel, das alle Gebrechen, innen und außen, außer Kraft setzen kann. Es wird zuviel von der Konsumgesellschaft gesprochen, als ob das Konsumieren die einzige, auch nur hervorragendste Aktivität einer Gesellschaft im Wohlstand ist. Geld ist (in einer seiner möglichen Funktionen) Macht und setzt Rangordnungen außer Kraft. Geld kann gut, schön und gescheit machen. Er inquiriert, weshalb Er nie darauf aus war, reich zu werden, um seine körperliche Schwäche, seinen Jähzorn, seinen Neid wettzumachen; weshalb Er nicht versuchte, sich mit der Krücke aller Krücken, der Allzweckkrücke Geld, zu helfen. Es wäre leicht gewesen. Sein Vater wünschte, daß der Sohn die florierende Fabrik übernehme.

Es ist nicht so gewesen, daß er zu ›idealistisch‹ war, gar etwas vom Klassenkampf gehört hätte. Es hatte eher damit zu tun, daß Er aus jener bourgeoisen Sekte stammte, welche Geschäfte machte, diese Aktivität aber nicht für fein hielt . . . sogar für jugendgefährdend. Seine Eltern schickten die Kinder aus dem Zimmer, wenn Vater der Mutter heimlich die Ergebnisse der Inventur mitteilte, als ob es sich um Bettgeschichten handele. ›Kaufmann‹ schien dem Jungen nicht fein zu sein; vom ›königlichen Kaufmann‹ hatte Er nie etwas gehört. Was er brauchte, wurde bezahlt. Er war schon Mitte Zwanzig und wußte nicht, was die Wohnung, in der Er mit seinen Eltern lebte, kostete. Er kann bis zu diesem Tage nicht die Zeitungsseite lesen, auf der die

Börsenkurse notiert sind. Was bedeutet ›Schuldverschreibung‹, ›Amtl. nicht notierte Werte‹, ›Steuergutscheine‹, ›Wandelschuldverschreibungen‹? Sascha glaubte an Grund und Boden, als nicht zu erschütternde Währung. Er glaubte an Dollar-Traveller-Checks im Spind. Sie beide lebten in verschiedenen Mythen vom haltbaren Geld. Wovon lebte Er in jener Wirklichkeit, in der man besteuert wird?

Als Er, Ende Zwanzig, seinen ersten Verlagsvertrag unterschrieb, war Er erstaunt, daß Er auch noch Geld bekommen sollte. Und vielleicht war dies seltsame Verhältnis zu dem allmächtigen Mittler geblieben, weil Er nie gehungert und nie gefroren hat. Heute (nachdem der verehrte Lukács ihn vor vierzig Jahren in langen Gesprächen ›materialistisch‹ geschult, nachdem Er die Schriften des jungen Karl Marx zur Zeit, als die Gesamtausgabe in Deutschland zu erscheinen begann, verschlungen hatte), heute weiß Er vom Klassenkampf und von Hunger-Epidemien und vom Mangel an Ärzten und Medizinen in vielen Ländern. Er ist schon lange nicht mehr eine Lilie auf dem Felde. Er rückt sogar (wie der sozialistische Fichte im ›Geschlossenen Handelsstaat‹) die Freiheit, die Würde des Menschen in die zweite Linie, schweren Herzens; in die erste aber Essen und Arzneien und Schutz gegen Kälte. Doch hat sich in seiner privaten Sphäre nichts geändert. Er hat nie auch nur eine Mark zur Verschminkung seiner Minderwertigkeiten eingesetzt. Er hat es nicht gelernt.

Erst jetzt, anläßlich dieser letzten Gelegenheit, fragt Er erstaunt, wovon Er in all den Jahrzehnten gelebt hat. Bis zum Dreißigsten also im Hause seiner Eltern, die nicht reich, aber begütert waren: sein Vater, ein Selfmademan, hinterließ, kurz vor der Inflation, etwa eine Goldmillion, will man seinen Besitz auf einen Nenner bringen. Der Sohn hatte bis dahin nie bedacht, daß der Knabe, der Schüler, der Student, auch noch der junge Doktor der Philosophie (so ähnlich wie die bekannte Lilie) auf dem Felde des Herrn Fabrikanten Carl Marcuse geblüht hatte.

Gibt es einen Roman, in dem die Figuren im Detail nach ihren Beziehungen zum Geld modelliert sind? Leichtsinn, Sparsamkeit, Geiz sind unzulängliche, grobe Charakteristika. Seine Beziehung zum Geld war keine: Er interessierte sich nicht einmal theoretisch dafür. Er las die Schriften des Karl Marx, die den Kampf gegen die herrschende Ideologie betrafen, nie aber das ›Kapital‹. Er verließ Professor Jastrows Kolleg über Ökonomie erst nach der dritten Vorlesung, weil Er sehr gewissenhaft war; und verschlang Georg Simmels ›Soziologie des Geldes‹ nicht dem Thema, sondern dem Philosophen Simmel zu Liebe, dessen Art zu denken, dessen subtilen Stil Er liebte; dachte aber bei der Lektüre des Buchs über Geld nicht einen Augenblick daran, daß auch Er, daß auch der Bettler in der Friedrichstraße vom Geld lebt. Selbst die gewaltige Inflation von Neunzehnhundertdreiundzwanzig, die jedem Kommis eine Lektion in Geld erteilte, weckte ihn nicht auf. Das Vermögen seines (gerade verstorbenen) Vaters schmolz in wenigen Monaten auf fast nichts zusammen, weil die Testamentsvollstrecker, alte solide Bankiers, mündelsichere Papiere nicht antasten wollten. Er selbst kümmerte sich um die Hinterlassenschaft nicht und verdiente zum erstenmal eine Kleinigkeit, mit seinen ersten Büchern; sie waren in massives Leder gebunden, marineblau und grün wie das erste Laub, und zogen zwar nicht Leser, aber Investitionssüchtige an, die aus der Mark ins Leder flüchteten. Der Verlust des Erbes war ihm unbehaglich; aber Er bedachte nicht die Konsequenzen, die auch nicht eintraten.

Zwischen Neunzehnhundertundfünfundzwanzig und Dreiunddreißig verdiente Er zum erstenmal regelmäßig: zuerst als Theaterkritiker in Frankfurt, dann als freier Schriftsteller in Berlin. Hier von der Hand in den Mund zu sprechen, wäre übertrieben; kleine Summen gingen von der Hand aufs Sparkonto, weil Er inzwischen ein Kind als Ehefrau adoptiert hatte. Dann lebte er von Dreiunddreißig bis Sechsunddreißig als armer, aber nicht ärmlicher Emigrant in Frankreich: ein bißchen kam von einem Emigranten-Verlag, ein bißchen von Emigranten-Blättern, ein bißchen von Freunden. Seit Neununddreißig, in den kalifornischen Jahren, ernährte ihn Sascha: mager, solange sie massierte, besser, als sie ein Training zum Ablegen von Augengläsern lehrte. Er selbst gab eine Weile Mrs. Cooper und Mrs. Lubitsch Deutschunterricht; gelegentlich kam Gary Cooper herein, um sein deutsches Ich und Mich zu perfektionieren. Auch lebte Er davon, daß Er in dem offenen Auto, das ihm Christiane Toller geschenkt hatte, einen Hollywood-Hügel hinabstürzte; die deutsche Filmkolonie zahlte reichlich dafür; die Frau Bruno Franks nahm die Gaben in Empfang und betreute ihn.

Er waren Jahre der Armut, nicht der Not. Dann bekam Er als Professor Gehalt von der Universität; und als Er Zweiundsechzig mit einer winzigen Universitäts-Pension nach Deutschland zurückkehrte, hatte Er außerdem noch andere Einnahmen: eine amerikanische Altersrente, eine deutsche Wiedergutmachungszahlung... Und die Schriftstellerei? Lion Feuchtwanger rechnete aus, wieviel ihm eine Arbeitsstunde brachte; es lohnte sich, zu rechnen. Der Mann, von dem hier gesprochen wird, konnte sich keine Genugtuung davon versprechen. Er schätzt, wenn Er alle Arbeitsstunden am Schreibtisch, in denen Er seine achtzehn Bücher schrieb, mit allen Einnahmen, die sie brachten, vergleichen könnte, ergäbe es als Resultat: noch nicht hundert Pfennig für sechzig Minuten. Reich wurde Er nie; denn die deutsche Wohlstandsgesellschaft katapultierte vor allem jene Schriftsteller in den Wohlstand, die ihn offiziell verachteten.

Als Kompensation konnte Geld ihm nie dienen, weil Er nie so hinterher war, so tüchtig, daß es zum Ansehen, gar zur Macht gereicht hätte. Einmal, damals ein Jüngling, war Er drauf und dran gewesen, die blecherne Tochter eines goldenen Vaters zu heiraten; sie schrieb gerade ihre Doktorarbeit über Leroux, den französischen Sozialisten, der ihn mehr interessierte als sie (in der grammatikalischen Zweideutigkeit des Satzes). Er hatte nie etwas gegen das Geld, sah aber nie seine therapeutische Funktion; und wenn Er in späteren Jahren oft (als wäre er ein gewitzter Geschäftsmann) Über-Preise verlangte, so war Er aufgehetzt worden von Freunden, die ihm mitteilten, wieviel die Illustrierte, die ein paar Worte von ihm wollte, für eine Seite Annoncen bekäme. Dann forderte Er sinnlos für wenige Zeilen

Tausende. Er gewann nie eine Beziehung zum Geld und fand es sehr nett, viel davon zu haben.

Bei Durchsicht der Mittel zur Anästhesierung von Schmerzen, herrührend von Niederlagen, stößt Er auf eine uralte Erfindung, immer wieder neu im Wandel der Zeiten: den Sündenbock. Er hat in der Geschichte der Völker und der Einzelnen eine größere Rolle gespielt als Cäsar und Alexander und Napoleon ... Jenes Fabeltier hat viel mehr Realität gehabt als Die Epoche oder Die Kultur ...; es half unendlich vielen Einzelnen, nicht mehr ihre Wunden zu spüren. Die großen Scherbengerichte waren furchtbar fruchtbar. Die, welche Attika in die Verbannung schickte, die Hexen, die exorziert, die rassisch Minderwertigen, die mit Feuer und Schwert ausgetilgt, die, welche das eigene Nest beschmutzen und deshalb in die Sauberkeit geprügelt wurden ... sie sind große Wohltäter gewesen; die armen Gejagten wurden so zu reichen Jägern. Das klingt zynisch und ist nur ein Befund. Alle diese Jagden haben Intellektuelle erfunden; sie sind nicht identisch mit Intelligenten, die keine Spielart Mensch darstellen.

Es gibt diese Sündenböcke auf vielen Ebenen. Zu seiner Zeit fand man diesen Bock im Urheber der Selbstentfremdung. Zwei große Forscher gaben denen, die nicht an den Teufel glaubten, auch nicht an die Weisen von Zion, die Zionisten, auch nicht an den Schurken Kapitalist und Kommunist, eine Gelegenheit, von sich, von ihrem leidenden Ich loszukommen, indem man, was einen getroffen hatte, auf ein streng wissenschaftliches Fabeltier schob. Man erkannte (nach Marx), weshalb man sich nicht mit sich befreunden kann. Man besteht aus zwei Klassen in Konflikt, der Klassenkonflikt innen spiegelt nur den draußen: weshalb man sich nach draußen zu wenden hat, um den inneren zu besiegen. Man kann nicht weiteressen, so voll ist man ... und sieht auf der Leinwand die Millionen, deren Rippen noch der Kurzsichtigste zählen kann. Man gehört zu der einen Menschheit und auch zu der anderen: so erlebten sich politisierende Künstler und ihr Anhang. Proletarier lebten nicht so sorgenvoll, waren nicht so zerfallen mit sich wie gutgenährte Bürgersöhne, die sich Marx und die Delikatessen der Welt einverleibt hatten.

Ihm war diese Empfindlichkeit nicht fremd; aber Er konnte nie dem Sündenbock ›falsches Bewußtsein‹ aufhalsen, was ihn drückte. Geschützt gegen die elementaren Gewalten, verglich auch Er sein Leben mit den Bildern, die von Indien, Vietnam, Arabien, vom Sudan und vom Jemen ... auf ihn eindrangen. Seit dem Ersten Krieg war Er wie jeder Zeitgenosse ausgesetzt dem Leid, das an diesem Tag wie an jedem Millionen Menschen erdulden mußten. In den ersten drei Jahrzehnten seines Daseins wußte Er nichts vom Klassenkampf. Arbeiter kannte Er nicht; kam Er in die Fabrik seines Vaters, so ging Er nie weiter als bis ins erste Zimmer, in dem Buchhalter und Sekretärinnen, nett hergerichtet, saßen, unter ihnen seine Schwester. Er ahnte nicht, daß die Leute, welche die Ware produzierten, ganz anders aussahen und ganz anders sprachen und ganz andere Sorgen hatten.

Auch wuchs Er in einem Ewigen Frieden heran: um Neunzehnhundert, in Deutschland, im gehobenen Mittelstand, wurde dem Bürgersohn keine Möglichkeit geboten, auf Marx zu stoßen, bis Er Marx' Freund Heine las, der vor der Proletarier-Faust zitterte. Selbst in der Sowjetunion lernte Er keine ›Arbeiter‹ kennen, die Neunzehnhundertsechsunddreißig offiziell zur herrschenden Klasse gehörten. Dort begegneten ihm nur Schriftsteller-Delegationen, die Er in Erinnerung hat, als seien sie Zwillinge der heimischen Schriftstellervereine. Die Statuten im Osten sprachen vom Staat der Arbeiter und Bauern, die Statuten im Westen sprachen von friedliebenden Völkern. Und beide Statuten halfen ihm nicht, mit seinem Leben fertig zu werden, weil Er weder den friedliebenden Kapitalisten noch den zaristischen Sozialisten schuld gab an den Wunden, die Er erlitten hatte.

Dann gab es den andern kräftigen Sündenbock: Freuds unterdrückte Libido. Auch dieser Meister hatte eine große Entdeckung gemacht; und dann diente sie den Drückebergern, von sich wegzusehen. Nie hatte Er an seinem Vater gelitten. Carl M. hatte ihm zwar ein lästiges Über-Ich vermacht, aber es konnte sich nicht lange halten. Und Paula M. regierte zwar mit dem Kantschuh, damals dem bewährtesten Schlagzeug; aber beide waren gütig und freundlich und schufen keine repressive Ablagerung. Der Sohn sah keine Möglichkeit, seine Niederlagen loszuwerden, indem Er sie auf Über-Iche, in der Psychoanalyse die Unterdrücker, abwälzte.

Marx und Freud waren die Einflußreichsten, die neben gewaltigen Erkenntnissen auch nützliche Sündenböcke hervorbrachten; manchem halfen sie, von seinen Sünden und Unzulänglichkeiten und Niederlagen abzusehen und sich einem Angeklagten zuzuwenden. Es gab neben den großen Zwei noch andere Produzenten von Sündenböcken. Der Philosoph Georg Simmel, der ihn faszinierte, entdeckte ›Die Tragödie der Kultur‹, deutete das Unbehagen, das von ihr ausging: der Mensch schafft Werke, die ihm als ein Fremdes gegenüberstehen. Er sah nicht nur in den Apparaten, gerade auch in den Schöpfungen der Dichter und Interpreten des Daseins das Fremde, von Menschen geschaffen, aber ein Golem-artiges Eigenleben führend. Von den Wahrheiten, welche diese scharfen Denker gefunden hatten, nährte Er sein Denken ... und bekam keine Hilfe gegen sein Unheil.

Die Hilfe kam ihm, wie Er jetzt sieht, aus anderen Bezirken. Vielleicht läßt sich eine ungefähre Unterscheidung herstellen zwischen den Gegenkräften, die Er produzierte, und den Anästhetika, die Er zu Hilfe holte. Die Grenze ist ungewiß; wenigstens nicht so sichtbar wie die zwischen der Hand und der Maschine, die sie bedient. Will sagen: das Aufgebot an Lüsten, die Er gegen seine Niederlagen ins Feld führte, ist nicht glatt zu trennen von den chemischen Hilfstruppen, die nicht nur das Leid dämpften, auch in Freude verwandeln konnten. Und dann kann Er sich zu einer zweiten harten Abgrenzung nicht bringen: zwischen den geistigen Freuden und den materiellen Genüssen.

Er wurde zwar ein Leben lang überfüttert mit dem platonisch-christlich-deutsch-idealistischen Anti-Materialismus ... war aber ein Jünger Georg Büchners, in seinem Satz: »Es läuft auf eins hinaus, an was man seine Freude hat: an Leibern, Christusbildern, Weingläsern, an Blumen oder Kinderspielsachen, es ist das nämliche Gefühl: wer am meisten genießt, betet am meisten.«

Auch er unterschied nicht zwischen Leibern und Christus-bildern; kein Wort im Schimpfwort-Vokabular der Zeit war ihm so zuwider wie das verächtlich akzentuierte ›kulinarisch‹. Deshalb beginnt Er hier, in der Andeutung der hilfreichen Mächte, die ihm überleben halfen, mit diesem Plural der Lust, nur selten gefeiert, auch schon deshalb nicht, weil man sich ihren Segen kaum eingesteht. Und Er beginnt nicht mit dem großen Tröster, dem sorglosen Penis, weil er nicht mehr besungen zu werden braucht. Auch der (literarisch noch zugelassenen) Schlem-merei bei Horcher wird nicht Erwähnung getan, weil sie (man kann es vielleicht so sagen) als geistnah anerkannt worden ist. Er holt lieber ein paar scharfe Erinnerungsbilder hervor, die weni-ger honorig sind ... und verdammt, verleugnet zu werden.

In diesem Moment sieht er zurück auf einen Berg von Schmalz-stullen mit Grieben. Der junge Doktor ißt in Schlafrock und Pantoffeln, das Fett läuft das Kinn hinab. Szenenwechsel. Er fühlt die schmeichelnde Empfindung des Verdauens, das ihm nie Schwierigkeiten machte und viele wohltuende Erinnerungen hinterließ, die nur deshalb nicht ausführlich zur Sprache kom-men können, weil sie zu diesem Bezirk nie zugelassen wurden. Er sieht sich mit sich versöhnt, wenn Er die roten, den Gaumen entflammenden Pfefferschoten bei Weiss-Szardas aß und den großkörnigen, grauen Kaviar im Moskauer Hôtel Metropol, wo am Samstagabend, dem Tag vor dem freien Tag (wie man dort den Sonntag nennt), die herrschenden Proletarier liebens-wert schlemmten; nur schade, daß es so wenige und keine Ar-beiter waren, obwohl doch das ganze Volk zu den Herrschenden gehörte.

Er schmeckt noch jetzt die erste frische Feige, die Er in Cros de Cagne, im Garten ›Eden‹ (so hieß das Hôtel), erlebte. Er fühlt zurück in die Zeit (zurück-fühlen ist seltener und zuver-lässiger als zurück-denken), in der ihn Freund Meier-Graefe aus der Party holte, um gemeinsam im Garten gegen einen Baum zu pinkeln – das einzige, was ihn je mit Hunden verband. Er erinnerte sich nicht an die Gespräche, die sie bei dieser Beschäfti-gung führten, wohl aber an die sehr singuläre, sehr angenehme kleine Sensation während des Wasserlassens: an den Nachbar und die Landschaft und das begleitende Hochgefühl.

Und Er fühlte sich, blickt Er zurück auf alle seine Hilfstruppen, solidarisch mit dem Gedemütigtsten unter den Bürgern: dem ›Spießbürger‹ in Ost und West. Der ist, in der Fülle seiner Erscheinung, zur Kreation sich tarnender elitärer Spießbürger geworden; ist aber (was nicht gesehen wird) ›authentischer‹ als der Bildungsbürger, mit dem ihn, von dem hier die Rede ist, nichts verband als eine (leider erst spät entwickelte) Abneigung. In einem langen Leben hat Er sich nur langsam vom drückenden Bildungs-Gepäck, dem Stolz der trottenden Alexandriner, befreit ... und will, zum Schluß, den Spießer von schlechter Nachrede befreien, eine nachträgliche Rache, die Er an sich nimmt. Er liebt nicht gerade die spießbürgerliche Enge. Doch verbunden fühlt Er sich dem Mann, der genießend vergißt, was ihm (nach dem snobistischen Vokabular) angetan worden ist. Feindlich gesinnt hingegen ist Er den professionellen Rhetoren, die in publico keinen ›Text‹ promulgieren können, ohne ihn mit einem kräftigen Stück Bildungsgut zu überladen. Zwischen der hochseiligen, artistischen, immer noch einmal repetierten, immer noch einmal wirkungslosen Gesellschaftskritik, ausgeübt von verbiesterten Gesichtern – und dem seligen Behagen derer, die ein Weilchen ihr Unbehagen wegtrösten durch ein kleines Behagen, ist Er auf seiten der Kleinstbürger, nicht aber bei den auf Glanz polierten Rüstungen aus dem Zeughaus sprachlicher Tuereien.

In den Stunden, die ihm Trost gebracht haben, war Er ein junger Mann im gemütlichen Hausrock, der ein liebesüchtiges Wesen abtastete; wieviel ›Lebenshilfe‹ (auch dies ein verfemtes Wort) kam ihm von Tast-Vergnügungen und wieviel große Musiken und wieviel Himmel, Erde und Hölle zusammenholende Theatereien haben nichts gegen das vielfältige Unheil getan, an dem Er litt. Viele Zeitgenossen lieben die kleinen Wohltaten um drei Ecken herum, zum Beispiel im debunking, im Herabsetzen, im rituellen Mord an den Goethes; das entbindet sie von der Selbst-Exekution, der Entschlüsselung ihres Spießerdaseins, ihrer Freude an ihm. Mit jener stellvertretenden Operation, welche die Ärzte und ihre Zuschauer auskosten, nehmen sie sich die Chance der größten Befreiung, der Stunden zu gedenken, in denen ihnen reell geholfen wurde gegen die reellen Schläge des Lebens.

Es wäre immer noch nicht ausreichend bemerkt, wie Er, unter dem Druck seiner vielen armseligen Leiden, immer wieder entrückt wurde, vergäße Er die Lust, die vom Geist kommt. Von ihm war unentwegt die Rede: im Elternhaus, in der Schule, in der Universität und dann noch in der Erwachsenen-Verziehung, die jeder Strebende durchzumachen hat. Man soll nicht immer wieder herplappern, was jeder längst weiß, sondern sich bemühen, den vergessenen, unterdrückten, neu aufscheinenden Wahrheiten seine Stimme zu geben. Zu ihnen gehört an diesem Tag die Einsicht, daß man sich kaum für den Geist als Genußmittel engagiert ... unabhängig davon, was er außerdem noch zu leisten vermag. Wann und Wo und Wie opferte Er gebückt den hohen Werken der Kultur? Der ›Geist‹ wird heute, gut verpackt als Postsendung zugestellt, eine Weltkulturgeschichte mit Bildern: eine elende, verfettete Vettel, hergestellt aus Relikten.

Doch: wie Er sich froh an den unvergeßlichen Augenaufschlag eines knicksenden und diesen Knicks zugleich verlachenden Kindes erinnert, so auch, im selben Sinn – zwar nicht an Hölderlin, aber an den beglückenden Tonfall seines Verses: »Es fallen die ...« Er kann schon nicht mehr weiter zitieren; aber das Niederfallen der Worte, die folgten, war eine ›Lebenshilfe‹ wie die erste frische Feige. Einige Takte (Er weiß nicht mehr von wem), das Bild eines Mädchens aus dem deutschen zwölften Jahrhundert ... wie unendlich viel mehr hat dieser sehr menschliche Geist für ihn getan. Er erinnert sich an den Morgen, an dem ihm eine kleine Wahrheit einfiel; sie verschönte ihm jene Stunde, und gelegentlich fand Er einen Satz, er verschönte ihm, was nicht schön war.

Der Geist als Genußmittel (nach dem Vorbild Georg Büchners einzuordnen in andere gute Dinge, Kinderspielsachen und Weingläser) ... ist streng verboten; auf dem Gift-Etikett steht: Achtung! Kulinarisch. »Liebe Deinen Nächsten wie Dich selbst ...«:

der Nächste ist auch der schuftende Geist, den man liebend in den frohmachenden verwandeln sollte. Die Geistigen aber schwitzen in ihren Laboratorien wie in Alberichs Schmiede. Selbst der verehrte Freud hat im Geist nur ein Asyl gesehen, in dem sich die Lust verstecken darf, und bemerkte kaum, wie süß er schmecken kann, ganz ohne ätherisierte Libido.

Waren die großen Musiken und Bildnereien nicht Wohltätiges, das ihre Schöpfer sich zur Freude bereiteten? Und was die, von denen heute nur, etwas angeekelt, als Konsumenten geredet wird, ebenso brauchten und glücklich verbrauchten, wie das Aroma des Waldes, wie den erschütternden Ruf eines Vogels in Liebe?

Er fragt zurück: womit half Er sich? Mit dem Fleisch der Avokado auf der dankbaren Zunge, mit der Verliebtheit in die Kapriolen eines vierjährigen Mädchens, mit einem einzigen Satz, der strahlte, als wäre er der letzte, krönende eines (nichtgeschriebenen) Buchs. Der Geist weht, aber die Dichter (wie Nietzsche wußte) »lügen zuviel«. Er weht nicht nach einem Fahrplan, womöglich noch im dialektischen Dreitakt. (Hat die Dialektik etwas mit dem zur gleichen Zeit entstandenen Walzer zu tun?) Die Geistler haben den Geist, den großen Manitu, bürokratisiert. Der Mensch ist dies außergewöhnliche Tier, welches das Chaos administrativ überwältigt und auch, in philosophischer Administration, zur Ordnung zwingt. Der Geist kann auch revolutionär sein, man weiß es; am wenigsten ist er es dort, wo er nicht weht, sondern im Korsett der progressiven Negation, der verwalteten, und ähnlicher Zwangsjacken tödlich eingeschnürt ist. Der Geist weht; und die Systeme der eisernen Philosophen und ebenso sturen Anbeter einer Methode und ebenso hartnäckigen Hierarchien verwehen.

Da hier vielleicht zu hoheitsvoll von der Unwahrheit aller Ordnungen gesprochen worden ist, darf Er den Hinweis nicht umgehen, wie wenig auch Er ohne ein Arrangement auskam. Er ist für solch ein Eingeständnis; beliebter ist heute, durch Weglassen der Und und Aber und Folglich den Anschein zu erwecken, als ob jede Pedanterie, auch die sublimste, fehlt. Der Rationalist verdeckt gern, was außerhalb der Ratio geblieben ist.

Das Zurückdenken, Zurückfühlen, auch jenes Zurück, das gegenwärtig zu machen sucht, was einst gewollt wurde ... dies Sich-Zurückwenden zeigt nur eine verschwimmende Landschaft: nicht aufteilbar in Kapitel, nicht abzubilden durch Abteilungen Lehrjahre – Meisterjahre, keine Entwicklung und wiederum kein Stillstand ... was man diesem Gebilde Mein Leben in einem Nachruf, in einer Nachschrift antut, verfälscht es. Es ist deshalb, scheint ihm, unumgänglich, die Erwartung zu zerstören, als sei selbst der glücklichste Autonekrolog mehr als das Auffangen von gegenwärtig zurückgeholten Vergangenheiten mit Hilfe von Begriffen, die vielleicht etwas greifen, vielleicht auch nicht.

Auch er benutzt vage, zu assoziationsreiche Begriffe, um mit ihrer Hilfe Lichtkegel in die Vergangenheit zu schicken, die, was auf ihrem Weg liegt, erhellen sollen. Solch ein erhellender Strahl ist der Begriff Prestige: eine Zusammenziehung von Erfahrungen, die Er mit sich, mit Freunden und Feinden gemacht hat; aber erst dann erhellend, wenn das spezielle Bedürfnis entdeckt wird.

Welch Hunger, welche Prestige-Süchtigkeit hielt ihn in einem Bezirk, den Er sich nie als Hain des attischen Heros Akademos zurechtmachen konnte? Die Abhängigkeit von der elitären Oligarchie kann an vielen Fällen studiert werden. Feuchtwanger, hochberühmt in der Welt, wurde in der Heimat nie anerkannt, nicht einmal als Sozius von Brecht, und litt darunter. Ein anderer Schriftsteller gäbe gern seinen Weltruhm hin für den Beifall der Eichmeister des deutschen Literaturbetriebs. Wie weit war Er Prestige-hungrig? Sehr weit. Aber zum konkreten Fall kommt Er nur, wenn Er herausfindet, wozu Er Anerkennung brauchte.

Geld, Macht, Prestige hatten für ihn immer die eine Lockung – und sie war nicht Begierde nach Weihrauch, Er brauchte Zustimmung nur von sich und von Zeitgenossen, die Er anerkannte; von Joseph Roth, zum Beispiel, der, wie ihm scheint, das makelloseste Deutsch schrieb. Der übliche Applaus war ihm gleichgültig; nein, er war nützlich oder nicht. Er stattet den, dem er geschenkt wird, mit einem segensreichen Certifikat aus: viele alltäglichen Hindernisse verschwinden. Im Reisebüro wird man nicht falsch informiert, der Zahnarzt hat immer Zeit, man darf den Rasen betreten – die vielen kleinen Du-sollst-nicht! verschwinden. Prestige ist eine große Hilfe in dem Bezirk, in dem man es hat. Sein Radius kann so groß sein wie die Welt . . . dann schmiegt sich überall der Alltag den besonderen Bedürfnissen des Besitzers von Prestige an; und kann so klein sein wie ein Dorf, dann verläßt man es besser nicht. Wie oft hat ihm Prestige das Leben leichter gemacht? Nicht oft und nicht in einem weiten Umkreis. Und dennoch denkt Er dankbar zurück an den Fahrlehrer, bei dem Er seine Autoprüfung in den engen Gassen Frankfurts ablegte, und der bezaubernd war in einer Situation, in der Er den Zauber so sehr brauchte. Prestige kann die Vorwegnahme der Utopie für einen Einzelnen sein.

Die heilenden Gegenkräfte, welche der Feindschaft, der Fremdheit zwischen Ich und Er entgegenwirkten, die vielen Krücken, die der Verkrüppelte benutzte, um sich zu helfen, die Anaesthetica, die ihn zeitweilig beruhigten, können zwar säuberlich wie Knoten in der Kladde des Buchhalters mit ihren Namen eingetragen werden; aber das Leben ist nicht säuberlich, ihm ist nicht beizukommen. Es ist nur möglich, Stückchen zu isolieren und dann wieder zusammenzusetzen . . . und ein Mosaik herzustellen, das, wenn man Glück hat, dem Original nicht zu unähnlich ist.

Die Betäubungsmittel werden am Etikett erkannt. Man starrt auf Orgien und beachtet kaum die täglichen kleinen Dosierungen, mit denen einer seine intimsten Differenzen, die viel mehr sind als Konflikte, zum Schweigen bringt. Alle kennen die großen Wege fort von sich: Saufen, zweihundert Zigaretten am Tag, Fressen, sich zu Tode huren . . . Er war zu sehr Bürger, um sich auf eine Besteigung des Piz Palü oder auf Völlerei oder auf geheimdienstliche Abenteuer einzulassen. Seine Anaesthetica bestanden in dem bescheidenen Luxus, den Er sich gelegentlich leisten konnte; doch war Prestige in seinem Leben nie eine gesellschaftliche, als Weihrauch konsumierte Droge.

Den Mit-Redakteuren in Frankfurt, den Professoren und Studenten in Los Angeles und den Mitbürgern in Bad Wiessee, Kreis Miesbach, war es gleichgültig, was für ein Auto Er fuhr. Er war nie gezwungen, seine Position gesellschaftlich zu illuminieren; und Sascha konnte mit dem alten schäbigen Plymouth bei Rita Hayworth vorfahren, bei Mrs. Cotton, bei Mrs. Selznick, um ihnen Lektionen in eye training zu geben; sie genierte sich nicht, ihr häßliches Vehikel neben den glänzenden weißen Cadillacs zu parken, welche die schwarzen Couples der Filmstars zur Schau stellten. Die Schwarzen, die in verfallenen Hütten leben, hatten nichts zum Vorzeigen als diese hellschimmernden Fahrzeuge; in ihnen wurde die Würde des Menschen, ihre Würde, offenkundig. Sie gewannen mit den pompösen Karossen wenigstens für Stunden die Gleichstellung, die man ihnen verweigerte.

Es gibt einen Luxus, den man konsumiert, und einen anderen, mit dem man brilliert. Sie haben wenig miteinander zu tun ... und sind oft nicht voneinander zu scheiden; der brillierende wird seit einiger Zeit Statussymbol (früher wurde er Snobismus) genannt; er ist geeignet, zu verdecken, was gar nicht schön ist. Der konsumierte Luxus hingegen ist kein Symbol, sondern eine Selbstverwöhnung. Immer war Er darauf aus, von sich und anderen verhätschelt zu werden, und schaffte es leider; so entstand die größte Abhängigkeit seines Lebens. Nicht, daß Er sich liebte (derartiges kommt wahrscheinlich nur selten vor); aber Er liebte es, sich zu verzärteln und sich verzärteln zu lassen.

Wie und wie nicht: das gehört zu den Uniken des Unikums. Er liebte auch gutes Essen; wichtiger war ihm ein Zimmer mit Aussicht (aufs Meer oder Berge), wichtiger war ihm das beste Zimmer im ersten Hôtel. Wichtiger als ein dekorativer Pelz war ihm der beste Platz in der Eisenbahn und im Flugzeug, eine privilegierte Behandlung zu Haus und auf Reisen. Er bevorzugte Hôtels, in denen man ihn kannte; und nicht des ehrerbietigen Grußes wegen, sondern weil Er den Anmeldezettel nicht auszufüllen brauchte.

Der Luxus, auf den Er aus war, hatte nie etwas mit Repräsentanz zu tun. Er wollte nicht gefeiert, sondern seinen Bedürfnissen gemäß bedient werden. Er wollte Privilegien: nicht, um standesgemäß zu leben (Er gehörte zu keinem Stand), nicht, um sich über andere erhaben zu fühlen, nur, um beim Zoll schneller abgefertigt zu werden. Der ersehnteste Luxus war, wie gesagt, die Hupe des kaiserlichen Autos oder wenigstens eines Krankenwagens: freie Bahn dem Untüchtigen. Er brauchte nie zu glänzen: weil Er nie auftrat, nie geehrt wurde, sich nie vor einem enthusiastischen Publikum zu verneigen hatte. Auf seine Studenten hätte ein besser angezogener Mann mit einer besseren Wohnung und einem Air von Meisterschaft keinen Eindruck gemacht. Es waren nämlich amerikanische Studenten, die auch vom Parfüm modischer Vokabeln nicht zu reizen sind.

Er lebte nie in einem Kreis, in dem Er zur Selbst-Vergötzung verlockt werden konnte. Wo, wie eingekreist lebte Er? Ursprünglich umfaßte seine Verwandtschaft einen guten Teil der Kinder Israel; an den Geburtstagen seiner Mutter versammelte sich ein kleiner Volksstamm. Doch lebte Er dann ein Leben lang ohne Onkel und Cousinen und Neffen; auch ohne ein Set, so daß eine vornehme Adresse, ein schnittiges Auto, die erlesene Kleidung ihm Prestige hätte geben können. Der freie Schriftsteller kann so frei sein, daß er weder Vorgesetzten noch Untergebenen seinen Lebensstil anzupassen hat. Auch als Feuilletonchef, als Theaterkritiker, als Professor ... konnte Er es sich leisten, in Frankfurt den billigsten Opel, in Los Angeles den verwittertsten Ford, in Bad Wiessee den kleinsten Volkswagen zu fahren. Es ist unter diesen Umständen kein Verdienst, nicht den (Ansehen produzierenden) Verpackungen gehuldigt zu haben.

Ein einziges Mal hatte Er, der durch die Jahrzehnte bis zu diesem Tag in möblierten Zimmern hauste, für kurze Zeit ein Häuschen aus dem roten Holz Nord-Kaliforniens. Es lag im weniger feinen Teil des Benedict Canyons von Beverly Hills, hatte keine Bar und keinen Picasso an der Wand; auch hätten die beiden Besitzer nicht gewußt, was sie mit einem Butler hätten anfangen können, da nie die Auffahrt vor dem Haus zu regulieren war. Er ließ im Gärtchen jene Birke pflanzen, um sich wenigstens daheim von den aufdringlich-staubigen Palmen zu erholen. Und Saschas Luxus war noch billiger: sie kaufte sich nichts; ihr Luxus bestand darin, möglichst oft und möglichst lange vor den Auslagen der herrlichsten Läden zu stehen. Es war nicht Bescheidenheit, und auch Er war nicht bescheiden, wenn Er aus der überalterten Garderobe nicht heraus wollte. Es war nicht edle Anspruchslosigkeit. Es fehlte der entscheidende Anstoß: sie kamen nie auf die Idee, den Leuten Sand in die Augen zu streuen. Es lag keine Veranlassung vor. Sie bezogen schließlich (am Ende ihrer Tage) in einem Badeort, dort, wo er in einer Sackgasse endet (auch sie könnte den nicht seltenen Namen ›Ende der Welt‹ tragen), eine kleine möblierte Wohnung. Hier kosumierte Er den letzten Luxus seines Lebens. Wenn Er auf den Balkon hinaustrat, hatte Er oft genug die Empfindung: die Welt ist untergegangen. Keine Menschen, keine Wagen. So wird die Erde ohne Lebewesen sein. Weshalb tat ihm die Vorwegnahme des radikalen Todes wohl? Sein Blick auf die nicht mehr belebte Erde war nicht dieses aggressive Nach-mir-die-Sintflut. Es gibt eine resignierte Variation. Die vorweggenommene Zufriedenheit mit der leeren, menschenfreien Schöpfung stammte aus der Sehnsucht seines immer irritierten Wesens nach Frieden; und auch aus der Erfahrung des Vergebens.

Seine Geselligkeiten, der Boden, auf dem Prestige wächst, sind abwechslungsreich gewesen – auch hilfreich? Wollte Er sich, um sich von seinen Nöten abzulenken, in Szene setzen? Er schaut sich einige Situationen, die zurückzuholen sind, inquisitorisch an. Er galt als guter Gesellschafter und fragt sich heute: vor wem und weswegen? Der Wille, Eindruck zu machen, kann gezielt sein: einer will einen Posten oder möchte bewundert werden; aber das Ziel kann auch sein: überspielen, was man ist, wenn man sich nicht auf Zehenspitzen stellt. Er studierte diese chronisch Geselligen: die alte Dame, die nicht mehr von ihrem einstigen Ruhm, den alten Mann, der nicht mehr von seiner Zugehörigkeit zur großen Firma leben kann, und wie viele andere; sie fallen zusammen, wenn es ihnen nicht gelingt, die Aufmerksamkeit auf sich zu ziehen. Er selbst hat nie Triumphe gefeiert, gehörte nie zu den Helden des Tages . . . und versuchte oft genug, wenigstens der Held einer bescheidenen Party zu sein. Seine Geselligkeit war eine (wenn auch nicht sehr erfolgreiche) Flucht, fort von sich: hektisch, ein Monolog mit erzwungenen Zuhörern, kaum ein Gewinn, weil Er (um der Deutlichkeit willen übertrieben gesagt) agierte ohne sich, ohne Selbstgenuß. Es ist wie beim Umarmen, wenn man außer sich ist. Dann ist man nur draußen und geht leer aus.

Der freie Schriftsteller übte zur Zeit, als das Schreiben, nicht das Verkaufen, nicht die Selbst-Propaganda den Tag ausfüllte, ein sehr einsames Geschäft aus: verglichen mit der Stenotypistin im Büro, dem Verkäufer, dem Arzt, dem Arbeiter, dem Offizier, dem Stationsvorsteher und dem Staatsanwalt. Der Mann am Schreibtisch, dessen Arbeitsmilieu vier sehr stumme Wände sind, ist gesellschaftlich unterernährt. Er selbst hatte nur zweimal eine gesellige Arbeit, mit Vorarbeitern, Mitarbeitern und Unterarbeitern: wenige Jahre als Redakteur und Theaterkritiker, viele als Universitätslehrer. Aber Er hatte sich beide Stellungen, coûte que coûte, so zurechtgemacht, daß Er sich auch in dieser Zeit den größten Teil des Tages einsam über ein weißes Blatt Papier beugte.

Er arbeitete einsam – und vertrug die Einsamkeit nicht. Deshalb floh Er Abend für Abend zu Menschen: zwischen seinem fünfundzwanzigsten Jahr und dem fünfunddreißigsten ins Romanische Café; was Er dort fand, wurde sein Ideal von Geselligkeit. Man wird nicht eingeladen und sitzt nicht eingekeilt zwischen dem Nachbarn zur Rechten und zur Linken. Man braucht nicht auf den allgemeinen Aufbruch zu warten. Man kommt, wann man will, und geht, wann man will. Man setzt sich an den Tisch, zu den Leuten, die einem in dieser Stunde passen. Ohne aufzufallen, steht man auf und geht zum Nebentisch.

Das Hafencafé in Sanary (zwischen Marseille und Toulon), im Exil, wurde der Nachfolger des Romanischen. Diese Geselligkeit gibt es kaum noch. Man kommt nur noch zusammen, um

Geschäfte zu besprechen oder Manifeste zu redigieren; Akademien, Schriftstellerkongresse sind recht deformierte Romanische Cafés, entstellt bis zur Unkenntlichkeit. Im ›Café Größenwahn‹ gab es, so seltsam es klingt, kaum Größenwahn. Keine Börse des Prestiges regierte diese Geselligkeit.

In Amerika gab es weder das Romanische, noch Institutionen, die es im Deutschland der Fünfziger und Sechziger zu ersetzen suchten: die Buchmesse, Gruppen-Tagungen ... – das unbeachtetste Establishment, obwohl die Liste der etablierten Intellektuellen bekannt ist. In den Staaten fuhr Er einige Male zur MLA (Modern Language Association), dem Jahrestreffen der Sprachwissenschaftler: Anglisten, Romanisten, Germanisten ... Es fand in einem Hôtel statt, das fast ein kleines Städtchen war, man konnte sich hier sogar Schnürsenkel kaufen. Es dauerte eine kleine Ewigkeit, bis man von einem der vielen Fahrstühle, die zu den Auditorien fuhren, mitgenommen wurde. Wer ein von der amerikanischen Polizei gesuchter Sprachwissenschaftler ist, kann sich hier am besten verstecken; es gibt wohl keine andere Stelle in dem weiten, Tausende von Meilen unbesiedelten Land, wo so viele Menschen auf so wenig Quadratmetern zusammengepfercht sind und deshalb jede Fahndung unmöglich machen. Geselligkeit gibt es hier nicht; nur Verabredungen, die nicht eingehalten werden können, weil man vor Menschen keinen Menschen ausmachen kann.

Abend für Abend ging Er damals in Gesellschaften, die ihn langweilten. Ein Gastgeber spielte den Gästen vier große Symphonien pro Abend auf dem Plattenspieler vor, ein anderer monologisierte durchs Monokel wie der Bauchredner via Bauch; ihm aber, von dem hier geredet wird, scheint jede Party erträglicher als keine. So versteht Er heute, herausgefallen aus der Welt der Geselligkeit, dennoch Greise, die sich nur wohlfühlen, wenn sie abends gesellig versorgt – und ein bißchen noch wer sind.

Die Party ist nur eine Spezies von Davonrennen, von dem es viele andere gibt: die politische Versammlung, die Kirche, die Gaststätte, die Bibliothek oder der Stuhl vor dem Fernseher;

es wird nicht behauptet, daß sie alle nur Nachtasyle sind. Doch ist bemerkenswert, wieviel Menschen in diesem Unterschlupf unterkommen, welche die Zweisamkeit von ich und ich nicht aushalten. Er muß diese Flucht beschreiben, um zu zeigen, daß in seinem Leben die Teilnahme am Menschenauflauf nur ein Ersatz war. Er fand nicht Geselligkeit, nur Zerstreuung, die ihn nicht zerstreute, weil Er nicht von sich wegkam. Immer nahm er weniger auf, als Er abgab: sich. Diese agierende Abgeschlossenheit ruinierte sein Leben.

Bei den Großen und Mächtigen war Er nur selten einmal zu Gast. Einladungen beim Universitätspräsidenten, beim Dekan ... sagte Er ab, weil Er sich diesen Zusammenkünften nicht gewachsen fühlte, weil sie ihm eine größere Passivität auferlegt hätten, als ihm bekömmlich war. Und in keiner Sprache beherrschte Er small talk, auch nicht in der deutschen. Er bringt es bis heute nicht über sich, ›kleinkariert‹ zu sagen, oder ›großer Bahnhof‹ oder ›ich bedanke mich‹ (vor 1933 ›Ich danke‹). Er verweigerte sich dem Blabla der deutschen Höchstkultur: wo ›Die verwaltete Welt‹, ›Die heilsame Unruhe‹ und das ›Umstrukturieren‹ sich spreizten. Er wird zu Gesellschaften, in denen diese Sprache grassiert, nicht eingeladen – und hat hier kein Prestige; noch weniger als Er bei den Granden von Hollywood hatte, bei denen Er gelegentlich zu Gast war: als armer, aber respektabler Emigrant oder als Statist oder als Zaungast, ein Outsider innen. Einmal unterhielt Er sich auf solch einer Fête, die mit Ava Gardner und Huston und dieser Preislage bestückt war, ausgezeichnet mit einem Mann, den Er oft auf der Leinwand gesehen, aber nicht wiedererkannt hatte. Später fragte Er: wer ist dieser interessante Herr gewesen? Es war James Mason ... und wahrscheinlich hat man selten in Hollywood so perplex gelacht. Aber auch freundlich verlacht zu werden gibt noch kein Prestige.

Jede Schicht, jede Familie, jeder Einzelne will ein spezifisches. Er sinnt nach, welche Glorie Er eigentlich wollte, zum Ausgleich für unrühmliche Tage. Prestige, immer bezogen auf den Kreis der Menschen, in dem einer es hat, kann, um Entscheidendes zu wiederholen, unmittelbar genossen werden – als Weihrauch, den man schnuppert. Für ihn war es nur so viel wert, wie es Nutzen brachte, kaum als schmeichelnde Illusion über sich. Er war sehr pragmatisch im Anschaffen von Prestige. Er ließ seinem Chef auf der Königsberger Intendantur (Abteilung russische Kriegsgefangene) jeden Montag die Berliner Zeitung zusenden, in welcher Er ›Königsberger Briefe‹ veröffentlichte. Seine Feuilletons sollten dem Vorgesetzten imponieren, auf daß er die lausige Arbeit des Beamtenstellvertreters L. M. übersah. Es gelang. Daß der Untergebene wirklich ein Schriftsteller ist, der gedruckt wird, brachte den Chef dazu, zu vergessen, welch elender Büroarbeiter Er war.

Die Sucht des Prestigesüchtigen stammt aus irgendeiner Not. »Es kann die Spur von meinen Erdentagen / nicht in Äonen untergehen ...« war wohl die Besänftigung eines Mannes, der an ein persönliches Fortleben nicht mehr glaubte und daran litt und sein Werk (aere perennius) gegen dies Leid einsetzte. Im zwanzigsten Jahrhundert liegt die Chance des Nachruhms wohl nur noch in der Aktivität der Erben des Namens und der Tantiemen, sie vor allem hält den Verstorbenen am Leben; für Nachkommen kann der Verblichene materiell und in der Ausstrahlung seines Prestiges auf die verwandten Angestrahlten von Nutzen sein. Würde es eine Ur-Ur-Ur-Enkelin von Homer geben, sie hätte bestimmt ein auskömmliches und glanzvolles Dasein, obwohl die Schutzfrist des Werkes bereits abgelaufen ist.

Prestige kann von Reichtum kommen, der erfolgreichsten Schönheitsoperation an Leib und Seele; auch durch die Position, die den Kleinen auf den hohen Sockel stellt. Als Er einmal, einsneunundsechzig groß, in der deutschen Provinz eine kleine Popularität als Theaterkritiker gewann, wuchs Er riesenhaft; denn das Blatt war so populär, und hob ihn so hoch hinauf, daß man zu ihm aufsehen mußte. Am unvergeßlichsten entdeckte Er in einer Bar von Los Angeles, wie Prestige verwandelt. Er hatte damals den Schädel voller Haare, die nach allen Seiten im Winde flatterten, selbst noch dort, wo Windstille herrschte. Deshalb hielten ihn die Mädchen für Einstein. Sie setzten sich ihm auf den Schoß, kosten ihn, bewunderten seinen Charakterkopf, fanden Güte in seinen Augen, Weisheit in jedem seiner abwehrenden Worte. Er konnte ihnen nicht ausreden, daß Er nicht ist, wofür sie ihn nahmen. Sie beteten ihn an, obwohl keine von ihnen zweiunddreißig mal zwölf ohne Papier und Bleistift hätte ausrechnen können. Prestige ist viel mächtiger als Geld, das leicht in Prestige verwandelt werden kann.

Verdientes und unverdientes Prestige hat dieselbe Funktion. Das Bißchen, das ihm gelegentlich zuteil ward, benutzte Er dankbar als Hilfe am Alltag. Er hat sich nie von Beifall, Anerkennung, Respekt korrumpieren lassen; die stärkste Korruption ist, wenn man dem Applaus gegen sein eigenes Urteil glaubt. Aber Er hat jedes bißchen Ansehen nach Kräften genutzt, um es für weniger ätherische Bedürfnisse zu fruktifizieren. Er hat sich (das einzige Mal in seinem Leben) in Los Angeles Visitenkarten und dazu noch mit ›Professor‹ vor seinem Namen drucken lassen und sie an die Driver's Licence geheftet, nachdem Er herausgefunden hatte, wie sehr die Verkehrspolizisten auf seine Stellung an der Universität reagierten. Viele Strafmandate hat Er — nicht bekommen.

Er war weltfremd und ungeschickt und überspielte außerdem noch seine Hilflosigkeit, um Mitleid zu erregen und Helfer anzuregen. Er war sehr bedürftig. Ein eingefleischter Zweifler, war Er seit eh und je gewohnt, dicke Fragezeichen hinter allem zu setzen, was ihn betraf. Er sah immer sein Bild im Spiegel so unretouchiert wie Werfel das seine im unsterblichen Gedicht ›Der dicke Mann‹. Und keine lobende Kritik (die ihn nur freute, wenn sie mit seiner Meinung über sich übereinstimmte) konnte ihn hinwegtrösten über das, was Er schlecht fand. Er ließ sich von keinem kleinen Erfolg und keinem kleinen Mißerfolg (zu mehr kam es nie) beeindrucken. Nur machte Er Mißerfolge nicht gerade publik und ließ zu, daß auch ein unberechtigtes Preislied auf ihn bekannt wurde. Das war eine Mogelei, die Er nötig hatte, weil Er nie so souverän war, wie Er wünschte. Er revoltierte unentwegt gegen sich, aber zur Revolution kam es nie (wieviel Saulusse gibt es, die Paulusse wurden?). Heute ist sein

Er so übermächtig und sein Ich so spindeldünn, daß Er schon fast jenseits aller Kämpfe lebt … und gut reden hat über die Knechtschaft, welche der Drang zum Prestige ausübt. Wie sehr knechtete er ihn?

Sag, wie Er es mit der Lüge hielt, und ich werde sagen, wer Er ist. Von der weißen abgesehen, auch abgesehen von den unendlich vielen harmlosen und zweckmäßigen Schwindeleien, ist der Lügner ein rares Vorkommnis. Die Verlogenheit, die unehrliche Lüge, das Sich-Belügen läßt es zum Lügen gar nicht kommen. Die gnädigen und die plebejischen Lebenslügen waren ihm versagt. Es ist keine Gefahr, daß Er mit diesem Nachruf sich zu schlechter Letzt noch einnebelt; auch deshalb nicht, weil Er den Mann, dem Er nichts Gutes und nichts Böses nachzusagen hat, nicht betrauert.

Er hatte, um den nüchternen Bericht fortzusetzen, immer den Mut, sich rücksichtslos anzusehen, und nie, rücksichtslos zu leben: wie ein Baby, das Rück-Sicht und Vor-Sicht nicht kennt. Freud hat mit dem ›Realitätsprinzip‹ viel erhellt; nicht aber auch viel verdunkelt? Zum Beispiel, daß man sich zwar abgewöhnen muß, ins Feuer zu fassen – aber nicht anzugewöhnen braucht, sich mehr anzupassen, als dringend nottut. Er wünschte, Er könnte seine Auftritte, in denen Er abwesend und nur der Zeitgeist anwesend war, aus seinem Leben tilgen. Das ist die (wenn man so will, schuldvolle) Entfremdung, die nicht gesehen wird: weil hinter den Makeln der Gesellschaft, laut angeklagt, die eigenen versteckt werden. Er wurde sich fremd in dem Maß, in dem Er um Gunst buhlte, um Prestige; es macht keinen Unterschied, ob einer vor Kaiser und Papst, vor der Partei oder vor dem elitären Klüngel schreibend dienert. Weshalb brach Er nie aus jenem Getto aus, in dem ein Kitsch (nie diagnostizierter Art) herrscht: nicht das imitierte Gefühl, sondern, schlimmer, die imitierte Verrenkung.

Es ist schon eine Art von Vernehmung (wenn auch nicht mit dem Ziel: Freispruch oder Verdammung), wenn Er immer wieder Auskunft geben soll: was ihm geholfen hat, zu leben, zu überleben; und oft ist nicht durchsichtig, ob die Hilfe nicht auch eine Belastung war. Vielleicht ist es nicht leicht, einzusehen, daß Mitleid nicht nur eine Verbreiterung des eigenen Leids sein muß. Nur macht sich die herrschende Sozialpsychologie diesen billigen Vers darauf: in dem Mitleid als eine Desertion vom mitleidlosen, emotionslosen Marschieren gedeutet wird, eine Drückebergerei. So will es die Geistlosigkeit der Zeit; denn die Worte müssen gehört werden, nicht wie das Lexikon sie erklärt, sondern wie das aktuelle Nebengeräusch sie klingen läßt. Und da ist Mitleid eine zentrale Vokabel im Schimpfwörterbuch der herrschenden Auslese, der man wirklich glauben darf, daß sie ohne Mitleid ist.

Mitleid und Trost werden als reaktionär abgelehnt, als Ablenkung von einem Soldatentum, das die militante Utopie geschaffen hat, eine Summa elitären Aberglaubens. Mitleid ist ein stärkerer Impuls als Aufklärung (die übrigens nie voll rationell ist); denn ihre unterschwelligen, gedämpften Emotionen sind recht schwach. Die theoretische Wahrheit ist eine Triebkraft – nicht einmal für Theoretiker.

Hier will Er von seinem Mitleid und seiner Mit-Freude sprechen; deshalb schlängelt Er sich mit akademischen Reflexionen über das allgemeine Thema an sein besonderes heran, das nicht mehr unter die Rubrik Themen fällt. Und entdeckt, daß sein Mitleid immer stark, immer kurzlebig, immer wirkungslos war; seine Mit-Freude war, ein großes Unglück, noch schwächer. Doch stimulierte ihn das Mitgefühl, so unentwickelt es auch gewesen ist, mehr als jede Belehrung, die zudem seit Jahrzehnten keine mehr ist, sondern immer wieder Schnee aus einem früheren Jahrzehnt. Die militanten Utopisten, soweit sie es ernst meinen, sollten sich überlegen, ob sie nicht mehr mit der Aktivierung des Mitleids als mit immer neuen Nuancen der alten Aufklärung für die Politisierung tun können. Die, welche hauptberuflich Begriffe als revolutionäre Munition herstellen, in Munitionsfabriken, die sich bisweilen ›Institut‹ nennen, nehmen ihr Hergestelltes so wichtig, wie sie wollen, daß es von denen genommen werde, welche die Verfasser nagender Dialektik nie lesen.

Die philosophische Propaganda ist überholt. Die Trennung zwischen Meditation und Aktion bekäme beiden gut. Für die Aktivierung wäre die Stärkung des Mitleids ein Muß. Jeder pflegt sehr vorsichtig die zusätzliche Belastung mit Mitleid zu dosieren; und vielleicht ist die herrschende Parole dagegen nicht nur von Gefühlskälte bestimmt, auch ein schlauer Dispens vom Engagement in das Leben des Nächsten. So wird Mitleiden als politische Passivität verketzert, wo es doch viel aktiver ist als das Engagement in eine Theorie, die dem Theoretiker Ersatz für politische Praxis ist. Den wütendsten Auftritt hatte Er einst mit einem dieser Schule-machenden Engagierten, der erklärte, die aktuelle Politik ginge ihn nichts an.

Nur Mitleid kann die Nichtbetroffenen aktivieren. Arbeiter, Angestellte und alle anderen, deren Beruf nicht das Theoretisieren auf eine Utopie hin ist, können mit philosophischer Propaganda nichts anfangen; auch die Theologen haben kaum dazu beigetragen, die Kreuzzüge anzuheizen. Mitleid ist ein Störenfried, wo man doch alle Schreibhände voll zu tun hat, gegen die Verwaltete Welt zu Felde zu ziehen. Das Kennwort der Zeit lautet: wo bleibt das Negative! Die Negativisten überholen einander im Negieren. Es fehlt eine Sozialpsychologie dieser Rufer im Streit; sie könnte den elitären Haß auf das Mitleid erläutern.

Marx war ein nüchterner Psychologe, als er (Theorie und Mitleid beiseite schiebend) die Verzweiflung zum entscheidenden revolutionären Impuls machte. Nur hatte er zu seiner Zeit noch nicht darüber nachzudenken: wie bringt man Unterdrückte zur Verzweiflung, wenn sie sich nicht unterdrückt fühlen? Wie bringt man ihnen, wenn sie passabel leben, bei, daß sie nicht in Koexistenz leben dürfen mit denen, die besser dran sind? Es ist hoffnungslos, Zufriedene zu überzeugen, daß sie nicht zufrieden sein dürfen, daß sie res publica über res sua zu stellen haben, auch wenn ihre gegenwärtige, ganz akzeptable res durch aktive Unzufriedenheit gefährdet wird.

Mit solch moralischen Vorschriften, welche die Fachschaft Neomarxismus und ihre Lehre von der Pflicht zum richtigen Bewußtsein promulgiert, ist nichts auszurichten, wie sich gezeigt hat. Das politische Café-, Straßen- und Theater-Theater sind Anästhetika; sie besänftigen Dramatiker. Sie unterhielten eine Weile Publikümer, die dann, der ästhetischen Obrigkeit gehorsam, in aller Stille sich langweilen, als brave Kultur-Untertanen. Er hatte keinen Anteil an diesen erlesenen Machenschaften, die Er nicht aus politischen Gründen ablehnte, sondern als unergiebig: für die Politik, für das Theater, für die Wissenschaft, für alle Künste. Seine Unzulänglichkeit zeigte sich ihm darin, daß Er viel, aber nicht genug Mit-Leid hatte, um Leid zu mindern und damit auch seins. Der Menschheit kann auch mit Mitleid nicht geholfen werden (schon, weil es sie nicht gibt); aber doch diesem und jenem, wenn Einer wirkungsvoll mitleidet. Bei ihm langte es nur zu der Einsicht, daß Unterschriften, Manifeste, glühende, freche, ironische Worte kein Leid lindern und keine Ausbeutung verhindern. Die Idee ist machtlos, wenn nicht die Macht sie einsetzt. Der Menschheit ist nicht zu helfen, aber diesem und jenem. Zola rettete Dreyfus.

Da Er im Nachruf sich um seine Schwächen und Versäumnisse kümmert, weniger um das Versagen der Völker, Parteien und Personnagen, kreist Er immer wieder um dies eine: sein Mitleid war nicht mehr als ein recht wirksames, schmerzstillendes Mittel, wie die große Tragödie es seit eh und je gewesen ist. Ihm genügte schon die Sentimentalität eines kitschigen Films, um ihn zu wohltätigen Tränen zu bringen. Er brauchte nicht die Eindringlichkeit des Künstlers, weil Er, ohne solch mächtige Unterstützung, bei geringfügigster Stimulierung sofort von der mitleiderregenden Wirklichkeit gepackt wurde. Sie war nicht im Film; er war nur ein kaum bemerkter Mittler. Hier identifizierte Er sich mit dem Leid; die abgebrauchtesten Dialoge lösten es so aus, ohne daß Er von ihnen Notiz nahm. Hier freute Er sich am Happy-End, in einer Mit-Freude, einer Erfüllung der ersehnten Welt. So war Er oft eins mit den glücklichen Kinobesuchern und fern der Kritik, die ohne Frage ein Recht hat, die Ware auf ihre Qualität hin zu prüfen. Ihm waren diese ›Schnulzen‹ (so sagt man doch wohl im Neustochdeutsch) Transporte hin zur Anteilnahme an einer Freude. Nach solchen Erschütterungen entdeckte Er, daß Kitsch zwar ästhetisch definiert werden kann, auch als Angeberei mit Gefühlen, die nicht existieren, daß damit aber noch nichts über den Zündstoff, der ihn brennen ließ, gesagt ist. Die unausdenkbare Kluft zwischen den Höhen einer Kultur und ihrer geringen Wirksamkeit wäre am Kitsch zu demonstrieren, der (einer Naturgewalt vergleichbar) die Enge zu sprengen vermag, wo dies sublimeren Gebilden versagt ist. Die Macht der Trivial-Literatur ist beklagt, verurteilt, verhöhnt worden – aber nicht erkannt.

Es lag an ihm, nicht am Spätkapitalismus, nicht am noch späteren Spätsozialismus, daß Er die Welt auf sein Zimmer mit Schreibtisch einengte und so das ›Mit‹ verkümmern ließ. Wie Er nicht genug genoß, so nahm Er nicht genug teil, weil Er nur schriftstellerisch teilnahm. Der Satz »Im Felde erst ist der Mann etwas wert . . .« muß neu gelesen werden. Gemeint ist das Feld der Ehre, ganz ohne Anführungsstriche. Dieser Einsatz kann nicht abgegolten werden mit einer poetisch rhythmisierten, theatralisch oder essayistisch auftretenden Soziologie. Jeder Anwalt, der die Angeklagte in einem unfairen Prozeß aus dem Dickicht der Paragraphen zu befreien sucht, hat mehr getan als Er, dessen Mitleid mit jener Frau so stark war, daß Er bei ihrer Verurteilung in das heftigste Weinen seines Lebens ausbrach. Das befreite ihn, wie mancher Kitsch, vorübergehend. Sein Mitleid machte ihn nie zum Befreier, weil Er nur am Schreibtisch attackierte (oder im Hörsaal oder im Fernsehen). Auch seine besten Aggressionen waren nur literarischer Natur. Er beugt sein Haupt in Verehrung vor den Schriftstellern, die, Tyrtäus gleich, mit ihren Kampfliedern und dem dazugehörigen Leib die Truppen angeführt haben.

Der Aggressionstrieb (wahrscheinlich kein Trieb, sondern ein Gegendruck) ist gut oder schlecht – je nachdem, gegen wen oder was er aggressiv ist. Der Impuls zum Angriff wird wahrscheinlich unzerstörbar sein, weil weder Natur noch Gesellschaft égalité produziert; deshalb werden liberté und fraternité immer nur in bescheidenem Umfang möglich sein. Aggression ist die Folge des Vorhandenseins von Stärkeren und Schwächeren in vielen Bezirken. Die klassenlose Gesellschaft, so sehr zu wünschen, wird wohl immer nur eine klassenlosere sein. Er hat auch zu diesem Versuch wenig beigetragen. Mehr bekümmert ihn, daß Er kaum Leid gelindert hat, wo es ihm erschwinglich gewesen wäre.

Er hing der Geschichte seiner Aggressionen nach und findet, daß sie bisweilen aus seinen Niederlagen stammten, bisweilen aus der Sensibilität für Unrecht; und häufiger kam es gar nicht dazu, weil Er zu faul und unempfindlich war. Er schonte sich, Er projizierte seine Unzulänglichkeit auf verwandte Figuren und zielte auf ihren Makel, der auch ihm eigen war. Man sollte Schlüssel-Romane, Schlüssel-Essays untersuchen: wie weit nicht der lebende Herr Soundso abgestraft wird, sondern (ohne daß er es ahnt) der Schütze persönlich. Manche Aggression stammt aus dem Vonsichwegsehen und dem so abgemilderten Sich-strafen in einem anderen; eine Aktivität, welche die Ferne zwischen ich und Er noch vergrößert. Aggressives Mitleid, tätiges, hätte vielleicht eine Chance gehabt, ihn mit sich etwas zu versöhnen.

Es gibt in der schon sprichwörtlich gewordenen Welt des Unheils viel Heiles. Er selbst hatte davon wenig: seine lebenslängliche körperliche Schwäche, sein Quer zu den herrschenden Ideologen, seine Verengung der Welt infolge des lebenslänglichen Aufenthaltes am Schreibtisch ... die heilenden Kräfte kamen dagegen kaum auf. Heute erst sieht Er, daß Vorsicht nicht nur Leid mindert, auch Mit-Leid und Mit-Freude. In kleine Kinder verliebt, war Er unbeugsam gegen die Zeugung eigener, weil sie noch mehr Verwicklung in die höchst unzuverlässige Welt, noch mehr Gefährdung zu den Gefahren bringen. Indem Er sich am Schreibtisch festhielt, nahm Er nicht genug teil an den Freuden, welche jenseits seiner winzigen Insel blühten. »Lebe im Verborgenen!« ist ein guter Rat; das Risiko wird vermindert, aber damit auch alles Köstliche, das nur Weltoffenheit zu schenken hat. Feigheit zeigt sich erkenntlich, indem sie Sicherheit einbringt – und als unerwünschte Beigabe die Abschnürung fördert.

Mitleid lebte noch stärker in ihm als die enorme Empfindlichkeit für Unrecht. Aber Er hat zu wenig Tränen getrocknet;

und daß Er es niederschreibt, ist keine Entlastung. Er kennt nicht die Verlockung, sich an die Brust zu schlagen. Sein Nachruf ist, Er wiederholt sich mit Absicht, kein Rechenschaftsbericht (wem sollte er vorgelegt werden?), nur eine Feststellung, so exakt, wie die Kräfte des Prüfers es zulassen.

Keine Lust, keine Freude, welche die drei Unzertrennlichen (Körper, Seele und Geist) produzieren, kann alle Niederlagen aufheben; und schon gar nicht die Aussicht auf den unentrinnbaren Tod, der sie alle beendet. Doch gibt es einen Weg, einen Ausweg: das Bewußtsein der Freiheit zum Tod. Sie sprengt jede Verurteilung zu irgendeinem Lebenslänglich, sie ist unter ihresgleichen die einzig absolute, aber mehr eine Berufung als eine Freiheit. Der Befreier, nicht der Freie löscht sich aus.

Es ist uninteressant, die bekannten religiösen und moralischen Argumente gegen die singulärste Tat zu erwägen; wichtiger ist, herauszufinden, was in dieser Entfesselung geschieht. Man verdunkelt sie, wenn man das theologische Wort ›erlöst‹ sagt und befreit meint. Nicht der Tod, nur der Töter kann ›erlösen‹. Heinrich von Kleist, der sich befreite, schrieb an die Stiefschwester Ulrike: »Möge dir der Himmel einen Tod schenken, nur halb an Freude und unaussprechlicher Heiterkeit dem meinigen gleich.« In der Regel schenkt der Himmel nicht den Tod, sondern vergewaltigt einen Lebenden; wenn die Ärzte klug sind, lassen sie diese Vergewaltigung nicht ins Bewußtsein des Opfers dringen.

Der von der Natur aufgezwungene Tod ist ein Mord, begangen an dem Getöteten von Unbekannt; nur der freie Tod, in dem sich einer die süchtigste Sehnsucht erfüllt, kann von ›unaussprechlicher Heiterkeit‹ sein, weil sie die Aufhebung quälender Nöte bringt. Kleists unermeßliche Freude war so groß wie das Jammertal, das er verließ.

Ein Psychiater schrieb kürzlich: »Klarsichtige Neinsager zum Leben« sind Ausnahmen; er hätte umfassender sagen können: Neinsager zum Leben und zum eigenen Leben. Sogar Schopenhauer hat sich rauh gegen die Selbst-Auslöschung gewandt.

An der Stelle seines Systems, an welcher der Frei-Tod hätte gefordert werden müssen, erhebt sich der Heilige, der weder leben noch sterben kann. Die drei größten Nein-Sager: Buddha, Innocenz III. und Schopenhauer lehnten den Tod von eigener Hand ab – vielleicht, weil sie nicht zwischen Frei-Tod und Selbst-Mord unterschieden. Nur ein sagenhafter griechischer Philosoph mit dem Spitznamen Peisithanatos (einer, der zum Tod überredet) soll die Enthauptung durch eigene Hand propagiert haben; möglich auch, daß man ihn erfunden hat, um die Geschichte der Philosophie etwas kompletter zu machen.

Schopenhauer, der den blinden Drang in allem Lebenden so überzeugend schilderte, jene Sinnlosigkeit, gegen die Religionen und Philosophien vergeblich mobilisiert worden waren, konnte sich dennoch nicht trennen. Das Dasein wurde ihm immer liebenswerter. Der Siebzigjährige hatte einen tiefen Schlaf und den Wunsch, neunzig zu werden. In den Achtzigern habe der Tod noch immer etwas Gewaltsames; erst dann ginge das Leben natürlich ins Nichts über. Er hielt es für unnatürlich, den eigenen Lebensfaden zu durchschneiden, obwohl er von der Natur gar nichts hielt. Aber ist (nach ihm) unnatürlich nicht auch die Vernunft, die sich vom blinden Willen losgerissen habe – unnatürlich Wissenschaft, Philosophie und Kunst? Hinter seinem Argument gegen den Tod von eigener Hand: daß er unnatürlich sei ... versteckt sich die Anhänglichkeit an das von ihm mit allen schwarzen Farben abgemalte Leben. Sie ist bei den Alten und Kranken nicht geringer als bei allen, die noch keinen triftigen Grund haben, ans Ende zu denken.

Es genügt nicht die abstrakte Einsicht, daß das Leben nicht wert ist, gelebt zu werden, weil es zu nichts führt als zum Tod. Daß es sich nicht lohnt ... diese Erfahrung hat aus weniger philosophischen Quellen zu kommen: von Schmerzen, von unerträglichen Konflikten, von Verlusten, die nicht überwunden werden können. Es hat sich wohl noch niemand umgebracht, nur weil er fand, daß in der Geschichte kein Sinn steckt. Die

Ursachen zur extremsten Tat, die sich gegen den Täter richtet, sind bezüglicher.

Zeitungsmeldung: Während Ursulas früherer Freund mit einer anderen Verlobung feiert, schluckt die Verlassene dreißig Schlaftabletten mit zehn Whisky: »Ich will nicht mehr leben, ohne ihn hat es keinen Zweck.« Vielleicht darf man ›Zweck‹ verdeutlichen: ohne ihn ist das Leben schal, lästig ... Ein Vierzehnjähriger aus einem bayerischen Weiler erschoß sich aus Kummer über die Erkrankung seines Lieblingsschafs. Mit welchem Recht hält man diese Reaktion für pathologisch? Wenn das Zentrum seines Lebens getroffen wird, gibt es keinen Ausgleich, außer dem radikalsten. Der Frei-Tod macht sichtbar, wovon einer lebte. Er kann zusammenwachsen mit einem Schaf, einem Freund, einer Frau – auch mit seinem Vermögen. Wenn ein entscheidender Teil des Selbst weggerissen wird, wirft es den nicht mehr lebensfähigen Rest nach.

Das ist anormal nur in dem Sinn, in dem normal ist: zu vergessen, abzustumpfen, zu resignieren. Nicht ›die Zeit heilt‹, sondern jene Drei bewirken, daß auch Reste überleben, dank der Treulosigkeit, die unser aller Talent ist. In einer glücklichen Ehe gibt es nur eine einzige Untreue: den anderen zu überleben. Hier spricht Er auch von sich.

Statistiker haben festgestellt, daß jeder neunte Tod in Deutschland ein Selbstmord ist. Sie haben wohl kaum die Möglichkeit gehabt, alle Fälle zu erfassen, die hierher gehören: und differenzierten nicht zwischen Selbstmord und Frei-Tod. Die internationale Vereinigung der ›Selbstmordverhütung‹ macht sich kaum klar, daß, wo Selbstmord Frei-Tod ist, die Verhütung unhuman wäre. Und ›Die ärztliche Lebensmüdenbetreuung‹ denkt kaum darüber nach, daß mancher Todmüde am besten betreut wird, wenn man ihm das letzte Einschlafen erleichtert. Die Euthanasie (man muß in Deutschland lernen, das Wort zu gebrauchen, ohne an die Verbrechen zu denken, die es in Erinnerung ruft) ist eine menschenfreundliche Hilfe auf dem Weg zum Tod. »Das Leben ist der Güter höchstes nicht«, sagt der Dichter; meint es aber anders als Er.

Ihm war von früh an der Frei-Tod als Notausgang lieb und vertraut. Er war nirgends nie zu Haus; nicht einmal in der berühmten Bel Etage, im geistigen Gespinst, das wohltuender möbliert ist als das alltägliche Zimmer, selbst wenn es in einem Schlosse liegt. Auch die feiertäglichsten Räume haben ihm nie den ungestirnten Himmel über dem gestirnten verdeckt. So liebte Er am innigsten die Meister, die ihm die Finsternis nicht zu verheimlichen suchten: unter Deutschen Kleist und Büchner und Nietzsche ... ihre Namen stehen stellvertretend für alle großen Artikulationen des Nichts im Neunzehnten Jahrhundert, das ihm (unter allen Jahrhunderten) am nächsten steht. Am Zwanzigsten ist ihm der Krampf, mit dem man die Wahrheit des Nihilismus nicht wahrhaben wollte, zuwider.

Zum Selbstmord hatte Er ebenso wenig Beziehung wie zum Mord. Es gibt manch zufälliges Töten, in dem der Täter und das Opfer identisch ist. Der Mörder war sehr schlechter Laune und der Gashahn nah; es war kein ganz richtiger Mord. Diesen Namen verdient nur die Wut auf den anderen oder auf sich selbst, die zur Tötung drängt. Er hatte nie eine Wut auf sich; er kann sich keiner Sympathien für und keiner Antipathien gegen sich, gar so emphatischer, erinnern. Er war nie befreundet mit sich, und nie verfeindet, weil die Abneigung gegen seine Unzulänglichkeit aufgewogen wurde durch sein Einverständnis mit einigen Tugenden, die ihm eigen waren. Die Neutralität sich gegenüber, diese Abwesenheit einer internen Freund-Feind-Haltung, ließ es nie zur emotionellen Leidenschaft gegen sich kommen; und wenn Er auch annimmt, daß Er hie und da unkontrollierbar mogelt, so ist Er doch sicher, daß, gäbe Er Liebe zu sich oder Haß gegen sich vor, der Nachruf gefälscht wäre.

Selbst-Mord, ›sein selbst Mörder‹ (Luther) kam für ihn kaum in Frage. Einen Frei-Tod hätte Er am Ende seines Lebens gewählt, wenn es ihm bequem gemacht worden wäre. Das verhinderte der hippokratische Eid, der zu den wenigen unausrottbaren Tabus gehört. Das Dogma, daß es oberste Pflicht des Arztes ist, den Tod zu bekämpfen, ist ein wenig liberalisiert worden. Aber diese Kämpfer sind noch immer nicht so weit, den

Willen eines Erwachsenen, der den Tod will, zu respektieren, indem sie ihm sterben helfen. Er, von dem hier die Rede ist, hatte Freunde, die von eigener Hand, oft einer sehr ungeschickten, elend zugrunde gingen. Sie konnten nicht klein beigeben. Er aber war so klein, daß Er es nicht zur Anstrengung brachte, die ein Frei-Tod ohne Hilfe erfordert.

Würde ein Entschluß zum Tod ihn bereits herbeiführen, wäre Er nicht mehr da. Es ist töricht, zu sagen: also war der Entschluß nicht ernst, nur ein Spiel mit dem Ernst. Zwischen der Absicht, an der nicht zu deuteln ist, und dem Vollzug der Tat liegen Hindernisse ... und eines Tages hatte der Entschlossene keine Hoffnung mehr, sie zu überwinden. Wahrscheinlich ist der mächtigste Wall, der genommen werden muß, der Gedanke, daß der Frei-Tod die einzige Tat ist, die nicht (wenigstens etwas) rückgängig gemacht werden kann; denn solange das Ich noch da ist, besteht auch die Freiheit, die Wege, die einer eingeschlagen hat, wenigstens auf Nebenwegen noch ein bißchen weiterzuwandern. Nur der Frei-Tod läßt weder Reue noch Korrektur zu. Darin ist er einzig unter allen Aktivitäten.

Man soll auf die prosaischen Details sehen, die zwischen einem Ich und dem erwählten Tod, zwischen dem Bereitsein und der Exekution liegen. Ihm scheint, daß auch der, welcher weggehen will, sich durch Jahrzehnte angewöhnt hat, zu leben. Die Gewohnheit ist eine der großen unentdeckten Mächte; kaum jemand ist so radikal, daß er von ihr nicht abhängig ist. Der Frei-Tod ist das ausschweifendste aller Abenteuer, der radikalste Abbruch, weil einer sich von der ältesten und stärksten aller Gewohnheiten losreißt.

Wenn er wieder und wieder einen neuen Tag über sich ergehen ließ, hatten alle ehemaligen Attraktionen am Montag und Dienstag und Mittwoch ... Zeit, Hunderte von Bindungen, die vom Entschluß schon gelockert waren, wieder zu festigen. Wie armselig sind sie bisweilen. Da ist die Vorstellung von der Freude seiner Feinde bei der Nachricht von seinem Tod. Dann bangt Er um den diesjährigen Kampf zwischen einem David und einem Goliath. Bisweilen steht Er neben sich: ist da ein Toter auferstanden?

Es wäre leicht, hinzuzuphantasieren, was Leichtgläubigen glaubwürdig erschiene: daß ihn die Arbeit an einem Werk am Leben hielte. Aber Er ist keine weltgeschichtliche Figur mit weltgeschichtlichem Streben – und kann sich nicht einmal die Gegenkraft vorstellen, welche sie dem Tod entgegenzusetzen hat. Er hinterläßt keine Lücke, da Er keinen Raum einnahm, der erst ermöglicht, daß ein Vakuum entsteht. Ist Er tot, dann ist Er mausetot ... vielleicht, daß in wenigen Menschen die Erinnerung an ihn noch eine winzige Zeit weiterlebt ... was für ein mattes Leben ist solch ein Weiter!

Ist der Überdruß am Leben ein Abfall, ein Verrat? Der Frei-Tod ist nicht eine Abrechnung, nicht einmal ein Abschied, wie es zu oft zu pompös heißt. Er setzt den Mut voraus, das Unwiderruflichste zu wagen. Daß Er dies Wagnis nicht vollbrachte, sollte ihn nicht hindern, zu fragen: weshalb nicht?

Er ging, ausbiegend, einen feigeren und schmerzlicheren Weg; denn der Tod ist auch das Ende aller Schmerzen. Er kapselte sich nach dem schwersten Verlust seines Daseins (der wahrscheinlich ebenso schwer war wie jener, der den bewunderungswürdigeren, treueren Dorfbuben zum Tod trieb) in eine winzige Routine ein. Er ging in den Bunker der größtmöglichen Sicherheit gegen das Leid der Erinnerung. Er gab auf und bot so neuem Mißgeschick wenig Chancen. Er vegetierte – außer in den wenigen Stunden, in denen Er Sätze niederschrieb, außer in ein paar Gesprächen, in denen Er sich vergaß.

Nach dem Scheitern vor dem Frei-Tod bietet sich als wirksamster Helfer die pazifierende Droge an. Einmal in seinem Leben (es muß wiederholt werden, weil hier eine vorbildliche Situation entstand) erfuhr Er, was vollkommener Friede ist: in seinem Fall die Wirkung des Pantopon. Seine Utopie ist ein langer Friede, der einmündet in das Nichts. Wer dies nicht erlebt hat, darf nicht mitreden, wenn von der Jugend die Rede ist, die vom Genuß der Frieden-stiftenden Mittel lebt. »Friede seiner Asche« gehört zu jenen Redensarten, die nichts als Gedankenlosigkeit sind. Es gibt nur den einen Frieden: den, welchen man genießt. Diesen Genuß am Ende alles Genießens, den ihm nur ein freundlicher Arzt bescheren könnte, ist der höchste Wunsch, der sich noch auf sein persönliches Leben bezieht.

Wie frei ist ein Frei-Tod? Für Fragen, die so allgemein sind, daß viele und die entgegengesetztesten Antworten korrekt sein können, ist die zuverlässigste Auskunft die engste, die begrenzteste: wie frei wäre sein Frei-Tod? Da Er im Konjunktiv fragt, ist Er offenbar nicht bereit. Das Fragezeichen aber deutet an, daß diese Befreiung in Frage kommt. Die Revolution gegen sich (nicht die Serie der kleinen Rebellionen) entsteht unter einem Druck, der (gemäß einem Beschluß) nicht ertragen werden kann. Der Überlastete ist, um die Last loszuwerden, auch zum äußersten Opfer bereit: zur Befreiung von einem körperlichen Schmerz, vom Wissen um die unheilbare Krankheit, von einem Verlust, der (eine Wunde, die sich nicht schließt) ihn ausbluten läßt. Es gibt viele Wurzeln, aus denen einer lebt; aber aus der einen mehr als aus einer anderen, ohne welche die Verdorrung nicht aufzuhalten ist. Solange einer noch zugänglich ist, empfänglich für Lockungen: für den leisen Tanz des Zweiges im Wind, für Klatsch, für Gedanken, die sich spröde verhalten zu den Worten, die sich anbieten ... ist der (schon in einer engen Zelle Gefangene) noch nicht reif für den Frei-Tod; die Stunden ähneln einander, aber wiederholen sich nicht – und die Sehnsucht, dem Unerträglichen zu entgehen, wird gemildert durch die Anhänglichkeit an so viel, dem man immer noch anhängt. Daß man gescheitert ist, wird nicht aufgewogen von den vielen kleinen Anhänglichkeiten; aber der Freiheit, der Gravitation zum Tod nachzugeben, wirken noch Myriaden winziger Sirenen entgegen, die den Kandidaten des Todes in viele kleine Fesseln schlagen.

Es gibt den Selbstmord aus Wut, welcher der Ohnmacht entspringt; der Machtlose kann an keinen Gegner heran außer an sich selbst. Es gibt das kokette Spiel mit dem Tod, das nicht nur Koketterie ist ... aber mit ihrer Hilfe den Ernst abwehrt. Und dann gibt es den rationalen, gut überdachten Entschluß ... auch wenn er erst in einer günstigen Stunde (günstig, weil eine Exaltation die Durchführung begünstigt) ausgeführt wird. Solch eine Exekution bleibt ein Akt der Vernunft, auch wenn erst eine zufällige Wallung ermöglicht, den Auftrag durchzuführen.

Von dieser Vernunft und seinem Gegenspieler weiß Er etwas. Er zögert die Ausführung des Todesurteils hinaus, indem er zur Erwägung gibt, was alles diese letzte Tat beendet. Wer noch einmal den Pfad am See hinaufgehen möchte, dorthin, wo das Bläßhuhn sein Ei bebrütet, ist noch nicht bereit. Leicht ist die Bereitschaft nur, wenn der Verlust so umfangreich wird, wie man selbst ist; wenn, was verloren wurde, stärker ist als alles, was noch geblieben ist. Viele Monate schwebte Er (viel zu pathetisch gesagt) zwischen Leben und Tod, illusionslos vor dem, was beide ihm versprachen; denn die ›Liebe‹ zum Nichts ist auch nur eine Phrase, dazu da, die Negation aller Negationen zu erklären: Das klingt viel zu rational; aber was nicht eindeutig vor sich geht, muß in die Sprache der Eindeutigkeit übersetzt werden, um der Mitteilung willen. Eine andere Sprache ist ihm versagt.

Erst in den Monaten des stündlichen Schwankens: soll Er, sich anstrengend, fortsetzen, soll Er entspannt sich fallen lassen ... entdeckte Er, wie vielfältig Er mit dem Leben verbunden war; daß auch nach dem Absterben der stärksten Wurzel ein Wurzelgeflecht noch vorhanden ist, das aus einer Fülle wenn auch nicht sehr kräftiger Fasern besteht. Es war kein Verlaß auf sie; sie nährten sein Leben nur noch infolge ihrer großen Zahl.

Die Metapher soll ausgewechselt werden. Die Ablenkungen vom Pfad zum Tod sind flüchtig, kurz, keine dauerhaften Verstrickungen ins Dasein. Sie halten den Auftrag, den Er gegeben hat, ein Weilchen auf. Aber das schwarze Schiff von Delos (nach dessen Rückkehr zum Piräus die zum Tode Verurteilten hingerichtet werden durften) kann jeden Augenblick in den Hafen einlaufen.

Was einen am Leben hält, der den stärksten Halt verloren hat, sollte durch Wendungen wie Liebe zum Leben oder Pflicht oder Wille zur Vollendung eines Bauunternehmens oder eines ›Œuvre‹ nicht verundeutlicht werden. Wenn Er nachdenkt, gebiert Er nicht ein Stück Weltgeist, sondern erhellt ein bißchen, was aus der Dunkelheit heraus will. Er konnte sich nie als

Sprachrohr Gottes oder der Geschichte fühlen; Er spürte nur eine rätselhafte Gravitation in Richtung Wahrheit. Ob Er sich ihr genähert hat, ob andere Kräfte es hinderten, blieb ihm verborgen. Er spürte nur den sehr dringlichen Anspruch und haßte die Leichtsinnigen, die das schamlos Leichte hinter dem ebenso schamlos Schweren ihrer verrenkten Privatsprache verbargen. Wenn Er schreibt, schafft Er kein Monument, sondern sucht ein paar Gedanken, die Er für wahr hält, zu ihrem wahrsten und reizvollsten Ausdruck zu bringen und (wie selten glückt es) zu einer Faszination, die ihn glücklich macht. Auch diese Sucht hat Er gegen den Tod einzusetzen, der ihm nur noch wenig Chancen gelassen hat.

Wenn Er seinen Vergangenheiten etwas vorwerfen würde (aber Reue verbietet Er sich, weil sie eitel ist), dann würde Er auf das Vorbild Franziskus hinweisen, das ihm mehr sagt als die klassenlose Gesellschaft, die nur die Voraussetzung eines Vorbilds sein kann. Er hat sich dem Heiligen nie genähert. Weshalb verteilt Er heute nicht an einige Ärmste, was ihm übrig geblieben ist? Da ist die Sorge um den Rest seines Lebens, von dem Er schon Abschied genommen hat – ohne zu gehen. Da ist die Sorge um die Familie draußen, die eines Tages ins Exil wird fliehen müssen. Diese Vorsorge beweist nicht die Güte seines Herzens; ist eher ein Verhalten, das Meinungsumfragen als üblich registrieren würden.

Gutes tun wäre eine Kraft gegen die Gravitation zum Tod. Er verehrte Menschen, die Hunger stillten und Tränen trockneten. So grub Er in seinem Gedächtnis nach Einzelheiten, die ihn erinnern sollten, daß Er nicht nur mitgelitten, sondern auch geholfen hat. Die Guten en gros, die es nicht unter einer Revolution im Namen einer Heilen Welt machen (nichts wäre wichtiger als die Mikroskopierung ihres Lebens, wie es nicht im Druck veröffentlicht wurde), belächeln, verhöhnen die winzige Umsetzung des Willens zum Heil in den Alltag. Ihn interessiert nur die Praxis. Ihn bedrückt, daß Er den Enthusiasmus fürs Tanzen, der in ihr lebte, seinem Ungeschick, auch seiner Abneigung, sich auf diese Weise zu exhibitionieren, unterworfen hat. Dies Opfer stehe hier für alle, die Er ohne Gewalt erzwungen hat. Er ist kein Flagellant, der sich peitscht; Er verheimlicht nicht jene ihn tröstenden Stunden, in denen Er bei Examina den geprüften Prüflingen beistand, die sich unter dem Beschuß strammer Professoren wanden. Er denkt nicht daran, sich herabzusetzen, um die Wollust der Selbst-Degradierung zu genießen. Bisweilen wurde sein Mitleid etwas aktiv, aber nie so kraftvoll, nie so wirksam, daß diese Taten heute ihm Schutz gegen den Frei-Tod gewährten. Er kann nicht als ein Streiter für den bedrängten Nachbarn dem Tod entgegentreten.

Als Streiter gegen die elitäre Trutzburg ist Er vor der Allmacht Tod lächerlich. Sie setzten das Wort Kapitalismus ein, warteten, die Verzögerung bedauernd, daß der Sozialismus autoritär geworden ist oder, auf der anderen Seite, ein pluralistischer, gar ein anarchistischer ... und werden versorgt von einem Zeughaus, das bis ans Dach vollgestopft ist mit piekfeinen Vokabeln, teils älteren, teils jüngeren Jahrgangs. Was sich für eine Zitadelle der Freiheit zwischen westlichen und östlichen Zwingburgen ausgibt, ist exklusiver als der abgeschirmteste britische Klub und der unzugänglichste Turm aus Elfenbein. Die Zensoren, die hier wirken, arbeiten nicht mit Rotstift und Gefängnis ... und sind viel weniger ansprechbar, als es die Häscher von einst waren. Wie wäre es, wenn Er im Kampf gegen diese Tyrannen den Tod noch ein Weilchen überspielte? Es wäre lächerlich.

Dieser Ausweg, der ihm vielleicht das engste Getto hätte öffnen können, ist keiner. Zwar ist die literarische Gerusia heute mächtiger als je, weil sie die Vitalität der ›Jugend‹ in ihre Dienste stellte. Pseudomilitante Soziologen, Schöngeister in Phantasieuniform sind die stärkste literarische Besatzungsmacht, die Er je kennengelernt hat. Sie setzt autoritär das Anti-Autoritäre durch. Sie verheimlicht jungen Menschen, die klug und guten Willens sind, daß Wissen und Erfahrung von den Älteren hätte beigesteuert werden müssen, nicht senil Forsches. Sie machen es sich leicht, lassen sich von den jungen Wellen tragen – bis es ihnen ratsam erscheint, unterzutauchen und das Trockene zu erreichen. Es wäre hilfreich, endlich eine gute Tat gewesen, wenn Er, ein Greis, nach viel Versäumnis die Jungen von ihren greisen Nachläufern hätte befreien können. Er kann es nicht: ihm fehlt die Hausmacht und die Spannkraft.

So ruft Er täglich schweigend um Hilfe. Freund? Es gibt Skatbrüder, liebe Kollegen, Parteifreunde, Kriegskameraden, Mitvertriebene und Gesinnungsgenossen. Da Er nie Skat gespielt hat, nie in einer Partei war, nie einen Nebenmann hatte, weder in einem Krieg noch in irgendeiner Avant- oder Arrièregarde... kann Er niemand mobilisieren.

Bekannte Freunde zu nennen, ist eine Gepflogenheit aller, die keine haben. Freundschaften haben eine Geschichte, Bekanntschaften nicht. Freundschaften ähneln eher guten Ehen, die der Vergangenheit ihre Gegenwart verdanken. Man lebte sich zusammen. Das kann keine Nation (daher das nationale Getue), das können nur zwei: in der Ehe und in der Freundschaft. Die Frage: weißt du noch? ist eine der stärksten Bindungen, eine Abkapselung, weshalb alle aggressiven Volksgemeinschaften ihnen feindlich sind.

Freundschaften gehören zu den Konstanten eines Daseins. Man wuchs zusammen, es entstand eine Eins. Man kann den Freund auch durch das Leben verlieren: er heiratet oder geht eine konkurrierende Freundschaft ein. Mehr Freunde verliert der Alternde durch den Tod. Man bekommt zu spüren, daß der Tod auseinanderreißt, was zusammengewachsen war. Es lichtet sich ringsum. Der Garten Epikurs, die schönste Vorstellung eines Hains aus Menschen, verödet. Man steht vereinzelt im kahlen Raum. Der Tod hat einen leichten Zugang.

Und das geschieht zu einer Zeit, wo man der vielen Bekanntschaften müde ist. Es war schön in den stimmenreichen Cafés, in den Hôtel-Hallen, in die täglich irgendeiner eintrat; man hatte ihn einige Jahre nicht gesehen: Wie geht's? Woran arbeiten Sie? Wollen wir nicht morgen zusammen essen...? das waren keine Phrasen, sondern Neugier, eine wirksame Feindin des Denkens an den Tod.

Eines Tages merkte Er, daß Bekannte das Alleinsein noch fühlbarer machen. Er wurde es müde, ein geselliges Gesicht aufzusetzen. Das Telefon klingelte nicht mehr, Briefe kamen nicht mehr ... Er wird selbstbezogen im Superlativ: die Wirkung, die man noch ausüben könnte, wird uninteressant, man kehrt zu sich zurück, was so zu verstehen ist, daß man als Baby sich verlassen hat.

Die fröhliche Runde rundum, auch die klagende war oft genug eine mühselige Anpassung – nur um nicht abseits zu sein. Es war ein langer Weg, bis Er zu dem Entschluß kam, nicht mehr mitzumachen. Es war auch (offen heraus) zum guten Teil die Geschichte vom Fuchs und den sauren Trauben; nachdem die Söhne ihre Väter getötet hatten, waren schon die Enkel dabei, die alternden Söhne jener Väter zu töten. Dies Spektakel förderte sein Wissen um die Nichtigkeit und mündete ein in die Praxis aktiver Vereinsamung, als ihm zu viel zunichte gemacht worden war.

Theoretisches Wissen ist noch lange nicht herrschendes. Vielleicht sind alle lauten Ereignisse eines Lebens Konversionen im umfassendsten Sinn, vorbereitet von Einsichten, die erst nach mächtigen Erfahrungen in die Wirklichkeit übergeführt werden. Der Tod ist wohl immer anwesend; doch gibt es Anwesenheiten von sehr verschiedenem Gewicht, wenn auch keine Waage vorhanden ist, von der es abzulesen wäre. Wie sehr seine Konversion zum Tod auch sehr äußerlich in Erscheinung trat, bewies der immer erneute Ausruf: wie dünn sind Sie geworden! Die Waage des Arztes zeigte immer das gleiche Gewicht. Ihm trug Er die Hypothese vor: wer sein Gesicht nicht gesellig macht, wirkt dünner.

Man lebt nur so lange, wie man sich zurecht macht, und wäre es für den Fleischer im Ort und das Mädchen an der Kinokasse. Dazu gehört nicht nur, daß man sich wäscht und kleidet – auch daß man, sobald man unter Menschen geht, sein einsames Gesicht gesellig verbirgt. Diese Umschaltung ist viel weitreichender als die zweite: aufs Photographier-Gesicht. Wer das Angesehen-Werden nicht mehr in Betracht zieht (nicht mehr diese subtilste Schminke), läßt sich in den Tod fallen. Der Frei-Tod ist nicht der Impuls eines Winkelried. Er kann kaum merklich sich vollziehen. So erlebt Er ihn, ohne zu wissen, wie spät in der Nacht es ist.

Das Durchstehen des Frei-Tods im Durchdenken ist nicht die Beschäftigung mit irgendeinem Thema; es lag zudringlich auf seinem Wege, will man die Abfolge der Tage schönfärberisch einen Weg nennen. So kam es, daß Er schließlich sich auch noch fragte: kann man sich unter dem Frei-Tod der menschlichen Rasse etwas vorstellen? Ihr Selbstmord ist leicht vorzustellen, ein globaler Mord aus Leichtsinn. Wenn im Zuge der Vervollkommnung zwar nicht jeder, aber vielleicht jeder Milliardär seine Atombombe hat, wie heute sein Flugzeug, dann wäre es nicht außerhalb der Wahrscheinlichkeit, daß einer die Ermordung der Rasse in Gang setzte. Wolf Biermann zieht diesen Untergang in Betracht: »Die Welt ist so zerrissen / Und ist im Grund so klein / Wir werden sterben müssen / Dann kann wohl Friede sein.«

Die Vorstellung vom globalen Frei-Tod ist schwieriger und annehmbarer. Sie setzt einen außerordentlichen Grad von planender Vernunft einer internationalen Gerusia der Großmächte voraus. Angenommen, die verbreitete, meist gedankenlose Hoffnung auf die Zukunft verlöre sich ebenso, wie schon der gute Vater im Himmel verlorenging, angenommen, die mächtigsten der mächtigsten politischen Einheiten kämen zur Einsicht, daß die Zukunft des Menschengeschlechts immer unerträglicher werden muß, weil die wuchernde Anarchie alle Sicherungen mehr und mehr außer Kraft setzt, angenommen, es würde diese Erkenntnis zur Evidenz werden . . ., so könnte ein sehr humanes und sehr intelligentes Gremium von Auguren dahin kommen: die Euthanasie der Rasse in Gang zu setzen, weil ein gnädiger Tod, in Freiheit konzipiert, erstrebenswerter ist als ein weltumfassendes Blutbad.

Der Frei-Tod, den die menschenfreundlichsten Planer dann in die Wege leiten müßten, wäre nur durch eine überlokale, humane

Macht zu erreichen. Das Diktat enthielte nur ein einziges Gebot: Du sollst keine Kinder zeugen! Der Fortschritt, der so anstrengend war und sowieso kein moralischer, brauchte nicht mehr bevorschußt zu werden. Die vorhandenen Menschen in aller Welt, vom Baby bis zum Greis, könnten die gehorteten Früchte verzehren.

Für die letzten drei Generationen wäre dann sowohl die Würde des Menschen (wie Kant und Schiller sie vor Augen hatten, aber nur vor den geistigen) als auch die von Marx mit Recht zusätzlich geforderte Befriedigung seiner Bedürfnisse, die erst Würde ermöglicht, gewonnen; denn es ist für alle Lebenden genug vorhanden, wenn nicht Vorsorge für die Zukunft die Gegenwart belastet. Dieser Frei-Tod, frei, weil vernünftig und menschenfreundlich geplant, würde ein unblutiger, ein schöner Tod der Rasse sein. Solch eine Utopie wird allen grotesk erscheinen, die, sehr unkritisch, das Dogma erben und vererben: zwar ist der Einzelne nicht unsterblich, aber doch die Menschheit; zumindest hat sie noch eine kleine Ewigkeit zu leben. Und niemand fragt: weshalb es so schrecklich wäre, wenn nicht nur das Abendland unterginge, sondern auch alle Morgenländer? Ist es nicht human, den leidvollen, schmerzvollen Verfall zu vermeiden, der doch nicht nur in der Rarität von Rembrandts und Beethovens sich zeigt, sondern vor allem in der Zunahme von Hungersnot, Pestilenz und Irrsinn, von Kriegen, Verbrechen . . .?

Die Futurologen planen, wie all dies in Zukunft verbessert werden kann. Wenn sich aber ihre Pläne so wenig bewähren wie Marx' große Hoffnung auf ein verzweifeltes Proletariat, welches das Reich der Ausbeutung zerstören und den Frieden auf Erden herstellen wird? Die Zukunftsgläubigen und planenden Zukünftler sollten einen Alternativplan in ihrer Futurologie aufnehmen: wie kann, wenn alle Stricke reißen, weil die Menschen sich immer wieder unbelehrbar zeigen, die Menschheit am unblutigsten und würdigsten und genußvollsten untergehn? Wenn sie nicht menschlich werden kann, sondern immer weiter den Weg irrsinniger Tiere geht . . . vielleicht wäre dann zu erwägen, ob man ihr nicht zu guter (wirklich zu guter) Letzt ein paar sorglose Jahrzehnte verschaffen kann, sorglos wie nie zuvor, menschlich wie nie zuvor?

In dieser Alternativ-Utopie, die von heutigem utopischen Denken noch ausgeschlossen ist, findet Er seine letzte Anhänglichkeit ans Menschsein ... und auch die eine Erfahrung, die heute nur wenigen zugänglich ist: die Menschheit ist nichts und der Mensch alles. Vor der Wahl zwischen dem Mord an der Menschheit und ihrem Frei-Tod fühlte Er keinerlei Trauer über diese umfassendste Befreiung. Wenn es dem letzten Menschen gut gegangen ist, wird niemand mehr da sein, der noch trauern könnte, es läge auch kein Anlaß dazu vor.

Aus dem Leben keines Taugenichts

Ein ewiger Sonntag im Gemüte

Er kann auf das Wort Glück (und was sich mit ihm auftut) nicht verzichten. Er muß es als Maßstab anlegen, obwohl solch ein Stab solider sein sollte, und obwohl, was zu messen ist, dadurch noch nicht erbaulicher wird.

Die einzige Entschuldigung für sein trübes Per saldo ist die Gewißheit, daß Er Nachbarn, kennte Er sie so genau wie sich (den Er genau genug kennt, um ihn so wenig erfreulich darzustellen), auch nicht freundlicher aufnehmen würde.

Den ersten Anlauf, um seinem Glück bewußt zu begegnen und es auszufragen, machte Er in der Untersuchung: wie andere ihr Glück durchdacht und praktiziert haben. Die Ahnen haben es, heute kaum noch vorstellbar, sehr ernst genommen. Glücksucher ... das klingt, etwas betulich, wie Gottsucher (ein überaltertes Wort für: Atheisten), auch denkt man vielleicht an Sucher mit Geräten, welche den Boden abtasten, ob sich vielleicht Gold oder Öl unter der Erdkruste verbirgt.

Das war einmal anders. Die großen Religionen, die erlauchtesten Denker suchten und fanden. Der offizielle elitäre Puritanismus an diesem Tag ist glückfeindlich. Schon das Wort ist anrüchig geworden. Zwar annoncieren in den Zeitungen Verkäufer von Glück. Sie verkaufen teils gedruckten Rat, teils Glücks-Elixiere per Post. Sie ahnen nichts vom uniken Glück: wie es Augustin und Spinoza für sich zubereitet haben, und wie es noch deutlicher wird in den ›Lieder des Prinzen Vogelfrei‹; der Refrain des glücklichsten Poems jauchzt: »Mein Glück! Mein Glück!«

Noch ahnungsloser als die Glücks-Inserate sind die elitären Asketen ex cathedra; sie haben das Glück unter der Wendung

›Die Heile Welt‹ begraben. Kann eine Welt heil und glücklich sein? Es ist noch nicht lange her, daß man begann, das glückliche Kollektiv aufzubauen. Der Engländer Owen suchte es im Staat Indiana zu verwirklichen und produzierte besonders unglückliche Menschen, die in Briefen ihr Unglück hinausschrien. Im philosophischen Wörterbuch ist der ebenso unbekannte wie törichte ›Sozialeudämonismus‹ verzeichnet. Heute spricht man lieber von der Utopie und ihren heilen Bewohnern. Sie ist nicht einmal Glücks-Ersatz.

Mit gutem Grund wird die Gefühlsseligkeit, der Gefühlsbrei verachtet, der mit dem Wort Glück hochkommt; mit schlechtem Grund wird die Verwirklichung der Sehnsucht zu Lebzeiten abgelehnt, weil sie der Endlösung im Wege stehe, die Kreuzzügler schlapp mache. Die hochmütigen Verächter des Glücks sind teils frigid, teils Heuchler, teils prinzipiell Spartaner, die im unaufhörlichen Schreiben gegen den Feind in Papier-Rüstungen leben. Es komme auf das Waffenarsenal an und die Speerschwinger, nicht auf das Glück der Zivilisten. Leider gibt es kein Elitär-Bataillon, das höchstpersönlich Speere schwingt.

Er, der nicht auf die Heile Welt warten kann (und heil klingt eher nach gesund als nach froh), muß sich ein kleines Begriffsarsenal schaffen, um den Späherblick, der sein Glück erkunden soll, zu schärfen und die Zeitgenossen abzuweisen, die solch ein Unternehmen nicht dulden.

Sie, gelernte Anti-Romantiker, kennen das Individuum, in dem allein Glück vorkommt, nur noch als Schießbudenfigur: obwohl schon Novalis ohne hochtrabende Fremdwörterei feststellte: »Jedes Individuum ist eine Gesellschaft«, obwohl die Sozialwissenschaften nach ihm aufdeckten, wie weit eine Gesellschaft in ihre Individuen hineinreicht. Es gibt keinen naiven Individualismus außer dem, welchen die Anbeter des Kollektiven zum Abschießen aufbauten; aber es gibt einen nachmarxistischen. Er bleibt unbeachtet.

So sind die zusammengehörigen Worte Individuum und Glück viel mehr tabu als irgendwelche anderen. Das Tabuierte wird ersetzt durch die Utopie; das Glück hat sich in eine glückliche

Zukunft zurückgezogen. Seine Präsenz wird geleugnet oder als Zustand verhöhnt, in dem die kapitalistische Plebs Orgien feiert; die sozialistische wird kaum belichtet. Aristoteles: Der Mensch ist ein politisches Wesen. Heute: der Mensch ist ein politologisches Wesen. Man macht viel Wesens davon. Wer sich von der Sprach- und Gedanken-Regelung der herrschenden Ideenmacher gelöst hat, kann aus den Philosophiegeschichten ersehen, daß Glück nicht eine Erfindung der Bourgeoisie gewesen, sondern eine jahrtausendalte Sehnsucht ist, allerdings nur noch schwach am Leben, am schwächsten im zaristischen Sozialismus. Schon immer kam manch Jünger Epikurs kaum weiter als bis zu einer Empfehlung: wie man sich gegen Unglück wappnen kann. Wie schlimm muß zu allen Zeiten das Leben gewesen sein, wie berstend von Unglück, daß Seneca und Augustinus und Spinoza und Freud auf die Frage nach dem Glück mit einem Rezept gegen das Unglück antworteten. Es gibt gut ausgestattete Apotheken mit Medikamenten dagegen. Aber Glück ist nicht in Diäten für Patienten zu finden, auch nicht in Verhaltensweisen, in die man vor Schmerz und Leid ausweicht. Die Erfahrung ›Glück‹ ist am leuchtendsten bei den gewaltigsten Nihilisten zu finden: bei König Salomon, bei Nietzsche, auch bei Henry Miller, der, ein erratischer Block in unserer Zeit, bekannte: »Daß, wenn auch die Welt eifrig an ihrem Grab schaufelte, doch noch Zeit blieb, das Leben zu genießen, fröhlich und sorglos zu sein.« Es gilt, unter der Diktatur des Zeitgeistes, für unanständig, angesichts von Krieg, Ausbeutung und Pestilenz, die noch in den gemütlichsten Guten Stuben fernzusehen sind, Geschichten glücklich Liebender zu schreiben; und so geschieht solches auch nur in der ›Trivialliteratur‹, der eifrig nachgewiesen wird, daß sie vom Elend ablenken will. Wo bleibt hier das Negative! Wer wagt die Schilderung einer Idylle, die doch auch zu unserer Wirklichkeit gehört? Die Lehre will, daß nur das Unheil beachtenswert ist; und Er wäre leidenschaftlich für diese Zensoren, wenn es damit ausgerottet werden könnte. Da es sich aber vor den Exekutionen aller Geßlers der Soziologie und der gesellschaftskritischen Literatur und sogar des Kabaretts völlig unbeeindruckt verhält, sollte jeder, ohne den Vorwurf der Frivolität zu fürchten, zu seiner Wahrheit zurückkehren – und sich zu seinen glücklichen Stunden bekennen und auch den Nachbarn und ihren Nachbarn nicht verbieten, schon glücklich zu sein, bevor die heile Gesellschaft geboren ist. Gegen diese Wendung ist das Wahre, Gute und Schöne schon wieder eine originale Fassung.

Glück scheint ihm, der seinem Glück auf die Spur kommen will, eine eindeutige, elementare, nicht spaltbare, überaus intensive Empfindung zu sein, die viele Herkünfte haben kann, aber nur eine Gegenwart, wenn sie sich auch nicht so objektivieren läßt wie ein Klang oder eine Farbe. Glückseligkeit, beatitudo, ist ein zeitlich begrenzter Zustand, wie ihn am besten einige Mystiker beschrieben haben; er kann auch (zwar nicht in jener Intensität) ein ganzes Leben einstimmen. Er selbst kannte nur den kurzen Aufschwung, der nicht in sein Leben einmündete und ihm von diesem Hochgefühl abgab; wahrscheinlich sind die so Gearteten besonders unglücklich, weil sie wissen, was sie vermissen. Die Mystiker haben auch am besten den Sturz vom Himmel in die Hölle der Glücklosigkeit beschrieben.

An denen, deren Leben wir gut genug kennen, wäre dokumentarisch nachzuweisen: wie ihr Glück aussah. Ein Archipel, eine Insel-Gruppe? Oder die herrschende Stimmung ihres Daseins? Augustinus wäre zu fragen: was blieb von den ersten glücklichen Stunden, in denen ihn das Vertrauen auf Christus beseligte? Was blieb Spinoza, der die Sehnsucht nach Glück als Ursprung seines Philosophierens bezeichnete, von dem Aufschwung, als er die Welt nach mathematischer Methode zu ordnen begann? Glück kann die Summe der Exaltationen eines Lebens sein oder eine lebenslängliche Serenitas, Mischung aus Ekstase und Alltag. Glück kann ein Orgasmus sein, der nicht eine Himmelfahrt des Körpers zu sein braucht; und wenn nicht, schwerer zu beschreiben ist. Glück kann die Melodie eines Lebens sein, weniger intensiv, aber lebenslänglich. Ist die Grundstimmung, die ein ganzes Leben einstimmt, je in ihrer Eigenart untersucht worden?

Er, für den diese allgemeinen Reflektionen nur Vehikel auf der Straße zur Erforschung seines Glücks sind, spricht nicht von glücklichen Zufällen; zieht nicht das Zick-zack nach, das man Lebensweg nennt, obwohl es gar kein Weg war, sondern eher das Abspulen eines unentwirrbaren Knäuls, das nur mit Augenzwinkern räumlich und zeitlich geordnet werden kann. Er würde gern die Klimax, die man Seligkeit nennt, zur Sprache bringen, aber sie gewährt es ihm nicht. Er kann nur einige lokale Abfahrten zum Flug aufwärts angeben; es ist nicht möglich, eine Hierarchie dieser Aufschwünge herzustellen. Da aber (um der Verständigung willen) geordnet werden muß, was gar nicht ordentlich vor sich ging, wird jetzt die erste Seite eines Buchs vorangestellt, auch die Verwunderung über das sehr laute Echo, das sie in ihm hervorrief. Es wird die Entschlüsselung versucht: weshalb Er bei dieser Gelegenheit auf die Fährte seines Glücks kam – das Er nie erreichte.

»Das Rad an meines Vaters Mühle«, so las Er, »brauste und rauschte schon wieder recht lustig, der Schnee tröpfelte emsig vom Dache, die Sperlinge zwitscherten und tummelten sich dazwischen; ich saß auf der Türschwelle und wischte mir den Schlaf aus den Augen; mir war so recht wohl in dem warmen Sonnenschein. Da trat der Vater aus dem Hause; er hatte schon seit Tagesanbruch in der Mühle rumort und die Schlafmütze schief auf dem Kopfe, der sagte zu mir: ›Du Taugenichts! Da sonnst du dich schon wieder und dehnst und reckst dir die Knochen müde und läßt mich alle Arbeit allein tun. Ich kann dich hier nicht länger füttern. Der Frühling ist vor der Tür, geh einmal hinaus in die Welt und erwirb dir selber dein Brot.‹ – ›Nun‹, sagte ich, ›wenn ich ein Taugenichts bin, so ist's gut, so will ich in die Welt gehen und mein Glück machen.‹ Und eigentlich war mir das recht lieb, denn es war mir kurz vorher selber eingefallen, auf Reisen zu gehn, da ich die Goldammer, welche im Herbst und Winter immer betrübt an unserm Fenster sang: ›Bauer, miet mich, Bauer, miet mich!‹ nun in der schönen Frühlingszeit wieder ganz stolz und lustig vom Baume rufen hörte: ›Bauer, behalt deinen Dienst!‹

Ich ging also in das Haus hinein und holte meine Geige, die ich recht artig spielte, von der Wand, mein Vater gab mir noch einige Groschen Geld mit auf den Weg, und so schlenderte ich durch das lange Dorf hinaus. Ich hatte recht meine himmlische Freude, als ich da alle meine alten Bekannten und Kameraden rechts und links, wie gestern und vorgestern und immerdar, zur Arbeit hinausziehen, graben und pflügen sah, während ich so in die freie Welt hinausstrich. Ich rief den armen Leuten nach allen Seiten recht stolz und zufrieden Adjes zu, aber es kümmerte sich eben keiner sehr darum. Mir war es wie ein ewiger Sonntag im Gemüte. Und als ich endlich ins freie Feld hinauskam, da nahm ich meine liebe Geige vor und spielte und sang auf der Landstraße fortgehend . . .«

Dieser Auszug eines Sohns traf ihn sehr; Worte können mächtig sein, wenn sie nicht als Waffen gegen weniger ätherische eingesetzt werden. Der Erschütterung durch diese Sätze, der Er sich erinnert, ging Er nach. Ihm war ein Licht angezündet worden, das ihm den Schatten, den Er warf, augenfällig machte.

Zwar ist sein Vater kein Bauer gewesen, warf ihn auch nicht wegen Faulheit hinaus, vererbte ihm, ganz im Gegenteil, einen rastlosen Fleiß. Er hatte, als Jüngling, auch Geige gespielt und denkt an seine »liebe Geige« zurück; nur spielte Er nicht »artig«, kratzte auf ihr jahrelang herum, die Goldammer sprach nie zu ihm, der kein Taugenichts wurde. Nie strich Er »hinaus in die freie Welt«, hockte vielmehr in der unfreien Heimat, eingekerkert in das angeborene Milieu, lief dann in die Fremde, weil auch Er schließlich verjagt wurde wie Taugenichts (wenn auch aus anderen Gründen), nahm aber das alte Milieu: Verleger, Kollegen, Ideen . . . wie ein Schneckenhaus mit, fiel zurück in die Heimat mit einer Umwelt, die ein Abkömmling der früheren Umwelten war.

Mehr als alles packte ihn Taugenichts' ›ewiger Sonntag im Gemüte‹. Doch Er war nie ausgebrochen, klebte ein Leben lang an der Scholle, auch noch, wenn er Tausende von Kilometern fern von seiner Geburtsstätte war. Alle seine Freiheiten waren begrenzt von der Gesellschaft, von der besonderen Schicht, in die Er hineingeboren wurde. Auch der Schriftsteller-Club, auch die

Akademie, zu der Er gehört, sind Schollen, alte Erde unter alten Füßen. Die Geschichte von Antäus ist abzuändern. Antäus ist mit seiner kraftspendenden Mutter Erde der berühmteste Bürger.

Was gab ihm Taugenichts zu verstehen? Es wäre zu billig, sein lebenslanges, freiheitsberaubendes Kleben am Angewöhnten dem Spätkapitalismus oder ähnlichen Sündenböcken aufzuhalsen. ›Ein ewiger Sonntag‹ ist allen Bürgern verwehrt; deshalb haßte Er wohl in all seinen Jahren den wöchentlichen mehr als jeden anderen der sieben Tage. Er verkleidet sich nicht als Fuchs mit den sauren Trauben; sie sind süß, nur kann Er nicht heran, an den ›ewigen Sonntag im Gemüte‹, an das Glück, an sein Glück.

Er insistiert: was für ein Glück meldete sich, als Er zusammen mit dem Taugenichts den Alltag verließ? Dasselbe (nur weniger idyllisch gewandet), das mit dem letzten Wort in Schopenhauers großem Werk, diesem jubelnden ›Nichts‹, ihn selig machte, dies Heraustreten aus jedem Täglich (wie Er dies »Nichts« las). Wenn Er seine Bildung, Verbildung und Unbildung durchackert – so kommt Er zu Stellen, die nichts zu tun haben mit der Tradition, nichts mit den überlieferten Werten; in jenem Bild, in jenem Vers ist der Ursprung seiner Tradition; was Tradition ist, sollte jeder selbst bestimmen. Er würde seine umschreiben mit einer Liste, in welcher ›Taugenichts‹ registriert ist, dann jenes gewaltige ›Nichts‹, dann ›Leonce und Lena‹, Chopin, ›Tristan‹, der Tod des Thomas Buddenbrook ... Er wurde glücklich in den großen Darstellungen der Entbürgerlichung. Bürger ist jeder, der nicht Nomade ist; man übersehe nicht, daß es auch ihn vielleicht nur noch dem Namen nach gibt. Bürger waren Augustinus und Hegel und Marx, die (anders als Jacob Burckhardt) aus der Weltgeschichte eine Gute Stube machten; lange Zeit ein bißchen unaufgeräumt, aber schließlich von der göttlichen Hausfrau, einer Weltregierung, in Ordnung gebracht. Der Ordner war lange Zeit die herrschende und ist neuerdings die beherrschte Klasse, einig in der Gleichgültigkeit gegen das, was nicht angeordnet werden kann.

Für den Zeitgenossen (er braucht nicht einmal gebildet zu

sein, nur eingebildet) ist der Fall, den Er schildert, spielend leicht einzuordnen: fin de siècle um Neunzehnhundert, Dekadenz im Zeitalter des ... Nur ist zu bedenken, daß dieses fin de siècle viel massiver in der Mitte des Zwanzigsten Jahrhunderts ausbrach – nur dort nicht, wo der zaristische Sozialismus den Schlaf der Welt konserviert, an den der Bürger Hebbel nicht zu rühren riet. Im Neunzehnten Jahrhundert wurde das Aufwachen erst vorphilosophiert und vormusiziert. Im Zwanzigsten gingen die Erwachten auf die Straße: Blumenkinder, wie Taugenichts eins war, aber gefährlicher, weil sie nicht Geschöpfe der Poesie sind und außerdem noch en masse.

Er selbst war noch Neunzehntes Jahrhundert, Taugenichts nur in der Phantasie; Er setzte sich nicht, blumenbekränzt und ungewaschen, an den Rinnstein. Aber die Mottos an der Spitze seiner Bücher, die in den Zwanzigern erschienen, verraten, wo sein Glück immer beheimatet war. Da steht, 1920: »Es pocht eine Sehnsucht an die Welt, an der wir sterben müssen« (Else Lasker-Schüler). Da steht, 1923: »Die Natur hat vergessen, daß sie Chaos war, und doch kann ihr das wieder einfallen« (Kierkegaard). Da steht, 1932: »Alles, was war, ist nicht mehr, alles, was sein wird, ist noch nicht« (Maupassant); die Gegenwart ist aus der Zeit herausgefallen. Die Gegenwart ist ein Hiatus. Er war kein Melancholiker, aber zur trüben Wahrheit entschlossen; am deutlichsten in seinem Buch-Titel: ›Pessimismus. Ein Stadium der Reife.‹ Da zeigte Er, daß Nihilismus und ein Wille, unhumane Zustände abzuschaffen, zusammengehen können, wie der immer noch unentdeckte Georg Büchner es ihm vorlebte. Aus den Gleisen, auf die Er gesetzt war, herauszuspringen, gelang ihm nur in der Phantasie, im Nachvollzug von Musik und Poesie, die Er geschaffen haben könnte, wäre Er imstande gewesen, sein Glück so leuchten zu lassen.

In dem Leben, das vom ›Realitätsprinzip‹ beherrscht wird und eben nicht ganz, zog ihn das Ewig-Weibliche nicht hinan, aber hinaus aus den eingefahrenen Wegen, zum ›ewigen Sonntag‹ auf Zeit. Glück ist zeitlos. Er las dies ›Ewig-Weibliche‹ so, daß Ewig kein Zeitbegriff ist. Er hatte, ein braver Schüler, gelernt, wie fragwürdig es ist. Er verstand im Ewig einen Superlativ, nicht eine Zeitstrecke; und schon ganz und gar nicht einen reaktionären Schmu. Dies ›Ewig-Weibliche‹ hat gewiß auch dafür gesorgt, daß es unter Ordinarien und Ministern so wenig Frauen gibt; ihm scheint es ein Skandal, obwohl Er meint, daß der männliche Schwachsinn nur von einem weiblichen abgelöst würde. Aber: wäre diese Ablösung auch nicht eine Verbesserung, so doch eine Wiedergutmachung.

Zu seinem Glück gehörte jene Weiblichkeit, die ein Partikel natura naturans ist. Er findet nicht eigene Worte, und gebraucht deshalb, in einer kleinen Mogelei, die lateinische Formel, die ein großer Denker geschaffen hat; der Wert solcher Tricks liegt darin, daß der Leser, was gesagt wird, nicht so leicht ignorieren kann wie eine übliche Wendung. Er nähert sich, noch ein letztes Mal und wieder befangen, der Liebe, die den bürgerlichen Kern spalten kann.

Seine Befangenheit entstammt dem Wissen, daß dies Wort so breit ist wie die Geschichte, in der es gebraucht wurde. Deshalb muß Er dies Glück seines Lebens etwas mehr unik machen. Die Gretchen und Kätchen der Literatur und des Lebens wurden sein Jenseits vom Alltag: seinem Fleiß, seiner Routine, seinen Geschäften, seiner Verwicklung in kulturelle Aktivitäten; wie spät erst merkte Er, wieviele ihn nichts angingen. Als Er ein Knabe war, las Er eine Goethe-Biographie nach der andern und nahm für Christiane Partei gegen die Frau von Stein. Später nahm Er es Schiller sehr übel, daß er zu den Christiane-Verächtern gehörte: »Goethe kann selbst das Geschöpf nicht achten, das sich ihm unbedingt hingab.« »Ehret die Frauen . . .«, die sich nicht unbedingt hingeben und also von den Schillers geachtet werden können. Aber nur diese unbedingte Hingabe, nie eine prämiierte Soziologie-Studentin führte ihn aus dem Alltag hinaus; und dies Hinaus war für ihn das Glück.

Das glückliche Außersichsein, außerhalb seiner Leistung als Mitbürger, außerhalb des unentwegten Mit-seins – noch einmal:

war es niedergehendes Neunzehntes Jahrhundert? In der Mitte des Zwanzigsten wurde der Versuch gemacht, die ›Götterdämmerung‹ von der Bühne in den Zuschauerraum zu reißen, der damit keiner mehr war – und zu oft als Theater mißverstanden wurde. In dieser Götterdämmerung war nicht Hitler die Hauptperson, die man mit dem Wort ›Nihilismus‹ nicht schwärzte, sondern eher veredelte, wo er doch der übliche, wenn auch besonders befähigte Gewalttäter war, Stalin II. Die Götterdämmerung, die in der Mitte des Zwanzigsten Jahrhunderts aufkam, wurde verkleinernd Unruhe genannt: schön-färberisch ›die heilsame‹, häßlich-färberisch die ›barbarische‹. Sie aber war jene alte, die ihn bisher nur in den Romantikern, den idyllischen und den explosiven, also nur in den hohen Werken der Kultur beglückt hatte. Diese alte, aber eben kräftigere Unruhe, die nicht zwischen zwei Buchdeckeln eingesperrt ist, bestätigt ihm seine innerste Wahrheit: daß jede Ordnung unwahr ist. Und Er hat sich klarzumachen, wo diese voll Glück praktizierte Wahrheit zum Unglück wird.

Da hier von ihm die Rede ist, muß er einsehen: daß Er zwar immer mit der Wahrheit (bescheidener: seiner) glücklich zusammengelebt hat, sie aber kaum praktizierte – und deshalb war sein Leben nicht glücklich. Er blieb immer ein Bürger – auch in den Stunden, in denen Er nicht ein Spießbürger war. Ein Einzelner kann sich von mehr Fesseln befreien als eine Gesellschaft, Er machte sich nicht frei: Gewohnheit, Routine ... und der allgegenwärtige, härteste aller Despoten: die Furcht, sich lächerlich zu machen ... hielten ihn nieder. Er lebte jenseits des Bürgertums nur in der Phantasie sein eigenes Leben – in jener Vielfalt, in der es angelegt war. Er wurde nicht glücklich, weil Er chronisch seßhaft war, Gegen-Bild des aufbrechenden Taugenichts. Er verließ nie seines Vaters Stube: auch wenn sie nicht mehr am Hansaplatz war, sondern in Eichkamp, in Paris, in New York, in Santa Monica, am Tegernsee. Die Stuben waren eng verwandt miteinander, es war immer dieselbe.

Als Er zu studieren begann, machte Er, säuberlich, auf einem Blatt Papier einen Acht-Semester-Plan; und hörte nicht mehr auf, zu planen: für die Flucht, für die Bücher, die Er schrieb, für den Lebensabend ... das ungeplante Leben blieb Er seinem Glück schuldig. Er klebte ein Leben lang (nicht räumlich, nicht zeitlich – aber bürgerlich) an dem Boden, auf den ihn der liebe Gott vor einem dreiviertel Jahrhundert placiert hatte. Im Losreißen hätte Er sich sein Glück gewinnen können. Er erreichte nur ein stellvertretendes, in den Werken von Meistern, welche dieselbe Sehnsucht mächtig artikulierten. Der Versuch einer nach-kapitalistischen und nach-stalinistischen Gesellschaft, sich zu entbürgerlichen, ist der große Ernst in der gar nicht heilsamen, sondern schwer zu heilenden Unruhe, die im Neunzehnten Jahrhundert nur einige ergriff ... und die nur Einzelnen zum Heil werden kann. Ihm, von dem hier die Rede ist, glückte sein Glück nie.

Es sind in dieser Meditation schon einige Quellen des Mißlingens gefunden worden, Er ist auch jetzt nicht interessiert am Versagen der Gesellschaft, sondern nur an seinem. Er wurde erzogen – zwar auch in einer Industriegesellschaft, aber es muß umfänglicher gesagt werden: in einer Leistungs-Gesellschaft (gibt es andere?). Sie kennt nur das Werk, nicht den Werker, der allein ein Ort des Glücks sein kann. Wie die Menschheit glücklich verwandelt werden kann, weiß Er ebenso wenig wie jeder, der es zu wissen glaubt. In seinem Abschied von sich beschäftigt ihn nur sein langes Versagen. Er war nicht so hilflos geboren, daß Er nicht die Chance gehabt hätte, sich dem Diktat der Leistungsgesellschaft stärker zu entziehen. Leistungen vollbringen Schlosser und Dichter; Homer (sollte er gelebt haben) ist einer der leistungsfähigsten Menschen gewesen; er ist immer noch nützlich. Innerhalb seiner Berufe als Kritiker, Lehrer, Schriftsteller stiftete Er wahrscheinlich etwas Schaden und etwas Nutzen ... damit gehört Er, sehr klein gedruckt, in die Geschichte der Nützlichkeiten, nicht aber in seinen Nachruf. Auch wäre es zu schwer, zu ergründen, wie Er funktionierte, weil alle Leistungen (schon als es das Wort noch nicht gab) am laufenden Band umfunktioniert wurden.

Wohl zu separieren ist die Bildung, die ihn belastete (eine

Bürde von kulturellen Ablagerungen); dazu können die größten, diesem Einzelnen aber fremden Meister gehören – von der Tradition, die ihn glücklich machte. Die drückende Last erfuhr Er am eigenen Leib; denn am Leib vollzieht sich Sitzen, Nachsitzen und Vorsitzen. Soweit Er Bildung erlitten hat, war sie ein Haufen aus Kenntnissen, die Er kennenlernte wie fremde Menschen, die ihm fremd blieben, und praktische Fähigkeiten, die ihn zu nichts befähigten. Das alles hatte wenig zu tun mit seinem Glück, das ihn ergriff, als die ›Walküre‹ (keine Bürgerin, wie Wotan ein Bürger war) ihn ins Herz traf: »War es so schrecklich, was ich verbrach?« Zu spät entdeckte Er, daß Bildung den Einzelnen nichts angeht – außer dort, wo Er eine Quelle seines Glücks findet.

Bildung kann den Erfahrungsbereich entschränken, den zwei Augen und zwei Ohren, Fernseher und Fernlaut-Verstärker begrenzen. Bildung kann jenen engen Bezirk um Jahrtausende verbreitern. Aber abgesehen davon, daß sie diese Aufgabe nur unzulänglich erfüllt, leistete sie kaum etwas für das Glück, das sie nicht in Betracht zieht. Sie weist den Lernenden nicht darauf hin, daß er mit den großen Werken wie ein Liebhaber umgehen soll, der die Einen lieb hat, die Anderen aber nicht; es muß ein persönliches Verhältnis hergestellt werden. Es ist keine Liebeswahl, wenn Generationen verpflichtet werden, sich mit Shakespeare einzulassen und nie aus der Bildungs-Ehe mit ihm auszubrechen ... Jeder sollte frei sein, sich ins Herz treffen zu lassen oder keine Notiz von einem Meister zu nehmen. Unter den vielen grausamen Obrigkeiten wird der offizielle Kulturstandard kaum bemerkt. Vielleicht ist Er so bildungsfeindlich geworden, weil Er sich in dieser Feindschaft zu rächen hat für so viel demütigende Stunden, in denen Er sich von den (geheimen) Zwingherrn des Kulturbezirks zwingen ließ, vor den Dreisterne-Monumenten sein Kotau zu machen.

Ihn interessiert nicht mehr, was Er geleistet hat, und nicht nur deshalb nicht, weil es kaum erwähnenswert ist. Was im Anblick des Grabes zählt, ist nur noch, was ihn glücklich machte. Sie kam bisweilen in sein Zimmer, ohne daß Er sie bemerkte – und sagte ihm später, Er hätte glücklich vor sich hingelächelt. So wurde Er aufmerksam auf seine Glückseligkeit am Schreibtisch. Nach viel Lauem, das Er gelangweilt niedergeschrieben hatte, war ihm immer wieder ein Gedanke aufgegangen wie ein kleiner ergreifender Stern; ein Absatz war zum Schluß zu einer kleinen Schönheit aus Worten geronnen. Die Fron in Museen vor fremden Bildern und am Schreibtisch vor dem weißen Papier, das ihn nötigte, wurde bisweilen unterbrochen vom strömenden Glücksgefühl. Strömte es eigentlich? Es breitete sich aus bis an die Ränder: Wärme, die immer wohltätiger bis an die Grenzen des Sensoriums vordringt. Er kann dem Unbehagen in der Kultur nicht ein Behagen entgegensetzen, nur seine kleinen glücklichen Aufschwünge. Er müßte sie untersuchen und tut es nicht, weil Er mehr als Allgemeines nicht herausbringen kann. Er würde höchstens angeben können, von wo eine Himmelfahrt ausging – aber nicht immer; und weshalb von hier. Diese Reihe von Erfahrungen des Glücks sind nicht die Bestandsaufnahme eines Gebildeten, eher eines Süchtigen. Seine Bildung hat Er gemein mit vielen seiner Generation, seiner gesellschaftlichen Schicht. Seine Besonderheit ist erst definiert mit der Karte seiner Abfahrten zum Himmel.

Utopisten, Menschen, die weder in die Fabrik noch ins Büro zu gehen brauchen, haben ihre Arbeitsstätte im Elfenbeinturm, da sie nicht daran denken, den Glanz, den sie hinzaubern, hineinzutragen in den glanzlosen Alltag der Politik, die allein dieser Utopie näher kommen kann. Auch Er hat sich in diesen Turm gerettet, nur in eine andere Etage. Er lebt dort nicht vom Auf-der-Stelle-marschieren in imitierter Revolution, sondern im Ersatz-Glück, das Er aus der Tradition seines Glücks holte. Er merkte es nur langsam, zumal auch Er, von Zeit zu Zeit, mit Schwertern aus Worten focht. Er merkte es nur langsam; Er war immer etwas spät. Erst spät rückte Er, provoziert von der amtlichen Heiligsprechung des Werks, in den Vordergrund: was hatte dieser Einzelne von seinem Leben? Die Antwort: Er hat nicht genug gehabt. Und daran war weder das Zeitalter der

Weltkriege schuld, noch irgendein Kollektiv in West und Ost, noch die Gehässigkeit makabrer Zeitgenossen, noch die wichtigtuerische Wendung: daß Er es zu nichts gebracht hat. Der Einzelne bringt es sowieso nur zum Tod, im schlimmsten Fall zum Staatsbegräbnis. Es ist ihm (um kurz vom Stil der Feststellung abzuweichen) weh zumute, daß Er sich nicht recht zu sich gebracht hat. Jeder braucht eine Reihe von Jahrzehnten, bis er sich den Fängen des gröbsten Tyrannen, des überlebensgroßen Zeitgeistes, etwas entzogen hat. Die Welt ist sehr eng, wenn man dressiert worden ist, sie vor allem zu durchdenken. Aus der Not wird eine Tugend gemacht, wenn die unmittelbare Erfahrung ignoriert, verdammt ... oder (von dem illiberalsten Liberalen) als Erfindung rückständiger Nackt-Kultur-Sekten veralbert wird.

Die verkümmerten Sinne (hat erst die Industriegesellschaft sie verkümmern lassen?) haben sich gerächt und die Entfremdung geschaffen. Dieser vielberedete Fremdling im eigenen Ich ist der ihm fremde Leib, die ihm fremde Innen-Welt. Nicht von Krupp und nicht von Stalin und nicht von Hitler ist Er sich entfremdet worden. Das fade Gerede vom anonymen Rädchen in der industriellen Gesellschaft reizt zum Lachen, ist man gut gelaunt; und zum Erbrechen, hat man weniger Humor. Er sah sich die stärksten Verbraucher dieses Wortschatzes an; sie sind nicht einmal Rädchen, weil sie keine Maschine in Schwung setzen.

Er ist sich fremd geworden, weil Er mehr in der von Künstlern und Denkern (und Epigonen) geschaffenen Welt lebt als in jener, die noch nicht sublimiert (verflüchtigt) ist. Er gebrauchte öfter seine Augen, Rembrandts Bilder zu sehen als die Gesichter, die er gemalt hat. Das ist die Leere. Es ist nicht so sehr das technische als das wegsublimierte Leben, das den Ennui, diese gewaltige Langeweile, geschaffen hat, Ursprung der sinnlosesten Geschäftigkeiten.

Wie sehr hat der Genuß, welcher offiziell der ›höhere‹ ist, denjenigen, der offiziell nicht sehr geschätzt wird, verdrängt! Alle Freuden, welche die hohen Werke der Kultur zu schenken haben, können nicht das Atmen und das Schmecken ersetzen ...

nur es verstärken und subtiler machen. Er könnte leichthin sagen: Er und Generationen vor ihm seien falsch erzogen worden. Aber weshalb erzog Er selbst sich nicht? Wer zu ausschließlich in der Welt der Kreatoren lebt (der technischen und der geistigeren), stirbt als Kreatur ab. Das ist keine Kulturfeindschaft – nur ein Abrücken von dem Fixiertsein auf den ›Geist‹. Er hat nicht die Kraft gehabt, die erlesene Kultur (in jenem weitesten Sinne des Wortes, in dem sie alle Künste und Künsteleien umfaßt) öfter als gelegentlich zu verlassen. Ihm sind Milliarden auf dieser Erde, ihre Wälder und ihre Meere, kaum vertraut geworden, weil Er zuviel in Konzerten, Museen, Feiern von Ideologien abgeriegelt war. Er kennt sie nicht: die Dorfschullehrer, die Bettler auf der Straße, die Warenhausverkäufer, die Mönche, die sich anzünden, die Arbeiter (die nicht in Arbeiter-Romanen und Theorien vorkommen), afrikanische Analphabeten, Blinde seit ihrer Geburt. Hingegen kennt Er den Kulturbetrieb einiger Jahrzehnte besser als seine Tasche. Die Rasse der Intellektuellen neigt dazu, den Menschen nach ihrem Ebenbild sich vorzustellen – oder vielmehr nach dem Bilde von sich, das sie in den Spiegel hineingesehen und so abgemalt haben. Deshalb schlägt Er es sich ab, die weltgeschichtlichen Ereignisse aufzuzählen, die ihn hinderten, zu sich zu kommen, auch zu seinem Glück. Sie dürfen kein Vorwand sein.

Das herrliche ›Verweile doch . . .‹, vom rastlosen Goethe nicht gewürdigt, kam in seinem Leben nicht auf: nicht, weil Er ein braver Dialektiker, sondern weil Er ein unzugänglicher Skeptiker war. Zweifel ist Nährboden der Kritik, der Distanz, welche Intimität ausschließt. Er schützte ihn vor Illusionen und verhinderte die unbefangene Hingabe an Menschen und Werke. Die Distanz, die der Zweifel schafft, ließ es nie zum ›ewigen Sonntag im Gemüte‹ kommen. Sein Mißtrauen kann vielleicht geographisch lokalisiert werden. Der Major Tellheim ist sein Verwandter. Auch Er hielt es immer mehr mit einer (komisch-sturen) Aufrichtigkeit als mit jenem humanen Einverständnis, das die Schwächen der Zeitgenossen und die eigenen nicht ganz ernst nimmt. Er hielt zu oft das Panier hoch; man weiß noch nicht, daß das Resultat dasselbe ist, ob man hinaufschreibt: Vaterland oder Partei oder den Namen irgendeines Vorbeters. Er hackte ein Leben lang auf sich und anderen herum, obwohl eine sehr exakte Ahnung ihm sagte: wir sind alle miteinander Eintagsfliegen. Er wäre so gern ein Pariser Charmeur geworden und wurde ein sehr widerborstiger Preuße.

Er hat immer zuviel Mängel gefunden: bei seinen Freunden, seinen Feinden und bei sich. Liest Er Kritiken, die Er geschrieben hat, in frühen Jahren und in späten, so erfährt Er, daß Er nicht mit dem ›ewigen Sonntag im Gemüte‹ begnadet war. Die kritische Haltung, die den Kritiker schließlich zu jeder anderen unfähig macht, ist eine Pest; Er kennt sie. Dankbarkeit hingegen ist Genuß, Ausdruck der Freude, daß man bereichert worden ist. Jüdische Propheten hielten Undankbarkeit für die Ursünde Israels. Er macht es sich nicht-theologisch zurecht: Mangel an Dankbarkeit ist eine Verarmung des Daseins, auch eine Nebenerscheinung der Kritikbesessenen. Er war nicht frei von dieser Selbstverkrüppelung. Wer nicht dankbar ist, kann auch nicht glücklich sein.

Zu den Werken, die ihn auf sich aufmerksam machten, gehörte Ibsens Epilog ›Wenn wir Toten erwachen‹. Der Bildhauer Rubek bereut am Ende seines Lebens: zuviel geschaffen, zu wenig Glück bereitet und zuwenig Glück genossen zu haben. Was alles hat Er nie gesehen, nie gehört, nie gerochen, nie geschmeckt: weil in vielen Stunden, Jahren, Jahrzehnten seine Sinne und sein Mitgefühl nur indirekt lebten – in der Konzentration auf ein weißes Blatt Papier. Er hat sich als Genießer, auf den Er angelegt war, und als Mitmensch nicht bewährt. Wenn Er sich an seiner lautesten Sehnsucht mißt, so kommt Er zum trüben Schluß: die eine Freude, zu reflektieren und aufzuschreiben, hat es zu vielen Freuden nicht kommen lassen: vor allem nicht zur Seligkeit, Freude zu bereiten. Dies Leben gegen seine heißeste Leidenschaft, mitbestimmt vom zerstörten Pathos der Leistung, scheint ihm ein Hauptzug in seinem Bilde zu sein.

Viele Zeitgenossen waren eingespannt und konnten nicht heraus: nicht aus dem Beruf, nicht aus dem Militär, nicht aus dem

Jargon ihres Milieus ... Ihm scheint, daß Er aus den günstigsten Bedingungen, unter denen Er aufwuchs, nichts gemacht hat; und gemeint ist nicht eine größere Leistung, sondern ein umfänglicheres, vielfältigeres, nicht in jener Zelle abgeriegeltes Leben, in welcher ›die Blüte der Nation‹ verwelkte ... und Er mit ihr. Er war zu wenig heimatlos.

Vergötzung der Dissonanzen führt nicht zum Glück

Jeder wird sich begegnen mit den Worten, Begriffen, Bildungsassoziationen, die ihm zugefallen sind. Er war auf dem Gymnasium, der Universität, lebenslang ein Student in der Schule der Philosophen, Zeitgenosse der lauten Ideologien, die in den letzten fünf Jahrzehnten bei der jeunesse wenig dorée herrschten – und blickt auch mit Hilfe der Augen, die Vorfahren und Zeitgenossen ihm schenkten, auf sein Leben zurück, in einem Abschied von sich. Er entfernt sich mehr und mehr. Er wird immer winziger und immer deutlicher. Je mehr das Pathos des Ich verstummt, desto nüchterner wird Er.

Die Gedenkrede hier (keine Festrede, auch keine üble Nachrede, Selbstbezichtigung) versucht noch einmal, nach Absprache mit ihm, den Rahmen zu zeigen, in den einging, was Er dachte, immer wieder fühlte, immer wieder anstrebte ... und wie Er unsicher wurde, immer wieder; was Er fand, paßte oft nicht zueinander, aber Er wehrte sich gegen eine glatte Front vor seinen Unsicherheiten. Er kam, neunzehn Jahre alt, in sein erstes philosophisches Seminar, und sieht nun, nachdem Er aus dem letzten herausgekommen ist, nach den vielen Jahrzehnten eines bejahrten Philosophiestudenten, Lichtenberg bestätigt: »Die Philosophie wird sich noch selbst fressen.«

Er hat erfahren, daß jeder philosophiert, meist als Anhänger, seltener als Grübler – aber darin unterscheidet sich der Laie nicht von den Ordinarien der Philosophie. Der Unterschied ist nur, daß die Experten die Anlage so weit entwickelt haben, wie bei anderen ihr Singen, ihre Beinmuskulatur oder ihre Fähigkeit zu betrügen ausgebildet ist. Er wird, da Er seinen Nachruf niederschreibt, sich zum Schluß noch einmal präsentieren, indem Er herausphilosophiert, wie Er geworden ist und Wer – in der Sprache, die Er gelernt hat.

Daß keine Verwirrung entstehe: Er entfaltet nicht eine brauchbare Philosophie, sondern sich. Da Er sich nicht als sinnvolle Geschichte darstellen kann, und erst recht nicht als Repräsentanten eines übergeordneten Wesens, bleibt nichts übrig, als einige Fäden des Knäuels, das Er zu entheddern suchte, herauszulösen. Wie aber sein Leib, sein Charakter, sein gesellschaftlicher Ort sich in seinem Philosophieren zueinander verhielten, was Überbau gewesen ist, was Ursprung, wissen nur jene Ignoranten, die so etwas ganz genau wissen. Er kann nicht sagen, welchen Stellenwert jene Reflexionen haben, mit denen Er sich zu sich zurückneigt: eins der vielen Abbilder, mit denen Er sich sichtbar zu machen sucht. Sind die Argumente, Bekenntnisse, Masken eines Körpergefühls? Ist nicht nur das Psychosomatische beachtet, auch das Somapsychische? Fehlt nicht neben der Psychologie der Weltanschauungen noch eine Physiologie der Weltanschauungen? Seine hin- und herschwankende Befreiung von allen Sicherheiten, mit den Instrumenten, die ihm vermacht worden (und vielleicht sind einige von ihm gebastelt), ist offenbar.

Er fand, daß keine von Philosophen errichtete Festung nötig ist, um von ihr aus dem Kampf vorwärtszutragen, der von Platon bis zu Marx und den Epigonen immer durch eine absolute Wahrheit abgesichert wurde; die absolute Methode ist auch eine Metaphysik. Daß der Mensch menschlicher werden soll, ist keine Wahrheit, sondern ein Wille, den man nur verunklärt,wenn man ihn an irgendeine Theorie fesselt; Er ist für eine philosophisch nicht zu deduzierende, allseits bekannte Menschlichkeit. Eine Metaphysik dazu ist überflüssig. Notwendig ist eine Taktik, die von der gegebenen Situation aus in diese Richtung führt. Den nächsten Schritt kann nicht der Philosoph bestimmen, nur der Politiker, der nicht die Freiheit der Verkünder hat, sondern im Reich der Mächte vorwärts kommen muß. Die tyrannisierende Dialektik kann ihm, von dem hier die Rede ist, nicht helfen;

auch nicht die ebenso tyrannisierende Entfremdung, über die nur selten einmal ein Zeitgenosse (wie Helmut Plessner) die Wahrheit sagte: »Nichts ist in unserer Lage verhängnisvoller, als den Tröstungen zu vertrauen, welche die Idee der Entfremdung verspricht.«

Er ist viel Aberglauben losgeworden und weint ihm nicht nach. Die Allerwelts-Dualismen gaben sich (als Er begann) wie angeboren: Körper und Geist, Schön und Häßlich, Gut und Böse, These und Antithese. Die verfeindeten Zwillinge haben die Neigung, einen Sieg über den anderen zu erringen. Schlimmer (das ging ihm auf) sind nur noch die Sieger: der Monotheismus, das Absolute, der Sinn des Ganzen; der Monomethodismus ist bereits ein genierter Gott. Wenn es eine Konstante in seinem Leben und Denken gegeben hat, war es der Widerstand gegen die herrschende Zwei und noch mehr gegen die Eins. Pluralismus ist ihm ein zu freundliches Wort: als ob im Bewußtsein (wie in einem Selbstbedienungsladen) Vorstellungen und Emotionen und Absichten vielfältig und friedlich nebeneinander liegen – zum Aussuchen.

Man ist pluralistisch geworden, als ob der Kram innen, sauber durch Trennungsstriche geschieden, geeignet sei, Angebote zu machen. Diese Mannigfaltigkeit ist nicht einmal ein Haufen zu nennen. In einem weiten Nebel entdeckte Er Einsichten, die nicht zu einander paßten; sie sind zu verschieden, auch Jahrhunderte alt oder von gestern. Wer ein Bedürfnis nach Orientierungskarten hat, pause die alten durch; die berühmtesten sind die umfassenden philosophischen Systeme und Methoden. Das All kann höchstens in der Phantasie, in optischer Abkürzung, eine Einheit sein.

Er hatte, oft genug, eine schwache Stunde und verschanzte sich (wenn Er es auch nie zur Weltanschauung brachte, nicht einmal zur Ich-Anschauung) in einer kleinen Wahrheit, als wäre sie der liebe Gott. Aber Er kann sich (mit Hilfe von Dokumenten) versichern, daß irgendein sympathisches Fachvokabular ihn nie lange abgehalten hat, gegen das erste und wichtigste Jehova-

Gebot sein eigenes erstes zu setzen: Du sollst keine Götter haben neben Dir! Es darf nicht übersehen werden: zu diesem Dir gehört auch sein Gewissen, sein Geschmack, sein Ideal (wie man heute vornehmer sagt: seine Utopie), auch das Anti-Ideal, dessen Wirkung bisher kaum gesichtet worden ist. Der Befehl, jener unverletzbaren Subjektivität (heute gern ›Authentizität‹ genannt) zu gehorchen, war keine Libertinage.

Seine Abwehr fremder Götter kann psychologisch oder physiologisch oder soziologisch oder historisch abgeleitet werden. Er verspricht sich nicht viel davon; ebensowenig von der Trennung, die als Leben und Werk erscheint. Welche Quellen seiner gründlichen Skepsis im Leben lagen, welche im (übertrieben isolierten) Gespinst, das Werk genannt wird und autonom sein soll, ist nicht auszumachen. Er ist nicht imstande, die Herkunft seines dominierenden Tychismus, des Glaubens an den Zufall, zu finden. Regierende Soziologen machen es sich bequem und ordnen flink solch einen Mann einer Phase in der Geschichte seiner Gesellschaft zu. Er widerspricht nicht; aber was sagt solche Klassifikation über die Wahrheit des Klassifizierens? Ist es nicht möglich, daß im Spät-Kapitalismus etwas entdeckt wird, was im frühen, dessen Zeitgenosse Karl Marx war, noch nicht sichtbar werden konnte?

Solche Spekulationen interessieren ihn nicht. Er ist darauf aus, sich klarzumachen, mit welcher Wahrheit Er zusammengelebt hat, und wie sie sein Gemüt färbte. Wie nah sie jener großen Wahrheit kommt, die unerforschlich ist, kann Er nicht erforschen. Doch weiß Er: daß jene Praktische Vernunft, welche die praktikable ist (in der Technik wie in der militanten Soziologie), mit der theoretischen nicht das geringste zu tun hat. Der Einsatz für ein Ziel, ein menschliches oder teuflisches, ist vernünftig, wenn sie praktisch ist, ein Weg, der dahin führt, wohin man will. Die Vernunft, soweit sie unabhängige, von jedem Ziel unabhängige Forschung ist, hat nichts mit Praxis zu tun. Es war schlimm, daß Kant die Wendung ›Praktische Vernunft‹ in dem Sinn gebraucht hat, in dem Vernunft eine von Interessen freie Wahrheit ergründen will.

»Du sollst keinen Gott haben neben mir« war das Gebot eines Lokal-Götzen, eines eifersüchtigen, der im Konkurrenzkampf stand; wir kennen dies Verhalten aus der Geschichte des Menschen. Im Ersten Gebot zeigt sich ein Autokrat, den man (sehr zu Unrecht) dem christlichen Dulder entgegenstellte, der mehr zur Liebe als zum Herrschen geneigt sei. Aber Götter lieben nicht. Und ob Jesus so liebevoll war (wie sein Prestige glauben macht), nicht auch recht autoritär . . . und ob sein Vater, der immer noch Jahwe ist, die Christen nicht stärker beeinflußte als der Sohn, wenn er liebte . . . sollte gründlicher erkundet werden.

Er selbst hielt Richard Wagners Wotan für nicht so eigensinnig wie den Gott der Juden und Christen. Es ist ein Vorzug der Wagnerschen Religion (dessen Politik viel Schaden anrichtete): das Zwangssystem des Alten verschwindet; Siegfried, der Klassenlose, löst ihn ab. Im Christentum wird Jahwe nicht entthront. Es hat sich eine Teilhaberschaft gebildet: der Junior ist zwar attraktiver, hat aber wenig mitzureden. Hier wird ebenso sehr auf die Dogmatik gezielt als auf die Praxis in fast zwanzig Jahrhunderten.

Es sieht, fand Er, so aus, als sei schließlich die Heilige Eins dem Plural gewichen; es sieht sogar in den Büchern vieler Theologen der letzten hundertfünfzig Jahre so aus, vor allem der Hegel-Marxschen. Das ist ein säkulärer Irrtum. Hegel und Marx zerbrachen nur scheinbar die ewige Eins; im werdenden Gott, im Fortgang zum himmlischen oder irdischen Heil wurde zwar die Zeit anerkannt, aber auch eingesperrt von der Ewigkeit.

Dann setzte sich immer stärker, zur Zeit seines Daseins, der Unglaube an das Eine über dem Vielen durch. Heine: »Hört ihr das Glöckchen klingeln? Kniet nieder. – Man bringt die Sakramente einem sterbenden Gott.« Die abstrakteren Epigonen beweinten ›den Verlust der Mitte‹. Wer hat sie entwendet? Es gibt eine Unzahl von Wendungen, welche diesen Schmerz artikulieren. Man wäre eher bereit, einen bösen Gott zu akzeptieren als diese Herzlosigkeit. Woher die Tränen?

Der Eine, das Eine, das Ewige, das Absolute und ihre Stellvertreter: Papst, Kaiser, Kategorischer Imperativ, Dialektik . . .

hatten eine Funktion, die nicht zu ersetzen ist: sie behausten den Einzelnen in der Wüste, protegierten ihn gegen den Tod, gegen das Chaos, gegen die Anarchie oder wenigstens gegen die Unordnung... es gab verschiedene Grade von Schutz. Die Beschützer, die beschützten, solange man an sie glaubte, waren nicht selten mit Ausbeutern im Bunde; doch waren die Schutzhütten nicht von ihnen erfunden worden, wie es sich die Aufklärer von gestern und die gestrigen von heute vorstellten, vorstellen. Das Ewige (auch die ewige Dialektik) konnte nur deshalb einer reaktionären Praxis dienen, weil es eine drängende Sehnsucht ist.

Die europäische Aufklärung, die hinter der Vorstellung vom Ewigen nur Dummheit sah und Tücke: Ahnungslosigkeit vor der Vergänglichkeit von Institutionen und Ideen, List der Mächtigen, die sich mit Hilfe der Verewigung einer schlechten Gegenwart vor Entmachtung zu schützen suchten... diese selbe Aufklärung verklärte bald den unablässigen Wandel, das andere Dogma: daß alle Konstanten, auch wenn sie sich Jahrtausende gehalten haben, keine sind. Die eine Illusion: vom Ewigen, welche eine Vergänglichkeit nicht als vergänglich erkannte, wich der anderen: daß nur Engstirnigkeit und Bösartigkeit den Menschen nicht gleichsetzt mit der Utopie vom Menschen: mit der Zeit könne der Wille zum unentstellten, menschlichen Menschen, zum nichtentfremdeten alles. Der schlechte Realismus und der schlechte Utopismus sind einander wert.

Die Einen sagten immer: so ist der Mensch ... und suchten zu verhindern, daß er menschlicher wird. Die Andern sagen: kein Blut und kein Leiden soll verhindern, den menschlichen Menschen, der aus der Ferne winkt, zu erreichen. An der Front stehen die Kleinmütigen und die Übermütigen, Abenteurer auf dem Wege zu einem Fernen, von dem niemand weiß, ob die Opfer (meist der Andern) nicht leichtsinnig dargebracht werden. Die Kreuzritter, die Extremisten der Französischen Revolution, die Männer um Lenin waren noch naiv. Wer nach ihnen studiert hat, wie groß die Vernichtung war und wie klein der Schritt zur Verwirklichung ihrer Sehnsucht (und ist dieser Schritt überhaupt meßbar?), darf nicht mehr unbefangen Revolutionen hervorreizen. Er hat sich zu erinnern an die Bestialität der siegreichen Unterdrückten. Diese Erinnerung ist nicht konterrevolutionär, sondern Mitleid. Seine Verächter haben es leicht, hart zu sein, wenn sie ohne Mitleid sind.

Viel ist bekannt über die Stellvertreter des Einen Gotts, sogar über ihre guten Absichten; Hölderlin hat im ›Empedokles‹ einen nihilistischen Priester geschaffen, einen wohlmeinenden. Bis zu diesem Tag ist für alle, die das Wort Aufklärung und Demokratie nicht sträflich in den Mund nehmen, die Frage offen: ob es richtig ist, Unmündigen den leeren Himmel zu zeigen; sie kann nicht mehr durch das Wort ›reaktionär‹, zu oft ein hochmütiges Schimpfwort, verboten werden. Aber: wie soll man mündig machen, wenn man nicht die Wahrheit zeigt? Aber: wie soll man die Wahrheit zeigen, wenn die Gefahr besteht, daß die Unmündigen an ihr zugrunde gehen? Die Eins: Gott, Sinn des Daseins, die dialektisch anrollende heile Gesellschaft... sind Illusionen, von vielen geglaubt, von vielen nicht ganz abgestreift, nur von einigen aufgegeben.

Die Sinngebung des Sinnlosen, von Nietzsche verkündet, vom Nietzsche-feindlichen Neo-Marxismus übernommen, nachdem das Dogma von der verläßlichen Dialektik aufgegeben war, die prinzipielle Hoffnung... ist kein Halt; man kann von prinzipiellem Hoffen nicht leben, nur von einer, die von Zuversicht genährt wird. Aber woher sie nehmen?

Der letzte Halt war die Bindung an die Wissenschaft, den noch Brecht hatte – mit seinen ewigen: »Das ist wissenschaftlich erwiesen.« Die großen Wissenschaftler haben diesen Halt nicht mehr. Bertrand Russell schrieb: Alles, was wir wissen können, ist nicht von solcher Bedeutung wie das, was verborgen bleibt. Russell ist auch der leuchtendste Beweis, daß die Abdankung vor der großen Wahrheit zusammengehen kann mit einem politischen Aktivismus, der in keiner Wissenschaft verankert ist. Es ist kaum beachtet worden, daß der theoretische Nihilismus verschmolzen sein kann mit dem Willen zum nichtgeknechteten Menschen: Georg Büchner, der revolutionäre, der epikuräische Nihilist, muß so gesehen werden.

Zeit seines Lebens war Er bei diesem Dichter zu Haus. Die Begriffsphantasien militanter Soziologen hingegen verdeckten, daß sie weder der Wissenschaft noch dem guten Ziel dienen, wenn sie wissenschaftlich den Menschen vermenschlichen wollen. Sie schaden der Wahrheit und der guten Praxis zugleich. Es gibt keine Praktische Vernunft; nur das gute Ziel, das sie ohne Recht Vernunft nennen, und einen praktikablen, also vernünftigen, also praktischen Weg. Nur eine Politik kann vernünftig sein – nicht, was sie erreichen will; das kann nur gut oder böse sein und liegt außerhalb jeder Wissenschaft. Politik stellt nur die Frage: wie kann ich ein Maximum an Macht einsetzen? Die Schwärmer und ihre Mitläufer sind zu erhaben, um an den nächsten Schritt zum fernen Ende zu denken. Sie nehmen naiv oder wichtigtuerisch die Ankunft vorweg – und kommen nicht an. Die Abgrenzung gegen seine herrschenden Zeitgenossen gehört zu seinem Nachruf. Er war nicht in Harmonie mit den Herrschern, die sich bequem als Opposition niedergelassen hatten.

Skepsis, Relativismus, ein Positivismus, der unvoreingenommen den Befund darlegt, werden bösartig bekämpft, besonders in Deutschland. Allerdings sind sie nicht so blaublütig wie der philosophische Idealismus (dessen letzte große Blüte der Marxismus war). Die Idealisten, die nicht unterscheiden zwischen Stillstand und langsamem Tempo, sind keine. Stillstand provoziert zu Recht, das langsame Vorwärts zu Unrecht. Wo die Grenze ist, wird oft nicht erkannt, weil die Guten vom Detail nichts wissen wollen.

Die ernste Skepsis blieb nie im Bezirk des theoretischen Zweifels. Er führte Kleist zur Verzweiflung. Er führte Hebbel zu dem unvergeßlichen Imperativ: »Rühre nimmer an den Schlaf der Welt . . .« Die Politik des Bremsens hat nicht immer zum Motiv das Interesse derer, die keine Änderung wollen, weil sie ihre Lage nur verschlechtern könnte. Es gibt neben dem Reaktionär den Konservativen aus humaner Vorsicht. Er selbst glaubt nicht daran, daß man das Schlimme radikal eliminieren – und glaubt, daß man es vermindern und den Rest wegtrösten kann.

Nichts ist heute mehr unter Beschuß als der Trost. Jede Soforthilfe, die ablenkt von einer Not, welche (zur Zeit oder zu allen Zeiten) nicht behoben werden kann, wird nur unter dem einen Blickwinkel gesehen, daß die Getrösteten, die Abgelenkten vom Marschziel abgebracht werden sollen. Dies Dogma ist die Wurzel des Kampfs gegen Boulevardblätter, Illustrierte, Lustspiele ..., die als Verdummungs-, also Unterdrückungsmittel attackiert werden, obwohl kein Leser, der eine Fürstenhochzeit mitgenießt, vom Alltag weggeholt werden kann; er erholt sich nur ein Weilchen, wenn er sich für eine Stunde mit einem Leben identifiziert, das er gern führen möchte. Wer das nicht will, ist kein Mensch, sondern ein wildgewordener Chirurg. Nietzsche, der Unglückliche, fand »viel mehr Glück in der Welt, als trübe Augen sehen«. Und während die Verherrlicher des Elends, weil es allein Revolution machen kann, nur noch Elend zeigen (und wo es nicht materielles ist, das Elend der Entfremdung interpolieren), pries Nietzsche ›das Wohlwollen‹: »jene Äußerung freundlicher Gesinnung im Verkehr, jenes Lächeln des Auges, jene Händedrücke, jenes Behagen, von welchem für gewöhnlich fast alles menschliche Tun umsponnen ist. Jeder Lehrer, jeder Beamte bringt diese Zutat zu dem, was für ihn Pflicht ist, hinzu: es ist die fortwährende Betätigung der Menschlichkeit, gleichsam die Wellen ihres Lichts, in denen alles wächst; namentlich im engsten Kreise, innerhalb der Familie grünt und blüht das Leben nur durch jenes Wohlwollen.«

Diese Sätze, leicht angreifbar, leicht zu widerlegen, erhalten ihre Wahrheiten erst von den Diktaten derer, die alles ›Wohlwollen‹ aus dem Leben heraussehen, alle freundliche Gesinnung, damit um so strahlender ihr jüngstes Gericht exekutiert wird, und erst danach ist die »fortwährende Betätigung der Menschlichkeit« erlaubt.

Ihm, von dem hier die Rede ist, schien die regierende Intellektualität säkularisierter Puritanismus zu sein (wie man heute sagt: anti-kulinarisch); die Anmaßung strenger Priester, welche den Lebenden gute Stunden verbieten, um einer imaginierten Zukunft der Urenkel willen. Ein guter Teil, ein schlechter Teil der Gesellschaftskritik ist unhuman, weil sie Bedürfnisse des Mitmenschen an diesem Tag nicht in Betracht zieht. Sie werden nicht so sehr hervorgereizt (man sagt heute: manipuliert) als befriedigt. Es gibt einen Trost, der nicht tröstet, den scheinheiligen: die Worte der Freunde Hiobs, die ihm leicht gut zureden konnten, weil es nicht sie getroffen hat, weil sie ihn mit frömmelnden Redensarten loszuwerden suchten. Aber gegen das triste Heim gibt es Wirksameres als das prinzipielle Warten auf den Messias. Es gibt Paläste, in denen einer wenigstens so lange wohnen kann, wie er die lockenden Bilder betrachtet; nur so lange, aber doch wenigstens so lange.

Die Priester aller Religionen predigten gegen das Kulinarische, um des fernen Paradieses willen. Macht es etwas aus, ob sie Nutznießer waren oder Narren? In der Forderung des rauhen Wegs zum irdischen oder himmlischen Himmel besteht zwischen den christlichen und marxistischen Drillmeistern das Gemeinsame: die Lebenden haben nichts vom fernen Glück ... und die fernsten Nachfahren werden es auch nicht erreichen. Jede Nicht-Beachtung der Lebenden ist unmenschlich; auch der klerikale Marxismus hat seine verbotenen Pillen und ist antikulinarisch wie der Papst. Man kann dem Lebenden sein ›falsches‹ Bewußtsein nicht wegoperieren, ohne ihn zu zwingen; eine winzige Schar behauptet, sie habe das richtige – und sucht es den Mitmenschen aufzuoktroyieren und macht sie noch elender, als sie schon sind. Es gibt einen Trost für den Arbeiter – und einen anderen für den Soziologen, der ihn im Bild von der unentstellten Welt findet. Was falsch ist am falschen Bewußtsein (eine sehr problematische Diagnose), kann im besten Fall durch Erziehung wegerzogen werden, wenn auch der oberste Satz der Aufklärung »Erziehung kann alles« zu jenen Maximen gehört, die durch ihren Überschwang den Blick nicht gerade schärften.

Die Ablehnung der lautesten und beliebtesten Dogmatiker isolierte ihn, von dem hier die Rede ist. Er war weder am Tisch der Machthaber und ihrer Unterlinge noch bei den plumpschicken Volkstribunen und ihrem Troß. Das klingt sehr gut. Er steht glänzend da; aber so glänzend war es nicht. Es ist ihm nicht gelungen, dem skeptischen Aktivismus, dem nihilistischen Fortschreiten eine Gasse zu bahnen. Aus Feigheit? Möglich. Wer niemand hinter sich hat: keine beliebte Theorie, nicht den Beifall derer, die bestimmen, wie man fortzuschreiten hat, muß viel Mut haben. Er denkt an Ossietzky (das Beispiel ist übertrieben), um zu personifizieren, was ihm fehlte.

Es gehört ein Aufwand an Energie zur einsamen Provokation, den Er (aus Schwäche? aus Faulheit? aus Mangel an Courage?) kaum aufbrachte. Es genügt nicht: zu fühlen, sich vorzustellen, zu wollen; Gefühl, Erkenntnis und Absicht müssen wirksam werden. Er brachte nicht die Wirkung hervor, auf die Er angelegt war. Es reichte nicht aus. Im Zweifrontenkrieg kämpfte Er vor allem an der ersten – ein leichter Kampf, weil es viele Bundesgenossen gab gegen adlige und bürgerliche Feudale, ein Beispiel für ›Gratismut‹; aber (bis heute) gibt es keine Partei gegen die Linke, wo sie reaktionär ist: marxistisch doktrinär oder vormarxistisch utopisch oder entmannte Dialektik, die auf die Antithese zusammengeschrumpelt ist.

So kam es, daß Er höchstens einmal in das freundliche Schlagwort ›Aufklärer‹ einbezogen wurde; aber es gelang ihm nicht, den billigen Atheismus und die sexual-unmoralische Wandzeitung des Pissoirs zu entphrasen. Ihm schienen die abgelutschten Vokabeln des Alltags nicht so gefährlich zu sein wie die feiertäglichen, zu denen die Bildungsplebs aufsieht. Es wäre eine große Leistung gewesen, wenn Er vermocht hätte, mit seinem Eingreifen in die Debatte über obszöne Literatur klarzumachen: die Gegner sind nicht die bekannten Bünde (die sind nur noch lästig), sondern die liberalen Bildungsbeflissenen, die mit dem Feigenblatt Kunst zuzudecken suchen, was sie für ebenso schlimm halten wie die illiberalen Analphabeten. Es wäre eine Leistung gewesen, hätte Er den Zeitgenossen klarmachen können, daß der agnostische Meister Eckhart und Kierkegaard, der leidenschaftlich Christ werden wollte und nicht konnte, unerreichte Atheisten waren, während die Entmythologisierer nur Kleinstgläubige sind. Der Atheismus als materialistisches Dogma und die Promiskuität als Heil oder gar als tückische Erfindung der

Herrschenden, die damit das Gefährliche integrieren, sind schwärzester Aberglaube. Er war nicht imstande, den Gedanken durchzusetzen: daß auch der Satan unserer Tage im Plural erscheint; und daß die Pluralismusgläubigen einen ganzen Haufen von Konformismen anbeten. Er hat nicht das Ohr der Zeit gefunden ..., vielleicht, weil ihm die Eindringlichkeit fehlte, und die Zähigkeit, die einer braucht, um die repressive Arroganz, die Hochburgen theologischer Soziologen und ihrer Schweizergarde, zu stürmen.

Daß es schwierig gewesen wäre, sagt nichts zugunsten seiner Niederlage. Die Schwierigkeit liegt immer im Widerspruch zum Zeitgeist, zur elitären Geistlosigkeit einer Zeit, die in diesem deutschen Jahrhundert nie (gestern und vorgestern) so mächtig gewesen ist. Wahrscheinlich wissen die Untergeister nichts vom Oberherrn, dienen ihm nur. Heute fordert der Widerstand gegen die regierende, sich preisende Intoleranz, die Toleranz erst erlaubt, wenn Freiheit, Gleichheit und Brüderlichkeit realisiert sind ... eine größere Anstrengung, als in der Weimarer Republik nötig war. Jedenfalls ist niemand erfolgreich aufgestanden gegen den Aufstand der autoritären Epigonen, die sich antiautoritär nennen. Keiner tritt als Einzelner gegen den Chor auf. Ihm scheint es bezeichnend zu sein, daß niemand in Deutschland eine Ein-Mann-Zeitschrift gründete, wie einst der Herausgeber der ›Fackel‹, der ›Zukunft‹, der ›Weltbühne‹ ...

Es gibt gute und interessante Blätter, keins hat ein Gesicht; denn das ist mehr als eine Linie. Man ist sogar noch geneigt, den Mangel zu verherrlichen. Teamwork erreicht sehr viel: in Laboratorien, Redaktionen, Theaterensembles und beim Skandieren des Ho Tschi-minh. Ihm selbst war eine Ein-Mann-Leistung aufgegeben. Er kann nicht sagen: ob Er sich drückte, ob Er nicht die dazu nötige Menge von Adrenalin produzierte, ob die Artikulation, die Er entwickelte, unzulänglich war. Ihm ist, als nähme Er eine Wahrheit, die in seinen Jahren nach Durchsetzung verlangte, ins Grab – nicht einen geheimen Schatz; der wäre nur einer gewesen, wenn er nicht geheim geblieben wäre. Es gehörte keine Tapferkeit dazu, an der ersten Front tapfer zu sein, gegen die Drachen zu schreiben, die schon von Börne und Heine und Marx auf dem Papier umgebracht worden waren. Damals war es noch nicht nötig, den Gedanken durchzusetzen: daß repressive Toleranz immerhin nicht ganz so schlimm ist wie repressive Intoleranz.

Daß anti-autoritäre Terroristen gefährlicher sind als die, welche sich zum Terror munter bekennen, daß unterdrückende Befreier schlimmer sind als schlichte Unterdrücker, weil sie immerhin noch den Feind sehen lassen ... wußte Er, von dem hier geredet wird, und sagte es nicht kräftig genug. Weil Er die schärfste Waffe der Einschüchterung, das Wörtchen ›reaktionär‹ fürchtete? Weil Er die erwähnten Schimpfworte, die gegen ihn abgeschossen wurden: verhinderter Nazi, alter Deutschnationaler, beschränkter individualistischer Liberaler ... nicht ertragen konnte? Duckte er sich vor den Giftpfeilen, so daß Er nicht stark genug die Vergötzung der Dissonanzen, das Schwelgen in Konflikten, welche immer auf die Erbsünde Ausbeutung zurückgeführt wurden, an den Pranger stellte? So daß jeder hätte sehen können: im Elfenbeinturm der herrschenden Elite gibt es weder einen langen Marsch noch einen kurzen – nur ein rhythmisiertes Treten auf der Stelle?

Er hatte sich nicht aufraffen können, den Zeitgenossen einzuhämmern, daß auch Robinson Crusoe sich zu sich autoritär verhielt. Freiheit im unfrisierten Sinne des Wortes gäbe es nur in Anarchie; und selbst für den einsamsten Inselbewohner nur dann, wenn er imstande wäre, alle seine Ichs zu entfesseln. Das kann kein Tier, das könnte nur der Mensch. Anarchie sollte nicht ein Wort des Abscheus sein, sondern der Trauer; weil nicht einmal die kühnste Utopie auf sie hoffen läßt. Keine Utopie ist der Sozialismus, sondern ein Wirtschaftsplan, der in Erwägung zieht, daß die Bewirtschafteten eins sind in ihrer kreatürlichen Anlage zu Schmerz und Leid. Der Sozialismus ist keine Heilslehre: sondern in mancher Gestalt realistischer als das Preislied auf die Freiheit des homo oeconomicus, die mehr Unfreiheit schaffen kann als ein Sozialismus, wenn er nicht eins der bekanntesten Ausbeuter-Systeme ist.

Auch Er (selbst wenn Er sich einige erfolgreiche Befreiungen zuerkennen dürfte) lebte von Worten verhext, schwamm im Kielwasser emotional aufgeladener Hirngespinste, interpretierte sich (zum Beispiel) rührselig als ›heimatlos‹. Und sieht nun, daß Heimat (zu der auch die Heimat, errichtet aus Vorstellungen und Affekten, gehört) eine Art von Provinzialismus ist. Er war zeit seines Lebens provinziell, umstellt von einer Spezies von Menschen, von Gewohnheiten, von Zielen – nie auf dem freien, grenzenlosen Meer: Länder ohne Zahl, Ideen, welche nicht in Herbarien ihr Leben eingebüßt haben. An der Wand seines Arbeitszimmers stehen die Bücher Schopenhauers und Marx' und Freuds Wache: bewachen sie ihn auch, damit Er nicht ausbreche? Mauerten sie ihn vielleicht auch ein?

Da gibt es Australien, seine Wüsten und Herden und vereinzelten Siedlungen und Menschen, welche nie die Namen hörten, die sein Leben begrenzten, nie die Bücher lasen, die seine Gedanken einfingen. Die Eingeborenen, im Lexikon unter dem Stichwort Kurnai zu finden, hatten keinen Zutritt zu der Hütte, in der Er ein dreiviertel Jahrhundert lebte. Wie sieht das ›falsche Bewußtsein‹ der Kurnai aus?

Die Vogelperspektive ist kein sinnvoller Blickpunkt, um auf sich niederzublicken. Da ist niemand mehr zu erkennen. Die Todesperspektive ist die vollendete Sicht: da zeigt sich dem Dörfler, in wie engen Grenzen Er lebte. Diese Sicht kann ihn nicht mehr entengen … oder nur soweit, daß Er sich am Ende zum erstenmal der Enge seines Dagewesenseins bewußt wird. Geboren in …, Gymnasium von … bis …, auf der Universität in B. und F., vertrieben anno …, untergeschlupft in …, zurückgekehrt nach …, herumgekrabbelt zwischen Ideen und Sehnsüchten, die man Tradition nennt, überliefert von Lehrern und Bibliotheken, durch die jeder durchgeschleust wird. Begegnungen, die hafteten, mit … Zusammengewachsen in Liebe und Freundschaft mit …: das war sein Leben, ein Inselchen in dem Ozean, überfüllt von Inselchen, von denen Er nichts weiß.

Er war nicht heimatlos, sondern zäh festgehalten von der Erdkrume, auf die Er gesetzt worden war. Der Mensch überschätzt seine Reichweite, wenn er sich, im Vergleich mit Baum und Blume, für einen Vaganten hält. Vor dieser letzten Besinnung auf sich hat Er nie geahnt, wie winzig in Ort und Zeit sein Ausschreiten war.

Er war schlecht ausgestattet, für den Ausbruch des Taugenichts. Er besaß ungewöhnlich wenig von der herrlichen Passivität, die sehr aktiv im Aufnehmen ist. Wer nicht recht zuhören, zuschauen, hinsehen, nachfühlen kann ..., ist nicht ein Täter, sondern blind und taub ... und treibt Raubbau an seiner Enge und stirbt in den Sielen einen blinden Tod.

Immer wieder: dies ist kein Rechenschaftsbericht vor einer mehr oder weniger göttlichen Rechnungskammer, schon ganz und gar nicht ein Testament mit dem Anrecht, die Welt zu verändern. Nur der Versuch einer Wahrheitsfindung, ein Epilog, eine letzte Gelegenheit, sich unentstellt (unentstellter) zu begegnen. Ihn hemmt immer wieder die Frage: Wer darf sich zubilligen, daß er angesichts des Todes schreibt? In einem letzten Brief des todkranken Denkers Georg Simmel hieß es: Wir warten auf das schwarze Schiff von Delos; Platon erzählt, daß Sokrates nicht den Schierlingsbecher trinken konnte, daß an niemand das Todesurteil vollstreckt werden durfte, bevor nicht das Schiff nach Delos, das zu Feierlichkeiten hingefahren war, im schwarzen Gewand im Piräus landete. In jenem Fall hatte der Tod bereits sein Kalenderdatum. Niemand sonst darf ihn als anwesend, als eine vorweggenommene Anwesenheit in Anspruch nehmen.

Es ist viel Theatralik in der Berufung auf den Tod, wie überhaupt am kräftigsten und häufigsten dort Theater gespielt wird, wo es keine Programmzettel gibt. Er vergaß den Tod oft in den Monaten des Gedenkens an den, von dem hier die Rede ist. Darf Er seinen Erfahrungen trauen, so gibt es Grade der Anwesenheit, der endgültigen Abwesenheit. Sie sind zu messen an der Länge der Strecke, die mit Gewißheit dorthin führt; an der letzten Kraft einiger Wurzeln, von denen dies Leben genährt wurde; an der Macht der Wünsche, in deren Dienst solch ein Nachruf noch stehen kann ... und also vielleicht keiner ist. Ist es aber mit jedem Nachruf, den Historiker der Menschheits-geschichte, dieser gewaltigsten Lawine, widmen, anders?

Über den Gräbern glüht es herbstlich. Auf dem einen Stein steht nur ein Wort, das sie mehr liebte als irgendein anderes: together. Es fehlt nur noch sein Name; denn Ordnung muß sein. Von ihr ein Weilchen geschützt, wird das Unordentliche dar-unter zerfallen, das, neben Milliarden, neben unverwechselbaren Milliarden, seine unike Unordnung gewesen ist, wie sie (im schwachen Abglanz der Worte) hier noch einmal aufflackerte. –